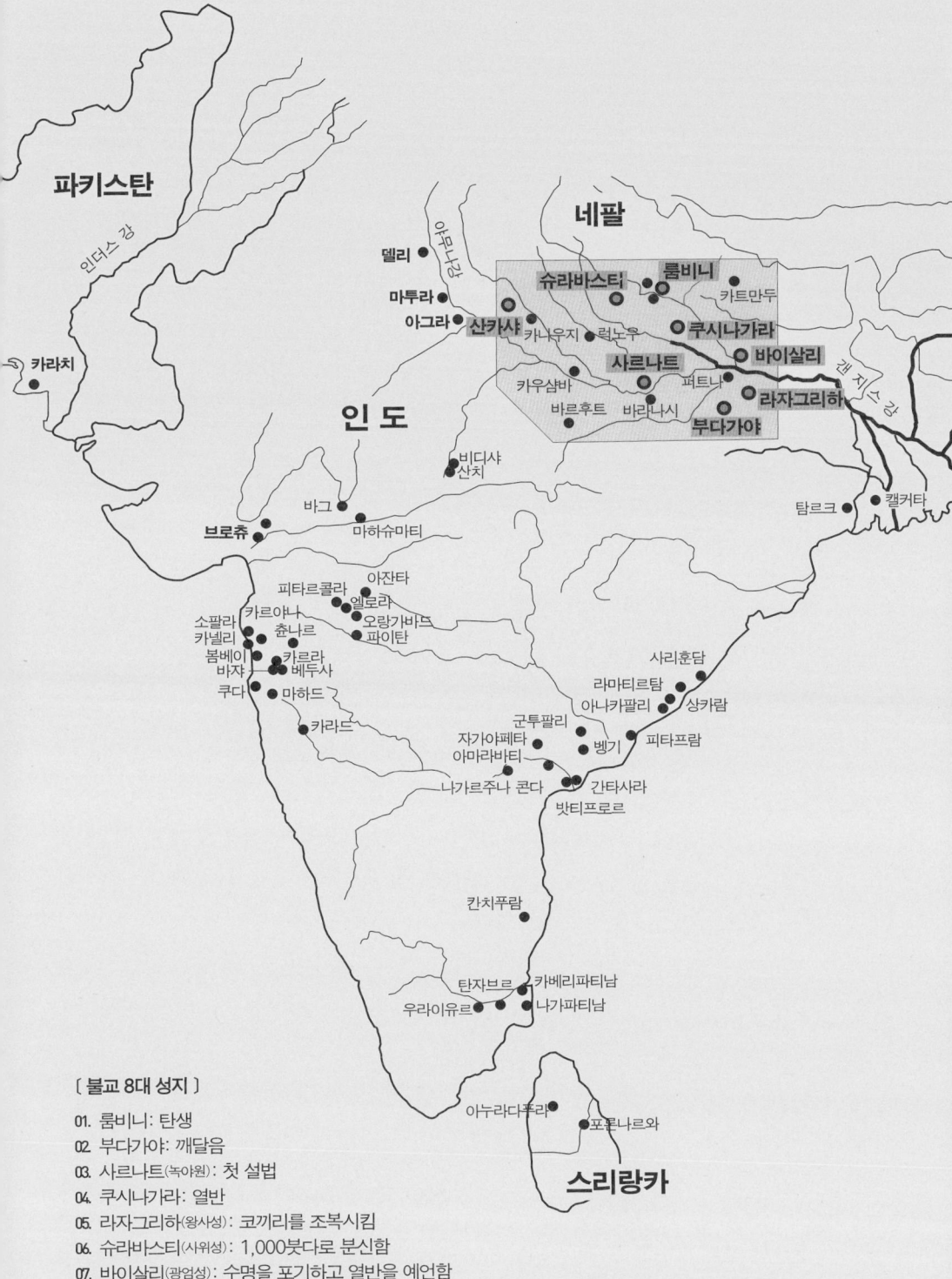

자본과 권력의 관점에서 본
새로운 불교의 역사

자현 스님의
조금 특별한 불교 이야기

불광출판사

| 서문 |

오늘의 불교와 내일의 불교

기독교와 불교

서울역을 비롯한 거의 모든 기차역은 어느 순간 기독교에 점령당했다. 기차역에 가면 시끄러운 확성기로 노래를 부르며 기독교를 전파하는 이들 때문에 눈살을 찌푸리게 되는 것은 어제오늘 일이 아니다. 이제는 사거리 대로변에서도 피켓을 들고, 믿지 않으면 지옥으로 간다고 협박하는 이들을 만나는 것도 그리 특이한 일이 아니다.

이에 비해서 불교는 사람들에게 아무 말도 하지 않는다. 단지 전통 사찰에 찾아오는 사람들의 길을 막고 인두세와 차세를 매기고 있을 뿐이다. 더구나 그렇게 입장료를 끊고 들어간 사찰에서 승려를 보는 것은 복권 당첨되는 것만큼이나 어려운 것이 현실이다.

불교의 친절함에 대한 초월은 불교 서적을 통해서도 잘 나타난다. 불교 책의 특징 중 하나는 촌스러운 디자인과 한문 투이다. 시대를 넘어선 앤틱풍의 표지와, 붓다가 인도인이라는 점을 망각한 듯한 불필요한 한자 사용은 한국 불교가 얼마나 화석화되어 있는지를 잘 보여 준다.

현대인들에게 불교는 입장료를 내면서라도 찾아가고 싶은 관심의 대상이다. 그래서 사람들은 나에게 불교를 이해할 수 있는 좋은 책을 추천해 달라는 말을 많이 한다. 여기에서의 '좋은 책'이란 짧고 간결하면서 전체를 이해할 수 있는 책을 말한다. 그러나 이런 질문을 받을 때처럼 당혹스러울 때도 없다. 불교에는 이런 책이 없기 때문이다.

동국대학교에서 매 학기 대학생을 대상으로 '불교와 인간'이라는 기초 교양 강좌를 진행하면서도, 교재 선정과 관련해 이 문제는 언제나 겪게 되는 새로 깨어나는 화두였다. 그래서 이 책을 쓰게 되었다. 즉 이 책은 불교에 대해 갈증을 느끼는 사람들을 위한 것이다.

이 책은 아주 초급자를 위한 개론서는 아니다. 그보다는 불교를 공부하려는 사람이나 현대의 지성인으로서 불교를 알고 싶은 이들을 대상으로 한 것이다. 또 이 책은 사건들의 분절이 아닌 연속적인 흐름과 관계성을 중심으로 다루고 있다. 이는 불교의 정체성을 파악하는 좀 더 쉬운 첩경이 될 것이다. 역사는 일반 교양인들이 쉽게 접근할 수 있는 넓은 외연을 가진다. 그러므로 역사를 통해서 사상과의 관계를 말하고자 했다. 이러한 의도가 얼마나 전달될지는 이제 순전히 독자들의 판단에 달려 있다.

수단으로서의 종교와 현대인

모든 학문은 인간학이어야 하며, 이는 행복론으로 귀결되어야만 한다. 이런 점에서 종교는 매우 유용한 수단이 될 수 있다. 특히 오늘날과 같이 인간 수명이 길어져서 바른 시각의 관점 정립이 중요하게 요구되는 시대에 종교에 대한 올바른 이해는 더욱 중요해졌다. 이제 시대는 '무엇을 가졌느냐?'나 '무엇을 아느냐?'가 아닌 '어떤 방식으로 생각하고 세상을 보느냐?'는 관점의 문제를 중요시한다. 이 부분에 바로 인간 행복의 핵심이 존재하기 때문이다.

    종교는 그 자체가 목적이어서는 안 된다. 종교 역시 문화나 예술처럼 인간 행복을 위해서 봉사하는 수단이 되어야 한다. 동양 종교는 유신론적인 신앙의 종교와는 다른, 나를 세우는 앎의 종교이다. 이런 점에서 동양 종교는 긍정적이다.

    동양 종교의 나를 세워 주는 구조는 동양 종교를 종교이자 철학이게 한다. 그리고 이것이 개인에게 자유를 제시한다는 점에서 현대 인간 문제의 해법을 온축하고 있다.

    동양 종교 중 불교만이 유일한 세계종교이자 오늘날 종교 인구수가 증가하는 유일한 종교라는 점은, 현대의 지성인들이 불교에 관심을 기울여야만 하는 충분한 이유가 된다. 그럼에도 불교에 대한 접근은 어렵기만 한 것이 현실이다. 이는 불교를 전공하고 연구하는 사람들의 잘못이다.

    불교는 인도 문화권에서 시작되어 문화권을 넘어 중국 문화권에서도 대유행을 한 특이한 종교이다. 이는 힌두교나 유교가 범접할 수 없는 불교만의 특별한 위대성이다. 또 오늘날은 유럽과 미국 등지의 서구에서도 막대한 영향력을 행사하며 확산되고 있다. 기독교나 이슬람교와 같이 무력에 의지하지 않고 평화적인 방식으로 문화권을 자유로이 넘나드는 불교의 유연성은 실로 경이롭기까지 하다.

    그러나 동시에 불교는 후일 인도에서는 사라지고 중국 문화권에서는 신新유교에 밀려 2선으로 물러나게 된다. 이러한 불교의 역사는 참으로 특별해서 비슷한 유례를 찾아볼 수 없다. 이런 점에서 불교는 어렵다. 더욱이 이를 효율적으로 설명하려는 노력도 하지 않는다는 점 역시 불교의 또 하나의 경이가 아닌가 한다. 이 책은 바로 이 문제를 핵심으로 다루고 있다.

이 책은 인도 불교와 중국 불교를 다루고 있다. 한국 불교와 종교문화 관련해서는 추후에 하나의 독립된 단행본을 통해 다루어 보고자 한다. 불교는 인도에서 시작되어 중국을 거쳐 우리나라로 들어온다. 이런 점에서 한국 불교를 말하고자 함에 있어서도, 인도 불교와 중국 불교를 먼저 살펴보는 것은 필연적이다. 나는 한국적인 것이야말로 가장 소중하고 아름다운 가치라고 생각한다. 그러나 이를 살피기 위해서라도 인도와 중국 불교에 대한 올바른 판단은 반드시 필요하다.

종교가 신성하다는 착각을 버려라

종교를 이해하는 데 있어서 가장 큰 장애는 후대의 왜곡을 신성의 범주로 받아들인다는 것이다. 그러나 특정 시기나 특정 집단에만 신성함이 밀집해서 나타날 확률은 없다. 즉 올바른 이해에 필요한 것은 신성에 대한 관점이 아닌 합리성에 의한 판단이다.

이 책에서는 '상업과 자본'을 기본 축으로 해서, '진보와 보수 간의 갈등'과 '역사의 순환과 문제의식의 항존'에 대한 측면을 양 날개로 사용하였다. 이러한 방식은 하나의 일관된 불교를 이해하는데 매우 유용한 방법이 될 것이다.

오늘날 학교 교육은 서구식의 분석적인 방법을 취한다. 그러나 이는 전체를 보는 거시적인 통찰을 거세한다는 점에서 문제가 있다. 오히려 나는 이보다는 청나라의 백과사전식 학파, 즉 박학파博學派를 선호한다. 박학파는 모든 것을 다 알아야 한다는 관점을 견지하며, 이의 영향은 조선 후기 실학자들을 통해서도 확인된다.

오늘날의 학문적인 흐름은 융·복합이라는 신新박학파를 요구하고 있다. 그러므로 이 책을 통해 전체적인 안목을 키우는 것은 미래 불교적인 지향과 관련해서도 매우 의미 있는 일이 될 것이다.

끝으로 여러 감사의 마음을 전하고 싶다. 먼저 부족한 원고를 불쑥 내밀었을 때, 선뜻 출판을 허락해 준 류지호 주간 이하 불광출판사 여러분들에게 감사드린다. 또 언제나 일이 되도록 묵묵히 지켜봐 주시는 월정사 주지 정념 스님의 덕이 두텁다. 이외에도 내가 공부할 수 있도록 후원해 준 울산 영평선원 신도 분들에게 고마움을 전하고 싶다.

또 학교에서 나를 지도해 주신 여러 선생님들과 부모님께도 감사의 마음을 띄운다. 그리고 마지막으로 쉼 없는 영감을 통해서 불교를 밝힐 수 있도록 해 주신 붓다와 그분의 성스러운 가르침을 찬탄한다.

진리는 변화와 극복의 가치라는 것, 그리고 행복은 단순히 긍정의 가치로 다가오는 것이 아니라 부정을 통한 대긍정이라는 점을 모든 사람들이 깨달아서 좀 더 행복한 삶을 살 수 있기를 기원한다.

동계올림픽의 땅, 평창 월정사에서 자현

| 프롤로그 |

불교를 어떻게 볼 것인가

사건이 아닌 흐름의 인식

동양의 수묵화와 서양의 유화는 사뭇 다르다. 수묵화가 붓으로 먹을 찍어서 일필휘지로 작가의 정신 경계를 펼쳐 내는 것이라면, 유화는 끊임없는 덧칠을 통한 인고의 구조적인 완성을 꾀한다. 이는 동양과 서양의 정신적인 차이를 잘 보여 준다. 동양이 전체적인 통찰과 흐름을 위주로 한다면, 서양은 분석과 조합을 통한 완결성을 중시한다.

　본래 동양학은 통찰을 통한 전체적인 흐름의 파악을 중시했다. 존재의 의미는 독립된 실체에 있는 것이 아니라, 관계 속에 있다고 인식했기 때문이다. 그러나 오늘날 서양 학문의 유입은 관계성 중심의 동양 학문의 통체적 특징을 분석적인 분절로 대체했다. 분석은 의미 파악을 분명하게 하지만, 관계가 결핍되어 있다는 점에서 그 안에는 생명이 없다. 이 때문에 미시적인 시각에 갇혀 거시적인 관점을 놓치게 된다. 마치 해부된 개구리는 개구리인 동시에 개구리가 아닌 것처럼 말이다.

　종교와 문화는 거대한 강과 같은 유구한 흐름이다. 그러므로 개별적인 가치에 앞서 통체적인 시각이 확보될 때 비로소 전체적인 생명력을 인식할 수 있다. 그러나 서구적인 학문 기법에 따른 분석적 접근은 이제 학문의 판도를 흐름이 아닌 사건 중심으로 변모시켜 놓았다. 덕분에 동양학은 자신의 장점을 잃고 표류하게 되었다.

그런데 이 시대는 이제 학제적인 벽이 무너지면서, 모든 가치가 통합되는 융합과 복합의 회통 시대로 나아가고 있다. 오늘날 휴대전화와 TV 그리고 컴퓨터는 각각의 독자적인 영역을 넘어서 서로 경쟁한다. 즉 분석을 넘어선 대통합의 시대가 열린 것이다. 이는 서양을 넘어선 동양의 정신이 요청되는 변화의 시대가 우리 앞에 다가왔음을 의미한다.

상업자본과 불교

불교는 다양한 영역에 걸쳐 있고 이는 동시에 많은 관점을 만들어 낸다. 그러나 불교의 성립에서 쇠퇴를 일관하는 핵심으로 상업자본에 주목하는 것은 이것이 불교를 이해하는 가장 중요한 측면이기 때문이다. 즉 불교에 대한 거시적인 이해가 상업을 통해서 가능한 것이다.

불교는 상업이라는 새로운 변화가 흥기하던 '축軸의 시대(axial age: 독일의 칼 야스퍼스가 인간의 합리적 이성주의가 만개하는 B.C. 8~B.C. 2세기 사이를 지칭한 표현. 이 시기에 그리스·인도·중국의 모든 성현들이 출현해 인류 지성의 기틀을 확립함)'에 발생한다. 상업에는 이윤 추구라는 합리성과 이성주의가 포함되어 있다. 이는 불교적인 정신이 상업과 무관하지 않다는 것을 의미한다. 또 신을 중심으로 하는 폐쇄적인 농경문화와는 질적으로 다른 개방적이고 진보적인 가치를 내포하게 된다.

상업은 수요와 공급을 통한 적절성에 의해서 가치가 결정된다. 모든 물건에는 정해진 값이 존재한다. 그러나 동시에 그 가격은 고정 불변하는 실체가 아닌, 수요와 공급이라는 시장 상황에 따라서 변화하는 관계 속에서의 가치일 뿐이다. 불교의 진리관인 변화의 연기법과 그 속에서 의미가 되는 중도설은 바로 이것을 의미한다.

인도 상업자본의 번성은 합리적인 이성주의와 결부된 불교의 흥성과 그 궤를 같이한다. 실제로 불교가 번성한 시기, 인도와 동아시아는 모두 역사적으로 가장 강성한 시대를 구가하고 있다. 이는 상업과 불교의 관계를 단적으로 보여 준다. 그러나 중동에서의 이슬람 흥기와 함께 상업 루트가 차단되고, 인도 상업자본이 몰락하면서 불교 역시 쇠퇴의 길을 걷게 된다.

또 이 여파는 인도의 경기 침체를 넘어서 동아시아로까지 영향을 미친다. 그 때문에 동아시아 불교가 활력을 잃고서 농업주의 종교인 유교(신유교)에게 주도권을 빼앗기게 된다. 즉 불교는 상업에 의해 시작되어 상업의 붕괴 과정에서 쇠퇴하는 동일한 함수관계를 보이는 것이다. 이렇게 놓고 본다면 불교는 상업자본과 흥망을 같이한 상업의 종교라고 할 수 있다.

진보와 보수

상업의 영리 추구에는 새로움이라는 변화의 가치가 내포한다. 시장은 언제나 새롭고 신선한 합리성에 더 많은 이윤을 할애하기 마련이다. 이것이 바로 상업의 진보적인 정신이다.

그러나 진보의 완성은 동시에 이것을 보수로 변모시키게 마련이다. 마치 준공을 한 건축물은 그와 동시에 쇠락하기 시작하는 것처럼 말이다. 따라서 진보와 보수는 동전의 양면과도 같은 불가분의 관계라는 것을 알 수 있다.

불교를 이해하는 데 있어서 상업자본이 기반이 된다면, 진보와 보수는 변화적인 생명력이라고 할 수 있다. 상업의 종교인 불교는 끊임없는 변화를 통한 자기 극복을 시도한다. 그러나 변화는 동시에 부산물로 보수적인 가치를 파생할 수밖에 없다. 그 결과 진보와 보수에 따른 대립과 갈등이 존재하게 된다. 불교의 변화는 이의 정반합적인 양상을 보이게 된다. 그러므로 우리는 이를 통해서 불교를 이해하는 또 다른 방식을 확보하게 된다.

중국 사상을 일관하는 인성론

불교의 위대성은 문화권적인 장벽을 넘어서 중국으로 이동한다. 이는 힌두교나 유교가 도저히 흉내 낼 수 없는 불교만의 성숙된 가치이다.

그러나 중국에는 불교의 전래 이전부터 존재하던 인성론이라는 인간의 본성에 대한 탐구가 철학의 주류로 존재하고 있었다. 중국 불교는 바로 이와 같은 흐름을 이어받게 된다.

인도철학으로부터 독립해서 인도 불교를 이해할 수 없듯이, 중국 사상의 흐름으로부터 이탈한 중국 불교 역시 존재할 수 없다. 그러므로 인도 불교와 다른 중국 불교의 문제의식은 반드시 중국철학적인 거시의 관점에서 이해되어야만 한다. 즉 중국 불교는 중국철학을 풍부하게 해 준 동시에 중국 불교적인 독자성을 만들어 낸 것이다. 이것을 이해할 때 비로소 우리는 중국 불교의 올바른 좌표와 가치를 인식할 수 있다.

　　불교는 인류 역사상 최초로 인도와 중국이라는 두 개의 거대 문명권에 걸쳐서 존재한 종교이다. 그러므로 불교는 상업자본이라는 단일한 잣대로 이해되는 동시에, 인도적인 보수와 진보 그리고 중국적인 인성론의 가치에서 이해되어야 한다. 즉 이는 하나의 태극 안에 빨강과 파랑이라는 두 가지의 상반상성相反相成적인 가치가 존재하는 것과 같다.

음식 전문점과 회전 초밥집

기독교 같은 유신론적인 종교는 음식점으로 말하면 전문점과 같다. 전문점은 단일한 메뉴만을 취급하기 때문에 음식을 주문할 필요가 없다. 그저 식당에 가서 앉기만 하면 정해진 음식이 나오는 구조이다. 그러나 불교는 회전 초밥집과 같다. 끊임없이 다양한 색색의 접시와 음식들이 눈앞을 지나간다. 내가 개별 음식의 내용을 모른다면 주관적인 선택은 불가능하다. 전문점과 회전 초밥집. 바로 이러한 차이가 '믿음'과 '앎'의 강조라는 전혀 다른 방향의 종교를 파생한다. 또 교회에는 며칠만 가도 교리를 말할 수 있지만, 절에는 수십 년을 다녀도 교리를 말하기 어려운 것도 같은 이유이다.

　　불교는 신을 믿는 종교가 아니라 나를 세우는 종교이다. 그렇다 보니 나라는 주관적인 의지를 강조하게 된다. 그러나 내가 원하는 것을 효율적으로 표현하기 위해서는 앎이 동반되어야만 한다. 앎이 수반되지 않는다면 나라는 주관을 확립할 수도, 표현할 수도 없기 때문이다.

즉 신을 믿는 종교가 기성복이라면 불교는 맞춤의 가치를 말한다. 맞추는 과정은 사기만 하면 되는 기성복에 비해서 번거롭다. 그러나 맞춤의 결과는 훨씬 고급스러운 편안함을 우리에게 제공한다는 점에서 질적인 차이가 있다.

뷔페에 갔다고 해서 모든 음식 종류를 다 먹어 보고 그 집의 맛을 판단하는 것은 아니다. 단지 몇 가지 음식만 먹어 봐도 그 음식점의 맛을 판단할 수 있다. 이와 마찬가지로 불교의 다양성을 모두 배우고 난 후에 불교를 판단할 필요는 없다. 즉 다양성 속에도 특정한 유효성의 가치가 존재한다는 말이다.

회전 초밥집의 많은 접시에 담긴 음식은 모두 초밥이라는 공통점이 있다. 이것을 아는 것은 중요하다. 지금까지의 불교 입문서들은 개별적인 접시에 담긴 음식에 집중하고 있다. 이 부분도 분명 필요하다. 그러나 이는 자칫 공부하는 사람들에게 혼란을 일으킬 수 있다는 문제가 있다. 이 책은 이러한 회전 초밥집의 많은 접시에 담긴 음식들이 한 명의 주방장에게서 나온 초밥일 뿐이라는 점을 역설한다. 이를 통해서 우리는 불교에 대한 통체적인 인식에 도달하게 된다. 이는 회전 초밥집에만 존재하는 다양성의 묘미를 알게 해 주는 첩경이 되리라는 데 의심의 여지가 없다.

저급 유희와 고급 유희

이 세상에는 배우지 않아도 즐길 수 있는 것이 있는 반면, 반드시 배워야만 즐길 수 있는 것도 있다. 대중음악은 별도로 배우지 않아도 쉽게 접근해서 공유할 수 있다. 그러나 클래식이라면 문제가 좀 달라진다. 스포츠도 마찬가지이다. 금방 배워서 즐길 수 있는 것이 있는 반면, 배우는 데 상당한 노력과 시일이 요구되는 스포츠도 있다. 이의 가장 큰 차이는 쉽게 즐기는 것은 그만큼 쉽게 지겨워지는데, 어렵게 즐기는 것은 즐거움이 더 크고 오래간다는 것이다. 이것이 바로 저급 유희와 고급 유희의 차이인 동시에 양적 공리주의와 질적 공리주의 문제인 것이다.

사람들의 호불호가 가장 극명하게 갈리는 곳이 바로 미술관이다. 박물관은 그나마 3차원의 입체적인 볼거리라도 있지만, 미술관은 2차원의 평면을 이해하지 못하면 따분하기 그지없다. 그러나 내용을 아는 사람에게 미술관은 하염없이 시간을 보내는 공간이기도 하다.

불교는 지성적인 종교로 고급 유희에 해당한다. 그러나 이것을 즐기는 것은 오르세 미술관의 모든 작품을 이해하는 것보다 복잡하다. 그러므로 전체적인 안내서가 필요하다. 마치 지구본이 지구는 아니지만, 그 축약된 모형을 통해 전 세계의 200여 국가의 위치를 이해할 수 있는 것처럼 말이다.

이 책은 인도 불교와 중국 불교의 거시적인 흐름을 통해 전체 좌표를 드러낸다. 이를 통해서 부분적인 불교를 넘어서는 전체와, 전체 속에서의 부분에 대한 보다 분명한 이해에 도달하게 될 것이다. 이는 이 책이 고급 유희를 통한 인간 행복의 올바른 나침반이자, 지적인 상형문자가 된다는 것을 의미한다.

| 차례 |

004 _ ● **서문** | 오늘의 불교와 내일의 불교
009 _ ● **프롤로그** | 불교를 어떻게 볼 것인가

Part 1
불교 출현의 배경

023 _ 종교의 기원과 신의 탄생 | **죽음에 대한 두려움**

027 _ 철, 세상을 깨우다 | **닫힌 사회와 열린 사회**

030 _ 정복의 시대 | **전쟁터 속에서의 신**

033 _ 신이냐, 인간이냐 | **유신**有神**에서 무신**無神**으로**

037 _ 농경과 유목 그리고 상업 | **상업과 종교**

041 _ 자본과 도시 그리고 권력 | **새로운 가치관의 요구**

045 _ 인도의 명상 문화와 귀족 | **철학의 주체로서의 귀족과 평민**

050 _ 특수에 대한 보편의 역습 | **신으로부터의 자유**

Part 2

붓다의 생애와 사상

057 _ 갠지스, 변화를 잉태하다 | **인도 문명의 대안**

061 _ 석가족의 한계와 새로운 물결 | **붓다의 동경과 출가**

068 _ 교육받은 성인聖人, 합리화와 만나다 | **학문과 보편성**

074 _ 물질과 정신을 넘어선 행복 추구 | **고행과 명상 그리고 중도**

080 _ 붓다의 깨달음과 상업의 정신 | **연기와 오온, 신의 저격수**

087 _ 불교의 진리가 말하고자 하는 것 | **삼법인三法印**

092 _ 윤회론의 다양성과 붓다의 생각 | **윤회론의 진실**

099 _ 인도 문화의 특수성과 붓다의 대성공 | **문화권적 특수성**

104 _ 명상에서 종교로 | **자유와 제도**

110 _ 도시주의와 시골에서의 열반 | **교단의 자율성 강조와 소소율의 폐지**

117 _ 변화의 철학과 영원한 생명력 | **1차 결집**

Part 3

인도 불교의 전개

127 _ 사소한 갈등이 가져온 거대한 문제의 시작 | **2차 결집**

137 _ 분열하는 불교와 강해지는 불교 | **부파불교 시대**

149 _ 5.5미터 창의 기적과 아소카의 인도 통일 | **알렉산더의 동방 원정**

157 _ 자본의 흐름과 통일 왕조의 수립 | **3차 결집**

163 _ 평등에 대한 불만과 인간 심리 | **사리의 재분배와 성지의 특수화**

170 _ 본생담 그리고 불상과 공 사상의 반격 | **형상과 무형상을 통한 당위성 확보**

178 _ 기록, 다양성 합리화의 길 | **다양성의 정당화**

184 _ 석가모니에 대한 그리움 | **붓다에 관한 이야기와 불탑**

190 _ 대승불교의 열세와 적극성 | **다른 나라로의 적극 진출**

195 _ 이슬람의 흥기와 상업의 몰락 | **인도 불교의 밀교화**

200 _ 밀교의 전체 완성과 종교의 진화 | **밀교와 티베트 불교**

206 _ 힌두교와 불교, 그리고 불교와 이슬람 | **이슬람의 문화력**

Part 4

중국으로 넘어간 불교

213 _ 문화권을 넘어선 불교 | **인도의 문화 우위와 중국의 불교 수용**

218 _ 역사가 없는 나라와 왜곡만 있는 나라 | **공간 중심과 시간 중심**

226 _ 이원론과 일원론의 차이 | **세계관과 성인**

233 _ 정신보다는 물질, 천국보다는 출세 | **친정치親政治와 반종교反宗教**

Part 5

중국 불교의 변화와 발전

241 _ 이방인의 종교에서 이방인의 나라로 변한 중국 | **위진남북조시대의 불교**

247 _ 중국 문화의 반격 | **인성론人性論**

254 _ 세 개의 중국과 하나의 중국 | **공룡의 탄생, 수나라**

261 _ 비난받는 왕조 뒤의 번영 왕조 | **당나라**

268 _ 전체에서 개인으로 | **선禪 불교**

274 _ 선의 미학 | **주체에 대한 자각의 요구**

280 _ 운동으로 살 빼기와 약으로 살 빼기 | **밀교, 의식을 통한 해결**

286 _ 경기 불황과 소비 위축 | **정체되는 불교**

293 _ 상업의 몰락과 새롭게 변모하지 못하는 불교 | **송나라**

303 _ 신유교의 대두와 사상적인 반복 | **사상의 수레바퀴**

312 _ ◉ 에필로그 | 불교와 인간 행복

Part 1

불교 출현의 배경

종교의 기원과 신의 탄생
죽음에 대한 두려움

예술과 종교의 기원   아도르노는 『미학 이론』에서, 주술 시대의 보디 페인팅을 통해 예술과 종교의 기원을 찾는다. 주술 시대의 보디 페인팅은 자신을 위력적으로 보이게 해, 외부의 위험으로부터 보호하는 기능을 했다. 보디 페인팅에 기원을 두고 있는 문신 역시 같은 의미가 있다. 이 외에도 기괴한 가면이나 과도한 춤사위, 또 위협적인 몸짓들도 모두 같은 성격을 가진다.

오늘날 인류가 이룩한 문명은 불확실한 위협으로부터 인간을 보호한다. 또 이러한 보호가 사라진다 해도 인류는 무엇이 문제인지, 그리고 어떻게 대처해야 하는지에 대해 판단할 수 있는 능력이 있다. 이제 처용무는 역병을 막는 도구가 아니라 무형 문화의 가치만을 가진다. 즉 귀신이나 삿된 기운에 의해 재앙이 초래되지 않는다는 합리적인 판단이 보편적 우선권을 가진다는 말이다. 우리는 막스 베버가 말한 탈주술의 근대를 넘어 현대에 살고 있는 것이다.

신神의 탄생　문명이 발달하지 못한 과거에 인류는 이해할 수 없는 많은 재앙에 직면해 있었다. 이러한 과정에서 강자의 보호라는 요구가 대두하게 되었고, 이것이 바로 신이 탄생하는 계기가 된다. 즉 신은 불확실한 세상 속에 던져진 인류의 강함에 대한 의지依支의 발현인 것이다.

인간이 신으로부터 보호받고자 하는 가장 근본적인 것은 노·병·사이다. 모든 종교는 그들의 이상理想에서 모두 노·병·사의 극복을 주장한다. 이는 종교의 목적을 알 수 있게 해 주는 동시에 종교가 어디에서 기인했는지를 알게 해 주는 대목이다.

노·병·사는 다시금 죽음이라는 단일한 개념으로 귀결된다. 죽음을 넘어선 늙음과 질병은 존재할 수 없다는 점에서 이는 자못 분명하다. 붓다는 『수타니파타』에서 모든 생명 있는 존재는 폭력을 두려워하며, 그 이유가 죽음을 상기시키기 때문이라고 말했다. 이는 우리 주변의 모든 고통이 사실은 죽음과 연관된 것으로, 고통의 총체가 죽음이라는 것을 의미한다. 그래서 모든 종교는 죽음의 극복인 영생永生을 소리 높여 주장하는 것이다.

영생의 다양성　각 종교에서 영생은 실로 다양한 방법으로 제시된다. 기독교의 부활이나 천국에서의 영생과 같은 방법도 있고, 또 도교의 신선과 같이 이 세상에서의 영생과 같은 방식도 있다. 그에 비해서 유교는 나무가 또 다른 나무로 상속하듯이 자손을 통한 상속의 영생을 주장한다. 이러한 논리와는 달리 불교는 열반을 통한 진리와 하나된 영생을 제시한다.

불교의 열반을 영생으로 이해할 수 있느냐에 있어서는 문제의 소지가 있을 수 있다. 그러나 붓다가 가르침의 최초 선언에서 "불사不死의 문은 열렸다."라고 했던 것이나, 후일 대승불교에서 열반사덕涅槃四德(常·樂·我·淨) 운운한 것 등은 분명 영생의 개념과 연관된 것이라는 점을 부정하기 어렵다. 즉 불교 역시 종교적인 보편성과 인간의 영생 요구로부터 크게 벗어나 있는 것은 아니라는 말이다.

그런데 영생의 요구와 관련하여 더 놀라운 것은, 열반의 반대인 윤회나 천국의 대칭인 지옥 역시 모두 영생의 범주 안에 있다는 점이다. 즉 윤회나 지옥 역시 영생의 또 다른 관념일 뿐이라는 말이다. 이는 인류가 소멸의 공포를 얼마나 두려워하는지를 분명하게 알게 해 준다. 즉 죽음이라는 소멸을 윤회와 사후 세계로 보완하는 가운데서도, 다시금 어떠한 상황에서도 소멸하지 않는 안전책을 인류는 마련해 놓고 있는 것이다.

소멸의 수용과 종교 생명을 가진 유기체가 가장 두려워하는 것은 소멸이다. 자손을 번식시키려는 다양한 노력 역시 이러한 연장 선상에서 이해될 수 있다. 이는 바꾸어 말하면, 가장 큰 행복은 소멸의 극복이라는 것을 의미한다. 그리고 모든 종교는 그 길을 나름의 방식으로 제시하고 있다.

그런데 만일 소멸 자체를 담담히 수용할 수 있다면, 문제는 완전히 다른 양상을 띠게 된다. 이럴 경우 인류가 지금까지 견지해 온 행복의 좌표는 완전히 다시 설정되어야 한다. 또 이는 '종교를 초월한 종교'의 요구에 직면한다는 것을 의미한다.

불교는 종교로서 유일하게 이 문제를 논점의 대상으로 포함시키고 있다. 그러나 불교가 주장하는 것은 소멸의 수용을 통해서 소멸을 넘어서는 경계에 대한 것이다. 이는 방식의 차이일 뿐, 소멸의 완전한 수용과는 다르다. 실제로 붓다는 죽으면 끝이라는 단멸론斷滅論자들을, 불교와 다른 관점을 가진 외도外道들보다 더 하열하게 보았다. 이는 불교의 종교적 특징을 잘 나타내 준다.

진화론상에서 강하게 내포된 '생명체의 자기보존'과 '소멸하지 않는 영속'의 본성으로부터 탈피한다는 것은, 분명 불가능에 가까운 일이다. 이는 현재 우리의 행복 요구와 종교 체계의 존속 배경이 된다. 또 만일 이러한 변화가 가능하다고 해도, 이는 곧 그 종의 단절을 의미하기 때문에 더 이상의 논의 대상이 될 수는 없을 것이다.

철, 세상을 깨우다
닫힌 사회와 열린 사회

철기시대와 상인의 출현　　철의 발견은 지금부터 3,500년 전쯤 히타이트인에 의해 시작되었다. 철기 사용의 시작은 인류 역사에 산업혁명과 같은 변화를 가져온다. 그중 철기 사용이 만들어 낸 가장 위대한 변화는 바로 '상업의 발생', 정주 상태의 교환이 아닌 체계적인 대상 무역을 의미한다.

　　철기시대의 도래로 농업 생산량이 증대되자 잉여농산물이 발생하게 되고, 이는 교역을 통한 상업이라는 새로운 산업을 만들게 된다. 농업과 유목이 1차적인 생산에 주안점을 둔다면, 상업은 교역을 통한 2차적인 관점에 입각해 있다. 이는 상업이 농업이나 유목보다 더 늦게 만들어진 산업이라는 것을 의미하는 동시에, 형세 판단을 통한 지능적인 성격을 가지고 있다는 것을 의미한다.

상업에 의한 대상隊商의 움직임은, 그 이전의 폐쇄적인 닫힌 사회를 개방적인 열린 사회로 만들었다. 이익 추구를 위한 대상의 움직임은, 분절된 단위 규모의 세계를 하나로 연결하고 거대한 세계를 작은 세계로 변모시키게 된다.

이는 또한 초기 신神들과 이상세계가, 인류가 사는 지상 위 다른 공간에 있다는 관점에 변화를 준다. 상인들이 활동하기 전의 폐쇄 사회는 그 집단 밖에 미지의 세계를 두었다. 그리고 그 세계에 신들의 공간이나 이상세계를 설정했다. 이러한 관점은 세간世間과 출세간出世間의 원 관념이 된다.

그런데 대상의 움직임은 이런 신들의 공간에 대한 허구성을 드러냈다. 그 결과 신들은 초기 지상의 특정 지역에 거주하던 방식에서 천상으로 이동하는 대변화에 직면하게 된다. 즉 상인들에 의해서 신들은 지상에서 추방되어 천상으로 올라가게 된 것이다.

인도의 수미산이나 그리스의 올림포스 산과 같은 우리가 사는 지상과 연관된 신들의 세계는, 상인들의 본격적인 움직임 이전 인류의 사고를 반영한다. 그 뒤 대상의 발달은 결국 인도 신들의 중심처를 지상 위 신들의 세계(地居天)에서 천상의 세계(空居天)로 이동시키게 된다.

이윤 추구와 신에 대한 의심　　상인의 목적인 이윤 추구는 종교를 초월한다. 이는 마치 정치인이 집권이라는 목적을 위해 모든 종교를 믿으며, 동시에 어떤 종교도 믿지 않는 것과 같다.

상단을 운영하는 과정에서 상인들은 많은 신에 대한 관념과 만나게 된다. 이러한 상황 속에서 철저한 상인 정신은 이윤을 위해서 종교와 신의 영역을 넘나들기 시작한다. 즉 상인에게 있어서 신은 이윤 추구라는 목적을 위한 수단인 것이다.

이 같은 과정에서 상인들은 신의 존재를 의심하게 된다. 상업의 발달은 신을 이 세계에서 천상으로 내몰았다. 그리고 다음으로는 신의 존재 자체를 정조준하게 된다.

철저한 상인에게서 종교와 신은 이익을 극대화할 수 있는 수단에 불과하다. 상인의 성공에 있어서 더 중요한 것은 신이 아니라, 정확한 형세 판단을 할 수 있는 합리적인 이성이다. 일반적으로 근세가 되기 전까지 인류에게는 개인이라는 관념이 존재하지 않았다고 한다. 그러나 개인의 발견은, 소급해 올라가면 상업의 합리성에서 출발하고 있다. 이러한 상업에 의한 개인의 합리성은 이후 '축軸의 시대'를 낳게 되는 배경이 된다.

정복의 시대
전쟁터 속에서의 신

재벌과 도시국가의 형성　　대상의 움직임은 재벌의 탄생을 가져왔다. 이들은 신을 믿지 않는 합리적인 사람들로 평민의 리더가 된다. 불교 경전에서 흔히 살펴지는 장자長子라는 표현은 바로 이 같은 재벌을 지칭한다.

　상업의 발달로 많은 재벌이 있는 지역은, 곧 막강한 경제력을 바탕으로 하는 발달된 문화와 강한 군사력을 가지게 된다. 즉 도시국가가 형성되는 것이다.

　군주에게 있어서 자신이 다스리는 지역이 부강해진다는 것은 분명 좋은 일이다. 그러나 문화가 발전하고 국민이 계몽되는 것은 통치에 반드시 긍정적인 것만은 아니다. 그 결과 팽창의 필연성이 대두하고, 이것이 이웃 나라와의 전쟁으로 연결된다.

전쟁과 신神의 명암　고대사회의 전쟁에서 신은 필수적인 요소이다. 신의 축복은 군사들의 사기에 있어서 결정적인 역할을 하기 때문이다. 그러나 전쟁은 신의 축복만으로 승리하는 것은 아니다. 또 전쟁이 끝나고 나면, 승자의 신은 권위가 올라가지만 패자의 신은 급격하게 쇠락하게 된다. 왜냐하면, 정복자에게 있어서 상대방의 종교와 신은 최우선적인 파괴 대상이기 때문이다.

만일 정복민의 종교와 신을 용인하면 이들은 단합의 구심점을 가지게 된다. 그러므로 정복자에게 있어서 이는 철저한 파괴 대상이 되는 것이다.

패자의 신은 최고의 지위에서 최하로 추락한다. 이런 과정이 반복되면서 군주는 신의 존재를 의심하게 된다. 왜냐하면, 전쟁의 결과는 자신이 신봉하는 신의 우위를 주장하는 동시에 신의 허구성을 암시할 수도 있기 때문이다.

전시체제가 아닌 평화 시기에 신은 검증되지 않은 위력으로 인간 위에 군림한다. 그러나 전시체제가 될 때 신은 자신의 능력에 대한 철저한 시험대에 오르게 된다. 또 전쟁에서는 신보다도 지략이라는 합리적이고 이성적 판단이 더 절실하게 요청된다. 이는 군주가 신보다도 합리적 이성으로 기울게 되는 중요한 작용을 한다. 즉 상업에 의해 시작된 개인과 합리성이 전쟁을 통해서 더욱 강조되는 것이다.

제도화된 종교와 신의 수단화　사제 계급은 신을 모시는 사람들이다. 그러나 종교가 제도화되면 신은 사제의 종교의식에 보답해 주어야 하는 수단으로 전락한다. 즉 신과 사제는 일종의 계약관계 속에 존재하는 것이다.

사제가 특정한 종교의식을 거행하거나 신이 원하는 어떤 종교적 선행을 했을 때, 신은 이제 더는 이를 좌시하고 있어서만은 안 된다. 그에 합당한 나름의 보답을 해야 하는 것이다. 신과 사제가 계약관계가 됐다는 것은, 신 역시 사제를 완전히 넘어서 있지 않다는 의미가 된다.

또 적합한 종교의식이 거행돼도 신에 의한 보답이 내려지지 않는다면, 사제는 신의 위대성을 회의할 수 있다. 즉 사제 역시 신을 의심할 수 있는 구조가 만들어지는 것이다.

상업을 통해서 촉발된 '개인'과 '합리성'의 대두는, 전쟁을 통해서 군주와 귀족들에게까지 확대된다. 즉 인간 이성의 확대와 신에 대한 의심이 점차 표면화되는 것이다.

전통을 대표하는 신에 대한 신앙과 새로운 조류로 다가오는 개인과 합리주의는, 서로 간 충돌이 불가피한 상황 속에 놓이게 된다. 그리고 이러한 두 흐름 가운데에 전통의 최대 수혜자인 사제들이 위치해 있다. 이들은 스스로 신에 대해서 회의하지만 그것을 드러낼 수 없는 사람들이다.

이상과 같은 다중의 사회적인 혼란과 신분 계급의 동요는, 결국 전 지구적으로 '축軸의 시대'라는 이성의 시대를 촉발하게 된다. 그리고 이러한 대변화의 시작은 '철기의 시작'과 '상업'에 있다고 하겠다.

신이냐, 인간이냐
유신有神에서 무신無神으로

창조주와 요청 개념 유신론자들은 신이 창조주인 동시에 창조의 대상은 아니라는 '부동不動의 제1자第一者' 논리를 전개한다. 즉 모든 것의 근본 원인이지만 그것은 원인만 되지 결과가 되어서는 안 되는 것, 그것이 바로 신이라는 말이다. 그러나 이와 관련된 논리 증명은 불가능하다. 왜냐하면, 상대론적 가치 속에 있는 인간의 논리 접근으로는 절대에 위치하고 있는 신을 판단하는 것이 불가능하기 때문이다. 그러므로 신은 믿음과 찬양의 대상이 될 뿐, 이해의 대상이 될 수는 없다.

인간적이고 합리적인 관점에서 신에 대한 이해는 '자기보존'과 '강자에 대한 요구' 속에서 신이 '설정되어 요청된 존재'라는 것이다. 이는 신이라고 하더라도 인간에 의해 버려지고 잊히게 되면, 역사 속으로 사라져 그 존재 자체를 인지할 수 없다는 점에서 그 타당성이 입증된다.

또 초기 종교의 신들은 모두 인간보다 강한 힘을 가진 동물이거나, 강력한 동물의 특정 부위와 인간이 결합된 복합적 존재로 등장한다. 이는 인류의 '힘에 대한 의지'를 잘 나타내 준다. 인류 문명사에서 그리스만이 유일하게 신을 인간의 형상으로 생각했다. 동물적인 요소의 신 관념이 고대의 원관념이었다면, 그리스야말로 인본주의적 정신이 온축된 위대한 문명이라고 할 수 있다.

그리스인들은 신을 인간보다 강하고 죽지 않지만, 인간과 같은 욕망을 가진 존재로 이해한다. 이와 같은 양상이 바로 신과 인간은 같은 형태에 같은 성정性情을 가진다는 신인동형동성설神人同形同性說이다. 이는 신이 인간을 투사한 존재라는 것을 상징적으로 나타내 준다.

신이 인간이나 강력한 동물의 생김새에서 크게 벗어나지 못하는 것은, 신을 창조할 당시 인간들의 경험적인 상상의 한계를 드러낸다. 그러나 문명의 발달은 이러한 욕망을 가진 신을 점차 하열하게 보기 시작한다. 왜냐하면, 교양을 갖춘 고등한 인간도 단순한 욕구와 욕망으로부터 탈피한 상태에 이를 수 있기 때문이다.

이 때문에 신은 분노라는 두려움과 외경의 이미지에서 점차 자비와 사랑의 이미지로 변모한다. 기독교 『성서』의 「구약」과 「신약」의 신은 이러한 역사적 변화를 단적으로 보여 준다.

신의 보편성과 진리의 대두　인간이 최초에 신을 요청한 이유는, 나에게만 재앙을 면해 주는 특수함을 주었으면 했기 때문이다. 그러나 문명의 발달은 이러한 신의 개별적인 특수성보다는, 전 인류와 우주 전체를 아우를 수 있는 보편성에 더 주목하게 된다. 즉 확대된 성숙한 인간 의식이 보다 원대하고 보편적인 신을 요청하게 된 것이다. 그 때문에 「구약」과 그리스에서 보이는 분노와 질투의 신은 점차 원리적으로 변모하게 된다. 보편적인 진리의 관점이 신에게 투사되는 것이다.

상업과 전쟁을 통한 합리적인 인간 이성의 발달은, 진리라는 보편적 준칙을 형성하면서 이 무렵에는 신과 필적하는 가치로 대두한다. 그러다 보니 신 역시 진리적인 관점에 영향을 받지 않을 수 없게 된다. 오늘날 기독교와 같은 유신론 종교는 '신의 개별성'과 '진리의 보편성'을 동시에 말한다. 그러나 양자는 분명 논리적인 층위와 발생의 배경 문화가 다르다. 그래서 양자는 완전히 하나로 일치하지 않는다. 왜냐하면, 법칙적이라면 그것은 특정 개인에게만 작용할 수 없으며, 개별적이라면 그것은 보편적일 수 없기 때문이다.

'축의 시대'에 발생한 동양의 세 종교, 즉 불교·유교·도가는 신이 아닌 진리를 중심으로 구성된다. 이러한 진리를 불교에서는 법法, 유교에서는 인仁, 도가에서는 도道라고 지칭한다. 그리고 이 같은 가치들은 개별성이 아닌 보편적 원리라는 점을 강조한다는 점에서, 이는 진리적이라고 할 수 있다.

신神에서 무신無神으로   개별적인 신의 보편성으로의 변모는 범신론汎神論을 초래하기도 한다. 스피노자가 '모든 곳에 존재하는 신은 범신적이어야 한다'고 주장하는 것도 같은 이유이다. 그러나 범신적이 되면 나에게만 작용하는 신의 개별성이 사라지게 된다. 마치 인간의 삶에 있어서 공기나 햇빛 같이 귀한 것도 없지만, 그것처럼 대우받지 못하는 가치도 없는 것처럼 말이다.

두루 편재한다는 것은 분명 개별성과 비교될 수 없는 우월한 가치이다. 그러나 완전한 보편은 그것의 존재 이유를 사라지게 한다. 이것이 범신汎神이 무신無神과 통하는 이유이다.

인간 생존에서 공기나 햇빛처럼 중요한 것은 없다. 그러나 인간이 추구하는 것은 희소성의 가치라는 점을 이해해야 한다. 명품이 명품일 수 있는 것은 보편성이 아닌 특수성에 있다는 말이다. 즉 이 부분에서 우리는 종교에서 특수와 보편, 그리고 보편과 특수의 문제와 만나게 된다.

농경과 유목 그리고 상업
상업과 종교

농경의 다신多神 구조　　인류는 채집과 수렵의 원시사회에서 점차 농경과 유목의 문화로 변모한다. 농경은 땅이라는 생산 조건에 종속되는 구조를 가진다. 그래서 자연환경에 순응적일 수밖에 없다. 즉 수용적인 인간관을 만드는 것이다.

비가 오지 않는 상황에서 농부는 하늘을 바라보며 기원하는 일밖에 할 수 있는 게 없다. 기우제의 기원은 이렇게 시작된다. 그러나 기다리던 비라도, 너무 많이 오면 또다시 문제가 된다. 이제는 기청제祈晴祭(비를 그치게 하는 제)가 필요한 상황이 되는 것이다. 이러한 구조를 이해한다면, 농경 사회 속에서 다신多神 구조가 만들어질 수밖에 없는 이유를 우리는 이해하게 된다. 이는 자연에 종속된 농경민에게는 기원의 대상이 많을 수밖에 없기 때문이다.

그러나 다신의 전통은 자연에 대한 인간의 나약함일 뿐, 신에 대한 인간의 나약함을 의미하는 것은 아니다. 많은 신이 존재한다는 것은, 그중 특정 신을 인간이 선택하고 또 특정 신은 배척할 수 있다는 의미이기 때문이다. 이는 농경문화에서 신과 인간의 관계가 완전한 종속 구조가 될 수 없다는 것을 나타낸다. 즉 농경에서의 신은 인간보다 우월하지만 동시에 인간의 선택적인 조건 속에 존재하는 것이다.

유목의 일신一神 구조　　농경이 정주定住의 문화라면 유목은 이동의 문화이다. 그러므로 농경이 문화를 축적한다면 유목은 문화를 단순화한다. 아무래도 잦은 이동은, 다양성을 용인하기보다는 간단명료하게 정리하는 필연성을 높였을 것이다.

신에 있어서도 유목은 많은 신을 필요로 하지 않는다. 풀밭의 풀이 다 사라지면 유목민은 농경민처럼 신에게 기도해야 하는 것이 아니라 풀이 있는 곳으로 옮겨 가면 된다. 이동이라는 '복잡한 문화가 축적되기 어려운 구조'와 '단순한 생활양식에서 오는 단순성'은 유목에 유일신 전통이 쉽게 자리 잡게 했다.

유일신 전통은 자연환경과도 관련된다. 자연 지형이 단조로운 사막이나 초원 같은 구조와 하늘이 더 위대하게 느껴지는 환경은, 유일신의 사고를 전개하기에 보다 쉬운 조건이 된다. 또 유목 문화에서는 너무 많은 사람들이 함께 살 수 없다. 농경을 통해서 생산을 조절할 수 있는 것이 아니라 자연에서 적절한 양의 생산을 취하는 방식을 택하기 때문에, 어느 정도 이상의 집단 규모가 되면 분리되어 큰 집단이 만들어질 수 없는 것이다. 이는 문화의 다양성을 용인할 필요가 없다는 것을 의미한다. 유목의 종교가 강한 배타성과 보수성을 갖는 것은 바로 이 때문이다.

또 유일신에 대한 단순 반복적인 믿음은 인간이 신에게 종속되는 구조를 만든다. 이는 농경이 신을 선택하는 것과는 다르게 신과 인간이 엄격한 상하 관계가 형성된다는 것을 의미한다.

상업의 합리성과 유연성 상업은 1차 생산에 의한 생산물을 교역하면서 재화의 재창출을 하는 구조이다. 이는 상업이 농경이나 유목에 비해서 발생이 늦을 수밖에 없음을 의미한다. 그럼에도 상업은 이익을 추구하는 인간의 본성과 결부되어 가장 강력한 사회변동의 축을 형성하게 된다. 이는 오늘날의 자본주의가 곧 상업주의와 통한다는 점에서도 단적인 이해가 가능하다.

상업의 정신은 정확한 상황 판단, 즉 형세 판단에 있다. 그리고 사회와 시장의 변화에 따른 발 빠른 대처와 미래 예측이 가능해야만 한다. 이렇게 놓고 본다면, 상업은 '정보'와 '판단'의 두 가지 축을 가진다. 거기에 과거의 대상 무역과 같은 경우는, 여기에 모험과 지적 호기심이 동반된다. 이는 농경이나 유목이 따라올 수 없는 상업만의 '유연성을 내포하는 과감성'이라고 할 수 있다.

상업에는 신이 없다. 그것에는 합리성만 있을 뿐이다. 그러나 그 합리성은 반드시 윤리 의식을 동반하는 것은 아니다. 왜냐하면 상업은 이윤 추구라는, 윤리와는 다른 가치관을 가지기 때문이다. 만일 상업에 윤리까지 있다면, 그것은 우리가 사는 상대 세계 속에서 가장 완성에 근접한 가치가 될 것이다. 그러나 그렇게 되면 상업의 변화 정신은 상당수 감소된다. 그러므로 윤리가 빠지더라도 상업은 그 자체로 아름답다. 그것은 고착되지 않는 계속된 변화, 즉 현재적이기 때문이다.

상업은 윤리보다는 행복과 어울린다. 불교는 세계종교 중 유일하게 상업을 기반으로 일어난 종교이다. 그래서 특유의 '합리성'과 '유연성'을 내포하게 된다. 이는 농경을 바탕으로 하는 유교나 힌두교, 그리고 유목을 배경으로 성립한 기독교나 이슬람교와는 다른 바탕이다. 이런 점에서 불교를 이해하는 핵심은 '상업'과 '행복'이라고 할 수 있다.

자본과 도시 그리고 권력
새로운 가치관의 요구

농경과 유목의 복합 문화　인도는 아프리카에서 떨어져 나온 대륙이 아시아와 충돌하는 과정에서 아시아로 편입된 것이다. 그러므로 히말라야는 끊임없이 높아지고, 인도의 면적은 오늘도 계속 줄어들고 있다.

인도가 아프리카에서 떨어져 나왔다는 것은 인도의 원주민들이 흑인이라는 것을 의미한다. 즉 인더스문명의 주체는 드라비다족과 문다족이라는 농경 기반의 흑인이다.

그러나 농경을 통한 문화의 축적은, 이후 홍수의 통제라는 고대사회의 대표적인 어리석은 문명 형태로 발전한다. 고대 문명은 모두 홍수와 관련된 지역에서 시작된다. 이는 홍수가 주기적이라는 점에서 상대적으로 위험은 적으면서, 자연적으로 퇴비를 쌓이게 해 토양을 기름지게 해 주었기 때문이다.

그러나 문명의 발달로 인한 홍수의 통제는 농업 생산량을 급격하게 감소시키게 되고, 결국 고대 문명은 쇠락하게 된다.

지금으로부터 3,500년 전에 있었던 백인 유목민인 아리안족의 서북 인도 침입은, 허덕이던 인더스 문명의 숨통을 끊는 사건이다. 이와 동시에 인도는 농경민인 다수의 흑인 위에 유목 문화의 소수 백인이 군림하는 농경과 유목의 복합 문화를 구축하게 된다.

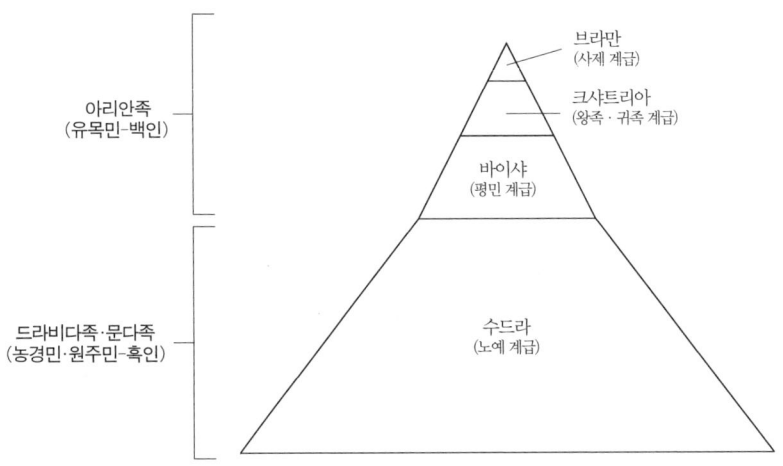

상업과 새로운 물결　농경과 유목의 질서를 흔든 것은 상업(대상 무역)이었다. 상업에는 농경과 유목의 안정성과는 다른 큰 폭의 변동이 내포되어 있다. 붓다 역시 "농업에는 10배의 이익이 있지만, 상업에는 100배의 이익이 있다."고 언급한다. 이는 붓다 당시 경제의 주체가 상업으로 기울어 있음을 나타내 준다.

농업과 유목이라는 안정성이 상업이라는 자본의 충격을 겪게 되면, 기존 사회는 새로운 질서로의 재편을 요구받게 된다. 상업을 통한 신규 자본의 창출과 평민 자산가의 등장은, 신분제를 포함한 전통적인 질서를 교란한다. 특히 자본의 쏠림과 관련된 도시의 발달은 농경이나 유목과는 다른 가치관을 요구받게 된다. 즉 변화의 시대가 열리기 시작한 것이다.

자본과 권력   오늘날은 자본이 곧 권력이지만, 고대에는 자본이 반드시 권력인 것은 아니었다. 자본이 상업을 통해서도 만들어질 수 있다면, 권력은 주로 혈통과 관련이 있다. 그러나 분명한 것은 고대에도 자본은 권력과 통하는 통로 역할을 했다는 점이다.

자본과 권력은 도시를 유지·발전시키는 2대 축이다. 자본을 대표하는 것은 자산가, 곧 장자長子였다. 그리고 권력의 대변자는 귀족의 수장인 군주이다. 그러나 그럼에도 고대 인도에는 사제 집단이 이들의 위에 군림하고 있었다. 이것은 힘이 역전되었음에도 전통적인 신분제가 보수적으로 유지되는 상황을 의미한다.

자산가와 권력자는 자신들의 위치를 받아들일 수 없었다. 신을 앞세워 호가호위狐假虎威하는 사제들을 인정하기 어려웠던 것이다. 여기에 도시에서의 낡은 전통을 걷어 내는 새로운 가치의 요구는 시대적인 요청이 된다. 즉 '도시의 변화 요구'와 '자산가와 권력자의 보호'라는 거대한 에너지는, 신흥 사상가와 신흥 종교가라는 전혀 다른 질서의 재편자들을 요구하고 있었던 것이다. 이들은 전통적인 신 중심의 종교와 낡은 질서를 깨트리고 변화를 제시하는 이들로 사문沙門(śramaṇa)이라고 불리게 된다.

세계사의 흐름을 이해하는 데서 가장 중요한 것은 자본이다. 자본이 어느 집단에 의해서 창출되며, 어디로 흐르는지를 알면 역사는 스스로를 말하는 학문이 된다.

고대사회에서 권력은 자본이 아닌 혈통에 의해 유지된다. 그러나 그 혈통을 바꾸고 분열된 왕조를 통일하며, 통일된 나라를 다시 분열시키는 것은 모두 자본의 흐름과 관련이 있다. '축의 시대' 이전, 자본은 점차 신과 사제를 정조준하게 된다. 이는 전 세계적으로 '축의 시대'가 도래하는 배경이 된다.

특히 불교는 상업을 배경으로 하는 종교이다. 그로 인해 자본의 흐름, 그리고 상업의 흥망은 불교와 궤적을 같이한다. 그러므로 우리는 불교의 정확한 이해를 위해서, 보이지 않는 손의 실질적인 주체인 자본에 주목해야만 하는 것이다.

인도의 명상 문화와 귀족
철학의 주체로서의 귀족과 평민

인도의 기후와 명상 문화 인도의 명상 문화와 관련해서 가장 많이 언급되는 것은 기후 환경과 관련된 부분이다. 이모작과 삼모작이 가능해 식량이 흔한 조건에서, 무더위는 사람들의 움직임에 가장 큰 영향을 끼치게 된다. 즉 사회 전반적인 느림의 미학이 연출되는 것이다. 더구나 더운 기후 탓에 의복과 주거가 없어도 되는 상황이라는 점을 고려한다면, 노동의 목적 자체가 흐려지기 쉽다.

  인도의 이상향에는 언제나 시원한 연못이 등장하곤 한다. 이상향이란 그 집단의 희망이 종합된 것이다. 그런데 여기에 물이 등장한다는 것은 이들이 겪었던 더위의 고충을 잘 나타내 준다.

  추위는 난방이나 의복을 통해서 일정 부분 극복할 수 있다. 그러나 더위는 자본이나 권력이 있더라도 달리 방법이 없다. 그래서 권력자와 관련된 기록들에도, 목욕이나 누각에서의 바람 쐬기와 같은 것만이 등장할 수밖에 없다. 가진 사람들이 무더위 때문에 마땅한 오락거리가 없다는 것은, 인도 명상 문화의 배경인 동시에 이를 이해하는 핵심이다.

인체의 신비와 명상　　외부의 대기 온도가 사람의 체온 이상으로 올라가면, 호흡을 통해서 열이 역류하는 현상이 발생한다. 즉 호흡을 통해 열이 빠져 나가는 것이 아니라, 체온이 역으로 상승하게 되는 것이다. 이것을 막기 위해 인체는 저절로 호흡을 조절한다. 호흡을 최대한 낮고 느리게 하면서, 내쉬는 숨을 보다 강화하는 것이다. 인도 명상 호흡에서 장출식長出息(길게 내쉬기)은 바로 이와 같은 기후 환경에서 연유한다.

또 우리가 호흡을 통해 들이쉬는 산소는 주로 육체적인 운동과 뇌에서 소모된다. 그러나 인도의 무더운 기후는 귀족들로 하여금 아주 느린 움직임만을 요구한다. 그러므로 뇌가 상대적으로 많은 산소를 소모하게 된다.

생각이라는 것은 뇌가 산소를 태우는 과정에서 발생한다. 그러므로 생각은 뇌의 혈류량을 증대시키게 되는데, 이때 뇌의 온도가 상승한다. 그런데 필요 이상의 열이 차면 뇌세포는 죽게 된다.

우리나라에서는 이런 일이 없지만, 인도는 여름에 섭씨 40~55도라는 살인적인 기후에 직면한다. 이럴 때 생각하는 행위는 뇌에 열을 쉽게 축적하게 한다. 그 결과 뇌는 자기 보호를 위해 생각을 줄이거나 정지하는 자기방어 시스템을 작동한다. 이것이 바로 인도에서 '관觀의 문화'가 탄생하는 이유이다.

의식은 존재하지만 생각의 움직임이 없는 상태, 이것이 '관(觀照)'이다. 우리도 더운 열탕이나 사우나 안에 들어가면 이러한 관을 경험하게된다. 의식은 있지만 생각은 없고 변화는 이해하지만 집착은 일어나지 않은 채, 느리게 다가왔다가 느리게 가는 것, 이것이 바로 관이다.

우리의 머리 구조를 보면, 뇌가 딱딱한 두개골로 감싸여 있는 상태에서 머리카락이 나 있다. 이는 그 속에 들어 있는 뇌가 충격과 온도로부터 보호받아야 할 대상이라는 점을 분명히 해 준다.

추운 지역 사람들의 머리카락은 직모이다. 그것은 온도의 손실을 막기 위한 진화의 결과다. 흑인들의 머리는 곱슬이다. 그것은 공기층을 만들어 직접적인 열로부터 뇌를 보호하기 위한 진화의 결과이다. 이렇게 놓고 본다면, 뇌가 얼마나 열에 민감한 존재인지를 짐작할 수 있다.

더운 기후 환경 속에서 뇌가 스스로를 보호하기 위해 최소한의 역할만 하는 것. 그리고 몸에 열이 차는 것을 막기 위해 낮게 내쉬는 숨이 강조되는 것. 이것이 바로 인도 수행 문화를 이해하는 기초가 된다.

오락이 없는 귀족 문화 과거의 귀족들은 무엇을 하면서 유희를 즐겼을까? 동서고금을 막론하고 여자와 술, 사냥과 공연 같은 것은 빠지지 않는 놀이 문화이다. 그러나 인도는 조금 다르다. 무더위가 이런 종류의 활동을 제한하기 때문이다.

진화론적인 측면에서 남성은 분명 여성을 원하게 되어 있다. 그러나 무더위라는 환경은 내 살끼리 붙어 있는 것도 참을 수 없게 만든다. 그 결과 이성에 대한 욕구가 현저히 줄어든다. 사우나 안에서 이성과 껴안고 있는 상황이라고나 할까? 인도에서 여성은 비단 환락의 대상만은 아니라는 말이다.

술도 마찬가지다. 술은 기쁨을 위해 마시는 것인데, 무더위 속에서 술을 마시는 것은 오히려 고통을 유발한다. 이것이 인도에서 술 문화가 발달하지 않은 이유이다.

세계적으로 유명한 술은 모두 추운 기후대에서 만들어진다. 이는 과거에 술이 체온을 높이는 간접 도구로 사용되었기 때문이다. 하지만 인도는 술을 마시기 전부터 덥다. 이것이 술 문화 형성을 방해한다. 실제로 붓다는 술에 대한 조항을 가벼운 금계(遮戒)로 처리하고 있다. 이는 이 정도로도 인도에서는 충분한 제재가 가능했기 때문이다.

사냥도 불가능하다. 무더위 속에서 말과 함께 뛴다는 것은 사냥감 이전에 내가 죽을 일이다.

또 더운 지역의 공연은 매우 정적이다. 손목과 허리를 조금 움직이는 정도가 고작이다. 우리나라의 〈난타〉나 〈점프〉와 같은 동적인 공연은 모두 추운 기후의 문화이다. 만일 더운 환경 속에서 이런 공연을 한다면, 하는 사람도 못할 짓이지만 보는 사람도 미칠 지경이 될 것이다.

인도의 귀족은 환경적으로 놀이 문화에 제약을 받는다. 이는 귀족들로 하여금 사색의 길로 인도하는 첩경이 된다.

철학의 주체로서의 귀족과 평민   환경이 좋지 않더라도 평민들은 일정한 노동을 하지 않을 수 없다. 그러나 귀족들은 꼭 노동을 해야 할 필요가 없다. 그런데 고대처럼 신분과 부가 세습되는 상황에서, 이는 새로운 가치를 연출하는 동인이 된다. 즉 사색을 통한 철학의 발달이 그것이다.

더운 환경에는 낮잠의 문화가 있다. 그런데 귀족들은 낮잠 이후 일어날 필요가 없다. 충분한 잠은 사색에 좋은 양분이 된다. 즉 잠에 빠지지 않는 효율적인 관觀이 이루어질 수 있도록 하는 배경이 만들어지는 셈이다.

또 더위 탓에 육체를 심하게 움직이지 않는 문화는, 사유와 언어적인 측면을 발달시키게 된다. 오늘날 인도가 IT 강국이라고 불리는 것도 이러한 연장 선상에 존재하는 것이다.

유희마저도 제한되는 귀족과 대대로 전해지는 사색적인 경향은, 출가수행이 하나의 문화로 존재할 수 있는 배경이 된다.

또 철학과 종교의 주체가 귀족이라는 것은 형이상학과 본체론이 발전하는 배경이 된다. 아무래도 풍족한 환경의 귀족들은 현실적인 가치보다도 이상적인 부분에 더 많은 관심을 기울이기 때문이다. 또 이들에게는 유희 대상으로서 논쟁과 같은 부분이 발달해 논리학 형성의 배경이 되기도 한다.

특수에 대한 보편의 역습
신으로부터의 자유

신 중심의 호가호위狐假虎威   인도의 전통 종교는 브라만교이다. 이는 브라흐마Brāhma라는 창조의 신을 중심으로, 브라만이라는 사제가 종교적인 권위를 확보하며 민중들을 지배하는 구조였다. 즉 브라흐마 신을 믿는 브라만에 의한 종교인 셈이다.

브라흐마 신이라는 증명되지 않은 강자 앞에, 브라만이 호가호위하면서 존재하는 형태라고 이해하면 되겠다. 그러나 이후 브라만은 더 많은 이익을 창출하기 위해, 신과 거래할 수 있다는 개념을 설정한다. 특정한 종교의식을 통해서, 신의 권능을 입을 수 있다는 '제사만능주의祭祀萬能主義'가 그것이다.

신이 경배의 대상으로만 제한될 때 종교적인 수익 창출은 효율적이지 못하다. 왜냐하면, 신은 인간에 있어서 보편성을 확보하는 존재이기 때문이다. 그러나 여기에 특수성을 부여하여 특정한 사람에게만 신의 능력이 작용할 수 있다는 점을 부각시키면, 그것을 원하는 사람에게 더 많은 이익을 얻어낼 수 있다. 예컨대 신이 특정 인간의 특수한 일을 해결해 준다는 설정이다.

이러한 신과 인간의 특수 관계를 만드는 일을 브라만은 자신이 집전하는 제사(종교의식)를 통해서 이루어진다고 주장한다. 즉 신과 인간의 특수 관계를 제사를 통해 만들면서, 브라만은 중간자(매개자)로서의 이익을 얻는 구조인 셈이다. 이러한 논리 구조는 오늘날까지 대다수의 종교에 존재한다.

그러나 신이 특정 제사를 받고 이를 통해 특정 인간의 바람을 이루어 준다는 설정은, 신과 인간의 계약관계를 의미하는 것이 된다. 계약은 대등 관계까지는 아니더라도 최소한 유사 관계에서 이루어지는 행위이다. 그러므로 이는 신 절대 중심 구조가 붕괴하고 있다는 것을 의미한다. 이제부터 신은 특정 제사를 받게 될 경우, 그 대가로 제사자의 소망을 성취해 줘야만 하는 제한적인 존재로 전락하는 것이다.

이는 브라만들이 더 많은 이익을 창출하기 위해 시도한 것이지만, 아이러니하게도 이를 통해 신 절대주의는 붕괴하는 것이다. 즉 더 많은 자본 확보와 관련된 방향이, 브라만교 안에서 신 중심의 관점을 환기시키게 되었다는 말이다.

신이 될 수 있는 종교   브라흐마는 우주 전체를 창조한 신이다. 신이 모든 것을 창조했다는 말은, 모든 곳에 신의 속성이 내재한다는 의미가 된다. 이런 속성 중 인간에게 내포된 것을 아我, 즉 아트만ātman이라고 한다. 아트만은 인간에 내재하는 신의 속성인 셈이다.

기독교 신화에서 여호와는 아담을 흙으로 만들고 입김을 불어넣는 것으로 되어 있다. 여기에서의 입김은 신에 속했던 것이기는 하지만, 신 자체는 아니다. 그러므로 기독교에서의 신과 인간은 격절되며, 신의 속성이 존재하지 않는 인간은 천국에 갈 수는 있어도 신이 될 수는 없다.

그러나 인도 신화는 인간 안에 신의 질료적인 편린이 존재하는 것으로 설정되어 있다. 이것을 아트만의 항상성(불변성)이라고 한다.

아트만이 신의 부분이라는 점은 매우 중요하다. 왜냐하면, 신이 절대적이고 완전한 존재라는 점을 전제하게 될 경우, 절대와 완전의 일부분은 언제나 절대와 완전이 되기 때문이다. 즉 이는 무한의 부분은 무한의 전체와 같은 무한이라는 점을 통해서, 대등하다는 논리가 성립되는 것과 같다.

이와 같은 논리 구조를 통해서 확보되는 철학적 견해가 브라흐마와 아트만은 하나라는 범아일여梵我一如 사상이다. 이 논리에서 아트만은 완전하지만 구름에 가려진 태양처럼 드러나지 않는다. 이때 구름의 장애에서 벗어나는 것이 바로 해탈이다. 이렇게 될 때 아트만은 브라흐마와 본래의 동일성을 재확인하게 된다.

범아일여는 신과 인간의 수직적 관계가 무너진 뒤의 수평적 구조에서 발생하는 관념이다. 이는 브라만들이 의도한 결과는 아니다. 그러므로 범아일여는 브라만이 아닌 크샤트리아, 즉 브라만교 안에서의 귀족들이 주장하게 된다. 물론 브라만이 제창한 제사주의가 이러한 발전의 한 배경이 되었다는 것을 부정할 수는 없다.

신의 절대성이 인간의 영역으로 들어와 있다는 자각과 범아일여 사상은, 신으로부터 인간의 독립도 가능하다는 논리로 전개될 개연성을 내포한다. 무한이라는 브라흐마라는 신을, 같은 무한인 아트만이 포함할 수도 있다는 역발상의 논리도 가능하기 때문이다. 즉 여기에는 신만 인간을 포함하는 것이 아니라, 인간도 신을 포함할 수 있는 논리 구조가 존재한다는 말이다.

신과 인간이 상호 포함 관계일 수 있다는 논리 구조는, 인간이 신으로부터 독립하여 자존할 수 있다는 의미를 파생한다. 여기에 상업에서 시작된 이성주의는 결국 인간의 문제는 인간 안에서 해결될 수 있다는 관점을 강화시킨다. 즉 신을 대체하는 진리를 통해, 인간과 진리의 관계가 부각될 수 있는 터전이 마련된 것이다. 이렇게 신은 죽고 초인超人의 시대가 서서히 다가오게 된다.

신의 영역 밖에서 방법 찾기   비브라만교적인 관점에서의 초인 도전자들을 사문, 즉 신흥 종교가·신흥 사상가라고 한다. 이들은 이 세계에서 신을 완전히 제거하기 위해서, '보편적인 원리(진리)'를 통해 이 세계와 인간이 존재한다고 주장한다. 이러한 대표적인 견해가 바로 요소설要素說이다. 이는 화학에서와 같이 모든 존재는 요소 간의 결합으로 성립될 뿐이라는 주장이다. 그리고 여기에는 필연적으로 이러한 결합이 어떻게 존재하느냐에 대한 문제가 초래되기 마련이다.

붓다 역시 요소설을 받아들인다. 그리고 붓다는 요소적 결합을 인과因果·연기緣起라는 법칙으로 해석하고자 한다. 요소의 결합에 의한 임시 결합의 가화합성假和合性 원리에는 아트만과 같은 항상성이 존재할 수 없다. 이것이 바로 불교의 무아설無我說, 즉 아나트만anātman이라고 한다.

가화합성은 임시로 존재하면서 계속 변화하는 형태일 수밖에 없다. 마치 우리의 신체가 세포들의 생멸에 의한 변화 속에서 존재하듯이 말이다. 그러므로 이러한 끊임없는 변화 속에서 중요한 것은 현재적인 적절성, 즉 중도中道가 된다. 이것이 바로 붓다가 말하고자 하는 신 중심의 사고를 전환하는 진리 중심의 합리적 대안이다. 이렇게 놓고 본다면, 불교는 신이 아닌 인간적인 해법을 매우 솜씨 있게 도출했다고 할 수 있다.

Part 2

붓다의 생애와 사상

갠지스, 변화를 잉태하다
인도 문명의 대안

문명의 충돌과 새로운 대안 인도 문화는 서쪽의 인더스 강에서 시작하여, 동쪽의 갠지스 강 중류 쪽으로 점차 이동해 간다.

인더스문명은 원주민에 의한 흑인 문명이지만, 이것을 정복한 아리안족에 의해 아리안족 문화를 입게 된다. 즉 인더스 강 쪽은 아리안의 문화가 강하게 작용했다. 이에 비해 갠지스 강 쪽은 새롭게 대두하는 개방적인 신천지였다. 마치 미국의 동부가 유럽적인 질서에 의해 규정되어 있었다면, 서부는 새로운 가능성을 잉태한 세상이었던 것처럼 말이다.

아리안의 규범적인 문화는 갠지스 강 쪽으로도 영향을 미쳤지만, 이것은 지역적인 특성상 제한적일 수밖에 없었다. 즉 인도의 서쪽이 아리안족의 보수적인 경향을 보인다면, 상대적으로 동쪽은 선주민의 다양한 가치들이 작용할 여지가 많았다. 또 이는 상업의 흥기로 인한 새로운 변화의 가능성을 수용할 가능성도 컸다는 것을 의미한다.

순종純種이 좋은 것은 말이나 개와 같은 동물에게나 해당된다. 인간과 문화 등은 다양성을 통해 더 우수하게 발전한다. 미국의 문화가 유럽을 능가한 것도, 서울이 우리나라를 대표하는 것도 모두 이와 같은 양상과 무관하지 않다.

상업에 의한 경제적인 자각과 동쪽에서 새롭게 발견되는 비옥한 토지는, 갠지스 강 유역을 일약 부각시키기에 충분했다. 또 서쪽에서 잠식해 들어오는 아리안의 문화와 동쪽의 선주민의 가치에 따른 문명의 충돌은 다양한 가능성의 길을 열어 주었다.

문명의 충돌은 가치관의 혼란을 파생한다. 그러나 인간은 어떠한 방식을 통해서라도 마침내 적응하며, 새로운 해법을 도출해 내게 마련이다.

갠지스 강 쪽은 상대적으로 신분제 같은 측면도 느슨했다. 실제로 붓다 당시에 활약한 육사외도六師外道 중에는 신분이 낮은 사람도 발견된다. 즉 신분을 초월하여 선생이 될 수 있는 능력 우위의 세상이 전개되고 있는 것이다.

능력제가 힘을 발휘하고 있었다는 것은, 그곳이 무한 경쟁의 사회였음을 의미한다. 이것은 그곳이 대안의 땅이 되기에 충분하다는 것을 말해 준다.

또 신분제 같은 속박이 느슨하다는 것은, 다양한 가능성이 도출될 수 있다는 것을 의미한다. 그리고 이는 인도 문명의 한계가 갠지스 강

쪽에서 해결될 가능성이 크다는 결론으로 귀결된다. 즉 갠지스 강 쪽은 야만의 땅이 아닌 새로운 대안의 토론장으로 거듭날 배경을 갖춘 것이다.

동방의 빛 붓다 당시 인도는 상업을 바탕으로 도시국가에서 고대국가로 발전해 가는 단계에 있었다. 이러한 과정에서 여러 나라들이 새롭게 체계를 재정비했으며, 이들은 서로 경쟁하면서 점차 병합되는 양상을 보이게 된다.

당시 여러 나라들 중 최대 강국은 갠지스 강 상류 쪽의 코살라국과 중류 쪽의 마가다국이었다. 코살라국은 서쪽의 인더스 강 쪽 문화와 더 근접해 있다는 점에서, 전통적인 관점에서는 선진적이었으나 마가다국보다는 보수적이었다. 이에 비해 마가다국은 동쪽으로 뻗어 나갈 수 있는 가능성 속에서, 다양한 가치가 수용되는 더 열린 개방성을 확보하고 있었다.

후일 붓다가 마가다에서 깨달음을 얻고 일거에 교단의 기반을 확보할 수 있었던 것도, 새로운 가치를 쉽게 수용하는 마가다의 개방성과 관련된다. 이에 반해서 코살라와 연관해서 붓다는, 여러 차례의 모함과 천불화현千佛化現(大神變)에서와 같은 타 종교와 철학자들의 도전을 받고 있다. 이는 코살라가 더 보수적이어서 붓다의 새로운 사상이 수용되기에 어려움이 있었다는 것을 의미한다.

마가다와 그 위쪽에 있는 바이살리는 새로운 가능성이 움트는 땅이었다. 그곳은 도시와 문화의 혜택을 받으면서도 다양성의 가치를 잃지 않는 미덕을 가진 곳이다. 그래서 동방의 빛으로서 새로운 대안이 되기에 충분했다. 즉 문명은 이제 서에서 동이 아닌, 동에서 서로 흘러갈 준비가 된 것이다.

후일 붓다는 출가하여 바이살리를 거쳐 마가다로 간다. 바이살리는 전통적인 공화제 국가였던 반면, 마가다는 국왕이 정권을 장악한 군주제 국가였다. 국가의 발전 형태나 당시의 다양한 변화의 대처에서, 현명한 국왕이 존재한다면 군주제 국가가 더 유리한 것은 당연하다.

마가다국은 붓다 당시 빔비사라 왕이라는 현군과 아자타샤트루 왕으로 이어지는 강력한 군주를 가졌던 시기이다. 이 때문에 아리안족의 선진 문명권에서는 보다 소외된 지역에 있었음에도 결국 코살라를 추격하여 최고의 강국으로 성장하게 된다. 즉 문명은 이제 동쪽의 다양성 속에 강력함마저 내포하게 되었던 것이다.

석가족의 한계와 새로운 물결
붓다의 동경과 출가

석가족의 나라 카필라국과 7대의 청정   붓다의 나라인 카필라국은 현재의 네팔에 속해 있는 산악 지역에 위치해 있었다. 전승에 의하면 카필라라는 유명한 수행자가 이곳에 살았기 때문에, 이를 따라서 지역 명칭을 삼은 것이라고 한다.

석가족은 본래 인도 내륙 쪽의 감자甘蔗(사탕수수) 왕 계통인데, 왕위 계승 과정에서 밀려나 북쪽으로 이동하게 된다. 더운 지역 식물인 사탕수수가 등장하는 것을 통해 본다면, 본래 네팔 쪽이 본향은 아닌 것을 알 수 있다.

붓다의 가계家系는 7대가 기록되어 있는데, 이는 『오분율』이나 『불본행집경』 등을 통해서 확인된다. 이를 제시해 보면 다음과 같다.

① 감자甘蔗(日種) → ② 니구라니拘羅 → ③ 구로拘盧 → ④ 구구로瞿拘盧 →
⑤ 사자협師子頰 → ⑥ 정반淨飯 → ⑦ 실달다悉達多(붓다)

7대를 기록한 것은 고대 인도에서 4진법과 더불어 7진법이 사용되었기 때문이다. 초기 경전에는 7대를 통한 혈통의 순수성이라는 내용이 다수 보인다. 이러한 영향은 붓다와 관련된 법통法統으로도 확대되는데, 이를 적시해 보면 다음과 같다.

과거 장엄겁莊嚴劫: ① 비바시불毘婆尸佛 → ② 시기불尸棄佛 →
③ 비사부불毘舍浮佛 → / 현재 현겁賢劫: ④ 구류손불拘留孫佛 →
⑤ 구나함모니불拘那含牟尼佛 → ⑥ 가섭불迦葉佛 → ⑦ 석가모니불釋迦牟尼佛

이중 구류손불부터가 현겁賢劫이라는 현재 우리가 사는 시간대에 속하며, 그 앞의 세 붓다는 과거 장엄겁莊嚴劫이라는 다른 시간대의 붓다이다. 그러므로 이는 현겁의 4불이라는 4진법적인 측면이, 7진법적인 가치와 충돌하면서 7대의 청정성으로 개편된 것으로 이해된다. 즉 7대 가계의 청정이 붓다의 법통에도 영향을 미쳐 7대설로 변화하고 있다는 말이다.

과거에 선행한 붓다들과 관련해서는, 구류손불과 구나함모니불의 유적이 카필라국과 인접한 지역에서 확인된다. 그러므로 불교의 이해와 관련해서 우리는, 네팔 쪽에 있었던 특정한 수행 문화와 연관된 것이 아닌가 하는 추정을 해 볼 수 있다. 즉 붓다는 전설적인 수행자 카필라와 구류손불이나 구나함모니불로 대변되는, 어떤 특정한 수행 문화의 환경적인 영향 속에 있었다는 말이다.

붓다의 가계와 4진법의 상징성   붓다의 법통과 관련해서 7진법과 4진법의 이중 구조가 확인되는데, 이는 가계에서는 조금 다른 방향으로 나타난다.

붓다의 가계는 매우 중요하다. 왜냐하면, 붓다의 사촌 동생들도 다수가 출가하여 핵심적인 제자가 되기 때문이다. 그러므로 이를 도시해 보면 다음 페이지의 도표와 같다.

붓다의 가계는 전체가 7대로 되어 있지만, 붓다의 부친 세대와 사촌들은 4남四男 8자八子라는 4진법 체계로 되어 있다.

붓다 당시의 4진법 체계가 불교에 수용된 예는 매우 많다. 이는 붓다가 4월 8일에 태어나서 40개의 치아를 가졌고 80년간 살았다는 것. 또 교리적으로는 4성제 8정도와 12연기설을 중심으로 하는 8만 4,000 법문의 12부경을 설했다는 점. 그리고 붓다의 열반 이후에는 8국왕이 모여서 8섬 4말의 사리를 분배해 근본 8탑을 건립하고, 이것을 후일 아소카왕이 8만 4,000 탑으로 확대시켰다는 것 등이다.

붓다와 관련된 4와 4의 배수들은 모두 완전성을 나타낸다. 이에 대한 분명한 이해는 붓다와 관련해서 매우 중요하다. 왜냐하면, 종교는 사실을 말하는 동시에 상징을 내포하기 때문이다.

붓다는 황인인가, 백인인가?   붓다의 인종이 무엇인지에 대한 논란도 있

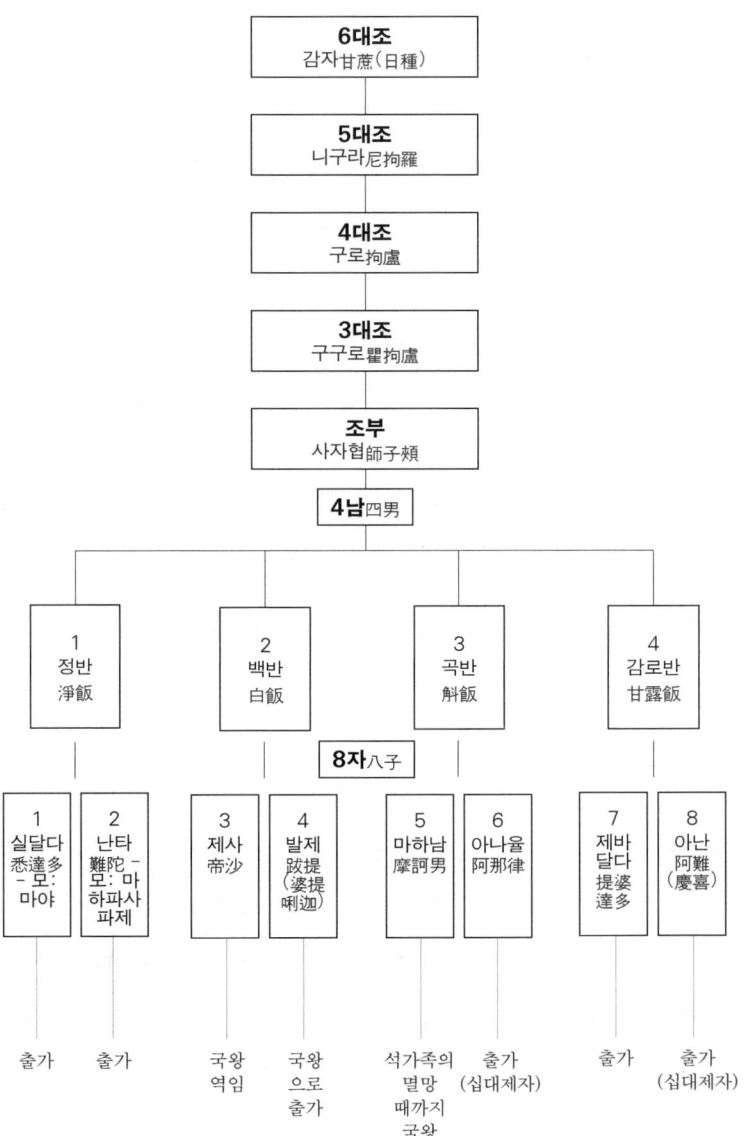

다. 현재의 카필라인 네팔 쪽에는 황인만이 살고 있기 때문이다. 그래서 붓다도 황인이라는 주장이 있다.

그러나 붓다의 선조가 이주해 왔다고 기록되어 있는 점, 또 붓다가 깨달은 이후 인도를 유력할 때, 왕이나 귀족들과 신분적인 갈등이 없었다는 점을 생각해 본다면 백인이었을 가능성이 더 크다. 특히 붓다가 신분제를 부정하고 평등을 주장하기는 했지만, 그럼에도 붓다의 신분적인 배경 때문에 붓다의 제자들은 다수가 귀족 계급이었다. 그런데도 붓다와 인종적인 갈등이 전혀 없었다는 사실은 백인설의 타당성에 무게를 실어 준다.

붓다의 성은 고타마(Gautama, 瞿曇)이며 석가Śākya는 종족명이다. 그런데 인도는 대륙 국가로 땅이 넓어서 성씨만으로는 구분이 잘 안 된다. 그러므로 종족명을 우선해서 사용하곤 한다. 그래서 석가모니Śākyamuni와 같은 '석가족의 성자'라는 표현이 더 일반화된다.

위기의 나라와 공화제　　붓다의 조부인 사자협왕의 아들들에게는 모두 '밥 반飯' 자가 들어간다. 이는 석가족의 주된 산업이 쌀농사였다는 것을 나타내 준다. 그러나 당시 갠지스 강을 중심으로 하는 강국들은 대상 무역과 관련된 상업적 기반이 강했다. 이는 카필라국이 북방에 치우친 변경이었기 때문에, 중심 문화로부터 소외된 지역이라는 것을 의미한다.

붓다 당시 카필라국은 이웃의 강국인 코살라국의 강력한 영향 아래 무너져가고 있었다. 그러나 이들은 코살라국의 바사닉 왕이 석가족의 공주를 부인으로 삼겠다는 요구를 해 왔을 때, 바사닉 왕이 혈통의 순수성이 떨어진다고 주장하며 첩의 여식을 보낸다. 석가족의 이러한 오만과 교만은 시대의 변화를 읽지 못하는 변방의 낙후된 관념을 잘 보여 준다.

붓다가 신분제를 비판하는 개혁가라는 점은, 석가족의 답답한 고집스러움에 대한 비판도 내포된 것이다. 붓다가 왕위 계승자였음에도 출가한 것과 관련해서, 우리는 석가족의 이 같은 상황도 영향을 미쳤을 것이라고 짐작해 볼 수 있다.

물론 붓다가 석가족의 문화를 계승하여 불교 교단을 운영한 부분도 있다. 그것은 바로 공화제이다. 석가족은 공화제 국가였으므로 붓다는 정반왕의 아들로 유력한 왕위 계승자였지만, 그렇다고 곧장 왕이 되는 것은 아니었다.

또 석가족의 왕은 종신제도 아니었다. 실제로 붓다 당시 석가족의 왕은 '정반왕 → 제사 → 발제 → 마하남'으로 계승되고 있다. 정반왕은 마하남이 국왕인 시대까지 생존해 있었으니, 종신제가 아님을 단적으로 알 수 있다. 그런데 마하남은 죽음에 이르도록 왕의 지위를 유지하는 것으로 보아, 석가족도 공화제에서 점차 전제군주제로 변모하고 있었던 것으로 추정된다.

붓다는 마가다국이나 코살라국과 같은 전제군주제 국가에서 주로 활동했으나, 공화제 국가인 바이살리의 정치 형태를 지지했다. 또 불교 교단의 운영에서도 가톨릭교의 교황제와 같은 1인 지배 체제를 부정하고 공의共議와 자결自決에 의한 운영을 강조했다. 이는 후일 불교 교단에 다수의 부파部派(분파)가 발생하는 주요 요인 중 하나가 된다.

붓다는 분명 태자였다. 그러나 공화제 국가에서는 태자가 반드시 국가를 책임질 필연성은 없다. 물론 석가족의 왕위 계승 순서를 살펴보면, 붓다가 출가하지 않았다면 붓다 역시 왕이 되었을 것이라는 점은 분명하다. 하지만 그럼에도 그것은 확실한 것은 아니다. 붓다의 출가 선택에는 이러한 자유로움도 분명 한몫했을 것이다.

붓다는 출가해서 바이살리를 거쳐 마가다로 간다. 이는 붓다의 열망이 새로운 변화의 땅과 관련 있다는 것을 의미한다. 그리고 이 지역은 보수적인 카필라와는 비교도 되지 않는 유연한 다양성을 내포하는 곳이었다.

문명의 신선한 바람은 한계에 봉착해 있던 카필라 왕궁 속의 붓다에게 강렬한 열망의 불을 지폈다. 그것이 '위대한 포기', 즉 출가로 나타나게 된다. 즉 문명의 충돌로 인한 새로운 가치관에 대한 시대적 요구가 붓다에게 주어졌고, 붓다는 새벽을 열 준비를 하기 위해 길을 떠났던 것이다.

교육받은 성인聖人, 합리화와 만나다
학문과 보편성

붓다의 특징으로서의 교육 붓다를 이해하는데 있어서 가장 중요한 핵심은 바로 교육이다. 붓다는 다른 성인들과 달리 교육을 충분히 받고 이를 넘어서는 단계로 나아갔다. 즉 다른 성인들이 스스로의 성찰을 통해서 성인의 길을 갔다면, 붓다는 교육을 통해서 자신을 수렴하고 그 위에 독자성을 확립한 것이다.

붓글씨를 배우다 보면 얼마 지나지 않아서 자신의 필체를 만들고 싶어진다. 그러나 기본을 마치지 못했다면 그것은 의미가 없다. 추사체가 유명한 것은 김정희가 모든 필체를 익힌 후에, 시대정신을 반영한 진일보로서 고졸한 필체를 완성했기 때문이다. 붓다의 위대성도 이와 비슷하다.

교육받지 못한 성인들은 대부분 자신의 주장만을 되풀이하는 독선으로 점철된 삶을 산다. 이것은 이들이 살아서 인정받지 못하고, 죽은 뒤에 세력을 얻으면서 재평가되는 결과를 만든다. 그런데 붓다는 다른 사람들과의 공감대 확보와 타자의 설득에 능한 모습을 보인다. 소위 환자의 병에 따라서 처방을 달리한다는 응병여약應病與藥은 다양한 교육적 측면이 작용한 결과이다.

붓다와 다른 사람의 대화 과정에서도 교육의 힘은 잘 발휘된다. 붓다는 타인의 발언을 끝까지 듣고 그 사람의 문제를 생각한다. 그런 뒤에 합리성을 통해서 보다 나은 해법을 제시해 준다. 이는 교육을 통한 자제력과 상대에 대한 배려가 함께 작용한 결과이다.

자신의 주장을 되풀이하는 것은 어린아이도 할 수 있다. 그러므로 교육은 오늘날도 종교에서 가장 필요한 부분이라고 하겠다.

왕궁 시절의 교육 붓다가 왕궁에서 교육받은 것은 크게 세 가지로 요약된다. 첫째는 통치술이고, 둘째는 어학이며, 셋째는 무술이다.

먼저 통치술은 왕위 계승권자라면 필연적인 부분이다. 이는 붓다가 깨닫고 난 뒤 세상을 교화할 때, 귀족들의 요구를 파악하고 교단에 리더십을 발휘하는 데 결정적인 역할을 한다.

국왕이나 귀족들에게는 그들만의 리그가 존재한다. 그 안에 속하지 못한 사람들로서는 그들의 문화와 관점을 이해하기가 쉽지 않다. 붓다는 출신 성분에 따른 배경 문화와 통치술을 통해서, 이들의 요구를 알고 이들을 다루는 기술을 배우게 된다. 이것은 붓다가 국왕과 귀족의 지지를 쉽게 얻는 데 한몫을 한다.

또 붓다의 교단은 당시에 이미 거대 지역에 걸쳐 비약적으로 발전했다. 이는 자칫 분열과 혼란의 문제를 파생할 수 있다.

특히 당시는 교통이나 통신 등이 열악했고, 인도는 지역이 넓어서 같은 나라 안에서도 문화의 편차가 크다. 그럼에도 붓다가 이러한 문제를 합리성과 설득이라는 화합의 가치를 통해서 처리해 나가는 것은, 통치술을 학습했기 때문에 가능했다. 왜냐하면, '깨달음'과 '교단의 운영이라는 조직 관리'는 논리적 층위를 달리하는 부분이기 때문이다.

두 번째 어학 역시 붓다의 교화와 관련해서 매우 유용한 역할을 했다. 붓다 당시의 고대사회는 외교가 국왕으로부터 완전히 분리되어 있지 않았다. 그러므로 국왕 역시 외교와 관련된 상당 부분을 처리해야 했다. 이러한 부분에서 어학적인 필연성을 요구받게 된다.

특히 인도는 다민족에 의한 다문화를 배경으로 하고 있으므로 어학의 학습이 상대적으로 용이하다. 어려서 다양한 언어를 학습하는 것은 성장 후에도 새로운 어학의 학습을 쉽게 한다.

언어의 소통이란 서로에게 급속한 친밀감을 부여한다. 그 결과 붓다는 다양한 언어를 통해서, 여러 다른 배경 문화와 종족들을 교화하는 데 큰 효과를 보게 된다.

실제로 붓다는 한 제자가 당시 고급어였던 산스크리트로 불교의 가르침을 통일하자는 주장을 했을 때, 각 지역의 지방어 사용이 옳다는 견해를 제시한다. 이는 붓다의 현실적인 유효성에 대한 자각을 잘 나타내 준다. 이를 통해 중세의 가톨릭교가 라틴어를 장기간 고집하는 것과는 달리, 불교는 처음부터 다양하게 발전할 수 있는 배경을 만들게 된다.

끝으로 무술 교육은 붓다 출가 후의 수행과 관련해서 이해될 수 있다. 전승에 따르면 붓다의 결혼은 각술쟁혼捔術爭婚, 즉 스바얌바라Svayamvara에 의해서 이루어졌다. 이는 무술 대회의 우승자가 여성을 취하여 결혼하는, 중세까지도 일부 존속되던 무사 집단의 결혼 풍습이다. 이것이 사실인지는 정확하지 않지만, 이 전승에서 붓다는 우승하여 야수다라와 결혼하는 것으로 나온다. 이는 붓다가 강건한 체력의 인물이었음을 나타내 준다.

고대 전투는 국왕이 귀족들을 이끌고 전쟁을 직접 지휘하는 전차전 방식으로 전개된다. 우리가 아는 사병 중심의 대규모 전투는 기원전 4세기 무렵에야 성립한다. 그러므로 붓다 당시로서는 왕위 계승자로서 무술 교육은 필연적인 부분이었다.

왕이 무술에 약하면, 이는 자칫 국가의 몰락으로 연결될 수도 있다. 붓다의 전기에는 붓다가 활과 씨름에 능했다고 나온다. 당시 전차전의 방식은 마부가 앞에서 전차를 몰고, 귀족은 뒤에서 활을 쏘는 형태로 진행되었으니 활 기술은 필수이다. 씨름은 전차가 전복되었을 때, 오늘날의 유도와 같이 상대의 중심을 무너트리는 것과 같은 실전 상황에서 필요한 기술이다.

붓다는 출가 이후 놀랄 만한 수행력을 보여 준다. 수행도 체력적인 바탕을 요구한다는 점에서, 우리는 붓다의 무인으로서의 강인함에 대해 생각해 보게 된다. 특히 6년 고행과 관련해서, 붓다는 스스로 "과거나 미래에 나만큼 혹독한 고행을 한 사람은 없다."라고 단언한다. 이 언급에서도 우리는 붓다의 체력과 관련된 측면을 추측해 볼 수 있다.

출가 후의 교육 붓다의 교육적인 부분은 출가 후에도 확인된다. 붓다는 출가 이후 총 세 분의 스승에게서 수학한다. 첫째는 박가바라는 고행주의자이며, 둘째와 셋째는 알라라 카라마와 우다카 라마푸타라는 명상주의자였다.

첫 번째 고행주의와의 만남은 고행의 강렬함과 관련된 것으로 보인다. 고행은 특성상 외부적으로 쉽게 드러나는 강렬한 인상을 준다. 또 이는 당시 수행 문화의 흐름과 연관해서도 시사하는 바가 크다. 왜냐하면, 붓다는 명상을 학습한 이후에 또다시 6년 고행이라는 고행의 길로 들어서기 때문이다.

둘째와 셋째의 명상적인 수행은, 고요한 정신의 평안을 위주로 하는 것이다. 알라라 카라마는 순수한 정신의 경계인 무색계無色界 중에서도 무소유처정無所有處定을 얻은 대단한 수행자였다. 그러나 붓다는 곧 이의 문제점을 파악하고 다시금 우다카 라마푸타를 찾아간다.

우다카 라마푸타는 무소유처정보다도 높은 비상비비상처정非想非非想處定을 획득한, 당시 전 인도에서 가장 뛰어난 스승이었다. 그러나 이 또한 완전한 깨달음이 아님을 파악하고 붓다는 자신만의 길로 나아가게 된다. 즉 더 이상의 스승이 없는 상황에서 독자 노선을 걷게 된 것이다.

붓다는 깨달음을 얻은 이후의 교화 과정에서 많은 수행자들을 만나게 된다. 그런데 그때마다 붓다는 효율적인 대처를 통해 수행자들을 붓다의 가르침 안으로 들어오게 한다. 이러한 사건의 전개에는 붓다가 출가 이후 스승들에게서 수학하며, 여러 수행의 오류를 인식한 것이 크게 작용했을 것이다. 즉 붓다는 당시 수행 문화들을 폭넓게 경험하고 이에 대한 문제점을 정확하게 인식하고 있었다. 그리고 이는 다른 수행자들을 불교로 인도하는 데 있어서 결정적인 역할을 하게 된다.

붓다의 성공적인 교화와 합리성 모든 사람들은 나름의 문제를 안고 산다. 그것이 귀족들의 세속적인 것이건, 수행자들의 정신적인 것이건 간에 둘 다 심각한 문제라는 데는 차이가 없다. 그런데 붓다는 성장 과정과 출가 이후의 삶과 관련해서, 이들이 겪는 문제를 파악할 수 있는 과정을 거쳤다. 이 점이야말로 그 어떤 성인도 이루지 못한 당대의 위대한 성공을 가능하게 한 동인이라고 할 수 있다.

또 붓다는 상대에게 믿음 대신 합리적인 접근을 시도한다. 즉 붓다는 '상대의 사고방식을 정확하게 읽고 있는 배경'과 '합리성'이라는 두 가지의 강력한 무기를 가지고 있었던 것이다.

합리성과 관련된 부분은 불교의 가장 큰 특징 중 하나이다. 이는 불교가 굳이 석가모니가 아니더라도, 진리와 그에 대한 합리성만으로도 돌아갈 수 있도록 한다. 이는 불교가 이후 석가모니와는 다른 여러 다양한 붓다들을 가지게 되는 한 원인이 된다.

물질과 정신을 넘어선 행복 추구
고행과 명상 그리고 중도

고행의 논리와 문제점   플라톤은 "육체는 영혼의 감옥"이라고 말했다. 이는 정신과 육체의 이원론적인 사고에 있어서, 정신의 자유는 육체라는 감옥을 무너트림으로서 얻을 수 있다는 의미이다.

인도 역시 이원론적인 문화 배경을 지닌다. 그러므로 육체를 무너트려서 정신의 자유를 획득하려는 관점은 동일하게 작용한다. 실제로 불교에서는 붓다 35세 때의 깨달음을 유여열반有餘涅槃(불완전한 완성)이라 하고, 80세의 열반을 무여열반無餘涅槃(완전한 완성)이라 하여 돌아가심을 완전함으로 비정한다. 이는 오늘날까지도 불기佛紀를 정하는 기준으로 열반이 기점이 되는 문화로 남아 있다.

육체의 문제점을 지적하고 이를 부정하는 이원론적인 가치는 고행적인 사고와 통한다. 붓다가 우다카 라마푸타와 결별하고 다시금 6년 고행을 한 것도, 바로 이와 같은 인도적인 관점과 관련된다.

그러나 고행은 반복되어 익숙해지면 고통이라는 본래의 목적을 상실하게 된다. 이것이 붓다가 고행을 버리고 명상주의로 전향하게 되는 이유이다.

명상의 논리와 문제점   인도라는 무더운 기후에서 발달한 명상 문화는, 관觀을 통해서 삼매三昧와 같은 초월 명상에 진입하는 것을 목적으로 한다. 그러나 명상이 평온함을 통해서 내면의 행복을 이끌어 내기는 해도, 여기에는 입정入定과 출정出定의 한계가 있고 또 사회를 개혁할 수 없다는 문제점이 있다.

입정과 출정이란, 명상에 들어가는 것과 깨어나는 것이다. 붓다는 알라라 카라마와 우다카 라마푸타를 떠남에 있어서, 명상 상태에서는 행복하지만 명상에서 깨어나 있을 때는 현실적인 문제와 다시금 충돌하게 된다는 점을 지적한다. 즉 붓다는 명상의 연속적이지 못하고 제한적인 행복을 비판하고 있는 것이다. 이러한 비판은 이후 붓다가 제시하는 중도주의가 어떤 방향성을 가졌는지에 대해서 인식하게 해 준다.

또 붓다는 깨달음을 얻은 직후 알라라 카라마와 우다카 라마푸타에게 자신이 성취한 깨침을 가르쳐야겠다고 생각했다. 이는 붓다의 중도주의가 이들의 명상주의의 문제점을 수정하고 현실화한, 세상을 변화시키는 원리라는 점을 분명히 해 준다.

6년 고행과 깨달음   붓다의 명상 포기는 또다시 고행주의로의 복귀로 연결된다. 이는 당시의 수행법에서 이러한 양자가 주류였으며, 이 중 고행주의에 대한 아쉬움이 있었다는 것을 의미한다.

이때 붓다가 선택한 고행은 음식의 양을 최소화하는 것을 핵심으로 한다. 모든 고통은 반복을 통해서 무뎌진다. 그러나 음식을 최소화하는 것은 인간의 존재 욕망과 결부되어 고통을 다시금 부각시키는 측면이 있다. 이는 오늘날 다이어트에 얼마나 단호한 자기 극복 의지가 필요하며, 또 이것이 얼마나 어려운 지를 통해서 단적으로 알 수 있다.

일부 불전佛傳에서는 박가바에 대한 기록이 빠져 있다. 붓다가 처음부터 명상주의로 들어갔다가 고행주의로 나온다는 구조로 되어 있는 것이다. 그러나 붓다가 먼저 고행을 시도했다가 한계를 느끼고 명상주의로 선회했다가, 다시금 고행으로 갔다는 것이 더욱 타당성이 크다. 왜냐하면, 이러한 기록이 덜 정리된 산만한 형태이기 때문이다.

붓다의 6년 고행은 붓다가 고행 중에 죽었다는 말이 나올 정도로 그 정도가 심했다. 실제로 이러한 고행은 붓다의 깨달음 이후에도, 붓다가 젊은 시절부터 시자侍者를 두어야 하는 한 이유가 된다. 즉 극심한 고행으로 인한 육체의 손상은 용사의 면모를 가졌던 붓다의 체력을 회복 불가능할 정도로 파괴했던 것이다.

그러나 붓다는 이러한 고행에서 깨달음의 빛을 보지 못하고 포기한다. 붓다의 일생을 이해함에 있어서 우리는 붓다가 단호한 의지의 실천가라는 점을 확인할 수 있다. 왕궁에서의 생활을 벗어 던진 출가나, 더 배울 것이 없는 스승들에게서 뒤도 안 돌아보고 떠나는 것, 그리고 대책 없이 아니라는 생각이 들자 6년 고행을 그만둔 것이 그 단적인 예다.

고행의 포기로 인해 붓다는 같이 수행하던 다섯 비구들의 비난을 받게 된다. 그러나 붓다에게 있어서 아닌 것은 그 자체로 아닐 뿐이었다.

붓다가 발견한 진리, 중도   붓다는 왕궁 생활이라는 낙樂에서 출가 생활이라는 고苦로 삶의 배경을 이동한다. 또 출가의 수행 생활 안에서, 다시금 고행주의라는 고와 명상주의라는 낙으로 변화하고, 또다시 6년 고행이라는 고의 방향으로 전환한다. 즉 고와 낙의 이중적인 변형을 보이는 것이다. 그리고 이러한 결과로 마침내 중도주의를 제창하게 된다.

붓다는 깨닫고 난 후 녹야원(사르나트)에서 다섯 비구를 제도하면서, 자신의 중도가 고락중도苦樂中道라는 것을 천명한다.

붓다가 소오나에게 든 거문고의 비유는 중도에 대한 붓다의 관점을 잘 나타내 준다. 거문고 줄은 너무 팽팽하거나 너무 느슨하면 조화

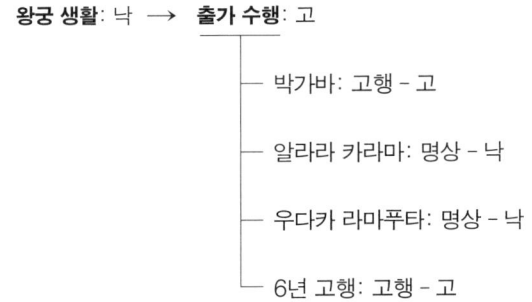

로운 소리가 나지 않는다. 그러므로 수행의 관점이라는 것도 완급의 적절성이 요구된다는 가르침이다.

고락중도는 건강이라는 개념과도 같다. 우리는 몸에 불편함이 없는 동시에 너무 신체가 왕성해서 주체할 수 없는 상태가 아닌 것을 건강이라고 한다. 즉 건강이란 신체의 조화로움이며 이 상태에서 우리는 육체의 존재를 잊게 된다.

붓다의 중도는 대상을 무력화시키거나 인식 주체를 강화하는 것이 아닌, 집착을 여의는 것이다. 마치 말이 잘될 때는 혀의 존재를 의식하지 않고, 혀에 대한 생각을 잊는 것처럼 말이다.

중도는 유효적절성에 따라 정신적인 균형과 집착을 탈각한 상태이다. 그러나 이는 동시에 현실에서도 통하는 가치이다. 붓다가 명상주의를 거부한 것은 현실에서도 유효한 수행을 완성하기 위한 것이며, 이것이 바로 중도의 천명이다. 그러므로 중도에는 현실의 일상에서도 한결같은 경지가 유지되는 부분이 존재한다.

이 세상은 끊임없이 변화하는 흐름 속에 있다. 그러므로 그 속에는 고정된 불변의 가치가 있을 수 없다. 그러므로 중도라는 유효적절함이란, 곧 시중時中과 같은 적절성을 의미한다. 상황에 따른 적절성은 곧 중中과의 일체성을 확보한다. 이것이 적중的中이다. 그리고 이러한 가치의 유지는 득중得中, 즉 중의 체득으로 완성된다.

마치 파도를 잘 타는 사람이 끊임없이 변화하는 파도를 시시각각 느끼면서 보드에 의지해 타고 가는 것, 이것이 바로 중도이다. 이러한 파도타기의 목적은 파도를 없애는 것이 아니라, 물에 빠지지 않고 파도를 타면서 즐기는 것이다. 중도란 이 세상의 변화를 관조하면서도, 번뇌라는 파도와 충돌하지 않으며 이를 타고 가는 것이다.

　이러한 중도는 붓다에 의해서 발명된 것이 아니다. 붓다는 이것을 발견이라고 명명했다. 즉 가려져 있었던 중도라는 진리를 붓다가 재천명했다는 것이다. 이 점이 붓다를 오늘날까지 도사尊師(인도자)라고 지칭하는 이유이다.

붓다의 깨달음과 상업의 정신
연기와 오온, 신의 저격수

변화에 대한 통찰과 이해　붓다의 깨달음은 관계성을 통해서 규정되는 가치적 의미의 관점이다. 즉 이는 특정 실체가 존재하고 그것이 항구적인 속성을 가지는 것이 아니라, 상황과 관계에 의해 모든 가치는 변화 속에서만 의미를 가진다는 말이다.

　주식시장의 주가라는 것은 끊임없는 변화 속에서 가치를 가진다. 이러한 변화의 가치가 곧 의미가 되는 것이 바로 주식시장의 속성인 것이다.

　전체적인 변화의 철학을 붓다는 연기緣起, 즉 관계성이라고 했다. 그리고 이러한 관계 중에서, 나와 온당한 의미를 가질 수 있는 것이 적절성인 중도가 된다. 마치 주가는 끊임없이 변하지만 그 속에서 내가 매도하거나 매수하게 될 경우, 거기에는 정확한 판단에 의한 적절성이 요구된다. 이것이 바로 중도이다. 즉 주가가 오르느냐 내리느냐가 문제가 아니라, 그러한 변화 속에는 언제나 적절성이라는 중도가 내포되어 있다는 말이다. 이것을 이해하지 못할 경우 주가가 전체적으로 상승한다고 하더라도 손실을 볼 수 있다. 이는 합리적인 판단에 의한 적절성, 즉 중도를 잃었기 때문이다.

연기라는 관계성은 세상의 변화에 대한 불교적인 시각의 진리관을 보여 준다. 그리고 중도라는 것은 그 속에서 내가 존재하는 현실적인 입각점이라고 할 수 있다. 그러므로 이를 잘 이해하는 올바른 선택을 위해서는 이성적인 통찰이 필요하다. 그리고 자신을 객관화시켜서 전체를 파악할 수 있는 관점이 요구된다. 즉 세상은 신에 의한 것이 아니라 관계성이라는 연기의 변화 법칙에 의해서 전개되고, 여기에서 유효 적절함을 얻는 것은 개개의 인간이라는 말이다.

실체에 대한 부정 '모든 것은 변화한다'는 관점은 상업의 정신이 불교에 끼친 가장 큰 영향이다. 그리고 변화가 하나의 보편적인 법칙이 된다는 것은, 불변의 실체가 있을 수 없다는 것을 의미한다.

신은 모든 것을 변화하게 하는 불변자이다. 즉 부동의 제1자여야만 하는 것이다. 여기에는 '신만이 존재하는 증명 불가능한 선행 상황'과 '신의 독선獨善' 문제가 발생한다. 이러한 논리적 접근이 불가능한 믿음의 영역은 사제들이 신을 빌어 전횡하는 문제를 만들게 된다.

그런데 모든 것은 변화한다는 것을 상황 자체의 변화 법칙으로 이해하게 될 경우, 이러한 문제들이 합리성으로 대체되면서 해소된다. 그리고 그와 함께 신이 설 자리가 자연스럽게 사라진다.

　불교가 변화의 철학을 말하는 것은, 신이라는 불변자의 부정이라는 당시의 시대적 요청 과제를 해소하는 측면이 있다. 즉 불변의 신 대신에 연기라는 변화 법칙을 말하고, 이를 이해하는 합리적 이성의 인간중심주의를 전개하는 것이 바로 불교이다. 그러므로 불교는 신의 문제를 정조준하고 있는 셈이다.

신을 대체하는 원리　불교에서 연기라는 변화 원리를 신을 대체하는 보편성으로 상정할 경우, '변화하는 세상은 어떻게 구성되는가'에 대해 설명할 필요가 발생한다. 이것을 붓다는 온蘊·처處·계界라는 당시 사문들의 요소설을 수용해서 해결한다.

　온·처·계라는 것은 오온五蘊·십이처十二處·십팔계十八界를 축약한 말로, 삼과설三科說이라고 한다. 이는 세상을 이해하는 세 가지의 요소적 관점이다. 즉 온·처·계는 이 세계를 이해하는 '정신적 방법(오온)'과 '물질적 방법(십이처)' 그리고 '정신과 물질의 양자적 방법(십팔계)'을 나타낸다. 요즘으로 치면 114개의 원소가 우주를 구성하고 있다는 것과 유사한 논리이다.

```
삼과설 ─┬─ 오 온 : 정신적인 관점에서의 이 세계
        │        색色 ·수受 ·상想 ·행行 ·식識
        ├─ 십이처 : 물질적인 관점에서의 이 세계
        │        안眼 ·이耳 ·비鼻 ·설舌 ·신身 ·의意
        │        색色 ·성聲 ·향香 ·미味 ·촉觸 ·법法
        └─ 십팔계 : 정신과 물질적인 관점에서의 이 세계
                 안眼 ·이耳 ·비鼻 ·설舌 ·신身 ·의意
                 색色 ·성聲 ·향香 ·미味 ·촉觸 ·법法
                 안식眼識 ·이식耳識 ·비식鼻識 ·설식舌識 ·신식身識 ·의식意識
```

그러나 불교는 종교이지 과학이 아니다. 그러므로 세계의 이해라는 것은 과학과 달리 이 세계를 이해하는 자체가 목적이 되지 않는다. 즉 이를 통해서 어떻게 깨달음을 얻어 자기완성을 성취할 것이냐가 목적이라는 말이다. 그로써 대두되는 것이 '이 세계를 구성하는 요소들의 관조'라는, 분석을 통해 분절적인 방법으로 이해하는 방식이다.

이는 마치 무지개가 일곱 가지 색으로 구성되어 있지만, 이러한 색을 각각으로 분리해서 이해하면 무지개라는 개념 자체가 존재할 수 없게 되는 것과 같다. 낱낱의 요소에서 관계성을 분절하면, 단지 일곱 가지 각기 다른 색이 존재할 뿐, 무지개라는 종합적인 개념은 존재하지 않는다는 말이다.

다른 비유를 들면, 우주를 구성하는 114개의 원소가 원소의 관점에서 이해되어 그 관계성을 무력화시키면, 이 세계와 나라고 할 것은 존재하지 않는다는 의미이다. 그런데 여기에서 중요한 것은 관계를 해체하는 것이 아니라, 원래 그것들은 관계된 듯 구성되어 있지만 실제로는 전혀 관계성을 가지고 있지 않다는 것을 이해하는 것이다.

천동설에서 지동설로 바뀌는 것은 관점의 변화이지 사실이 바뀌는 것이 아니다. 그러므로 이러한 발상의 전환을 철학에서는 '코페르니쿠스적 전회轉回(전환)'라고 한다. 즉 존재가 변화하는 것이 아니라 관점만 바뀐다는 말이다.

인간의 몸과 같은 경우도 수많은 세포들이 결합되어 구성하고 있지만, 각각의 세포들은 자신들이 뭉쳐서 하나의 인간을 만들고 있다는 생각이 없다. 그러므로 세포의 관점에서 인간을 파악하면, 사람이라고 할 것 자체가 존재하지 않는다는 논리가 성립한다. 이것이 바로 온·처·계설의 목적이다.

그렇다면 왜 단일한 방법이 제시되지 않고, 온·처·계라는 세 가지 설명 방식이 필요한가? 이에 관해서 붓다는 사람에 따라 '정신적인 인간'과 '물질적인 인간' 그리고 '정신적이면서 물질적인 인간'의 세 종류가 존재하기 때문이라고 설명한다.

예컨대 '정신적인 인간'에게는, 우리가 하는 생각과 번뇌가 실제로는 뇌의 전기 자극에 의한 것으로 전혀 가치 없는 허상이라는 점을 지적해 준다. 그러면 나라는 집착에서 벗어나 자유를 얻을 수 있다.

'물질적인 인간'에게는 원소의 분해만 설명해 주면, 그 속에는 번뇌하고 고통받는 나라는 존재가 없다는 것을 알게 한다. 그러면 역시 자기라는 집착에서 벗어나게 된다.

'정신과 물질에 함께 집착하는 사람'에게는 이러한 양자를 적절히 혼합해서 설명해 준다. 이렇게 해서 이 세상은 나와 충돌할 대상이 아니며, 나 또한 존재의 대상이 아니라는 점을 자각하게 해 준다. 그러면 일체의 번뇌는 스스로 소멸하여 대자유를 얻게 된다.

연기의 관점과 공空 연기라는 관계성의 변화는 이 세계와 나라는 현상에 대한 이해 방식이다. 그러나 그것은 실제로는 실체가 없는 허상과 같다. 예를 들어 '개새끼'라고 말할 때, 이것은 강아지를 의미할 수도 있고 욕이 될 수도 있다. 즉 관계에 의해서 의미가 규정되는 것이다.

또 그것이 욕이라고 할지라도 '개'와 '새'와 '끼'를 각각 분절해 보면, 이것은 특별한 의미를 가지지 못하는 소리에 불과하다. 인간의 발음 기관은 구조상 이러한 세 가지 발음을 동시에 하지 못한다. 그러므로 우리는 먼저 '개'를 발음하고, '새'를 발음할 때는 '개'는 과거가 되어 기억에 저장된다. 그리고 '끼'를 발음할 때는 '개새'가 과거가 되어 기억에 저장되고, 이러한 세 글자가 관계로 결합하여 의미라는 재구성을 거친다. 그리고 이것이 욕이라는 인식 결과를 도출하게 된다.

그러나 이를 분절시켜서 보면, 이 말을 통해서 분노할 일 자체가 없다. 즉 '관계성을 통해서 전체를 보는 방식'과 '분절이라는 분석'의 두 가지 관점이 존재한다는 말이다. 이 중 전자를 '연기로 본다'고 하고, 후자를 '공성空性으로 이해한다'고 한다. 즉 '이 세계에 고정된 실체가 없다'는 관계적인 관점이 연기이며, 이의 분석적 관점을 통해 관계마저도 풀어 버리는 것이 공인 것이다.

처음에는 신이라는 실체성과 관련해서 불교의 논리가 전개되기 때문에, 연기라는 관계성이라는 대안적 현실 인식만이 강조된다. 그러다가 이러한 인식이 확립된 이후에는, 관계성 자체의 문제를 지적하는 공이 점차 무게중심을 확대하게 된다. 즉 대승 공 사상의 대두인 셈이다. 그러나 이는 후대의 불교 발전과 관계된 불교 안에서의 교리 전개일 뿐이다.

불교의 진리가 말하고자 하는 것

삼법인三法印

합리성에 의한 보편 법칙　불교는 신과 같은 독립적이고 의지적인 존재에 의해 이 세상이 움직인다고 생각하지 않는다. 그러므로 합리적 보편 법칙을 주장하게 된다.

과학 역시 합리적인 법칙을 주장한다. 그러나 과학은 법칙의 제시를 통한 문명의 발달만을 추구한다면, 불교는 진리의 체득을 통한 깨달음을 목적으로 한다는 점에서 차이가 있다. 즉 과학은 보편 법칙의 객관화를 추구한다면, 불교는 이의 주관적인 체득을 목적으로 하는 것이다.

불교는 보편 법칙을 주장하기 때문에 붓다보다도 법칙(진리)을 더 중시한다. 이 점이 불교를 '앎의 종교'이자 '지혜의 종교'라고 하는 이유이다. 물론 붓다는 뉴턴이 만유인력의 법칙을 발견한 것과는 다르다. 뉴턴은 만유인력이라는 법칙의 발견자일 뿐이다. 그러나 붓다는 법칙의 발견자인 동시에 체득자이다. 즉 법칙과 하나된 존재라는 말이다. 이 부분 때문에 불교는, 붓다를 통해서 진리를 보는 동시에 진리의 궤범을 확인하게 된다. 바로 이 점이 붓다가 진리의 발견자인 동시에 숭배 대상이 될 수 있는 이유이다.

일본은 이런 사고방식에 더 익숙한 것 같다. 일본에서 최초로 자기를 만든 사람은 임진왜란 때 일본으로 잡혀간 조선의 이삼평李參平이다. 이 사람이 아리타에서 고령토를 발견하게 되면서 일본 도자기의 역사는 시작된다.

그런데 일본인들은 이삼평의 업적을 높여서 이 사람을 도자기의 신으로 만들어 숭배한다. 즉 이삼평은 일본 도자기의 개창자인 동시에 도자의 신인 것이다.

또 공자도 나이 일흔에 "종심소욕불유구從心所慾不踰矩"라고 하여, "마음먹은 대로 해도 진리에서 어긋나지 않았다."라는 체화의 경지를 보여 준다. 바로 이 같은 양상이 과학에서 법칙의 발견자와, 종교·철학 영역의 차이인 것이다.

삼법인과 사법인   불교는 보편 법칙을 말하기 때문에 붓다를 떠난 객관화가 가능하다. 불교에서 말하는 보편 법칙을 '법인法印'이라고 한다. 법인이란 진리의 도장, 즉 요즘으로 말하면 검인檢印 마크를 받았다는 의미이다.

법인에는 삼법인과 사법인, 두 가지가 있다. 삼법인과 사법인은 두 가지 항목이 겹치는데, 이는 관점에 따른 것이다. 항목으로는 제행무상

諸行無常, 제법무아諸法無我, 일체개고一切皆苦, 열반적정涅槃寂靜의 네 가지이다. 그런데 이 중 일체개고나 열반적정 중 하나가 들어가면 삼법인이 되고, 두 가지 모두가 들어가면 사법인이 된다. 즉 제행무상과 제법무아는 필수지만, 일체개고와 열반적정은 상대적이라는 말이다.

동전은 양면을 가지고 있다. 그러나 우리가 한 번에 인식하는 동전은 한 면뿐이다. 이와 마찬가지로 삼법인도 총 네 가지이지만, 우리가 받아들이는 것은 관점에 따라서 세 가지밖에 안 된다는 말이다.

사법인의 네 항목이 복잡하게 생각되면, 몇 글자를 생략해 버리면 좀 더 분명해진다. 무상無常·무아無我·고苦·열반涅槃으로 파악하면 이해가 쉽기 때문이다.

제행무상과 제법무아는 인식 대상인 모든 것은 변화하고, 인식 주체인 나도 또한 변한다는 변화의 원리를 말한다. 불교의 진리론은 사실 이것뿐이라고 해도 과언이 아니다. 단지 이것을 어떤 방향에서 보느냐의 관점 차이에 의해 '관계성을 중심으로 보면 연기론'이 되고, '본체론을 중심으로 보면 공의 철학'이 된다.

그러나 본체론적인 공의 인식은 후일 대승불교에 와서 발생하는 관점이다. 그러므로 초기 불교에서는, 일체는 변화한다는 사실을 내가 아는가 하는 중도적인 측면이 중요하다. 이것을 아는 것을 '법 눈이 청정해졌다'고 한다. 이는 진리에 대한 정확한 인식이 확립되었다는 것으로 수다원須陀洹(入流)이라는 성자위聖者位를 의미한다. 그리고 변화를 체득해서 일체에 대한 집착이 없어지면, 번뇌가 붙을 곳이 없기에 아라한이라는 깨달음의 완성 경지에 이르게 된다.

무상과 무아라는 변화를 이해하지 못하면 집착은 끊어지지 않기 때문에 부침을 거듭하는 고통에서 벗어날 수 없다. 그러나 변화에 대해서 바르게 알면 곧 열반의 고요한 상태에 이르게 된다. 합격과 불합격은 동시적인 것이므로 한 사람이 함께 겪을 수 있는 것이 아니다. 이런 점에서 일체개고와 열반적정은 상호 맞보기로 작용하게 된다.

불교에서 고苦의 문제　고통이라고 하면 우리는 흔히 고락苦樂의 상대적인 고를 생각한다. 이것은 중국철학적인 고의 인식이다. 그러므로 인생은 고통스럽지만 동시에 살 가치가 있는 것이 된다. 그러나 불교에서의 고는 생멸의 군상 속에 존재한다는 그 자체로서의 '일체가 고'이다. 즉 미망의 세계 안에 있다는 사실 자체가 고인 것이다.

이는 이 세계에 대한 이원론적 세계관과 일원론적인 세계관의 판단과 관련되는 문제로, 불교의 중국 문화권 진출에 있어서 가장 난해한 부분이다.

영화 〈매트릭스〉에서처럼, 불교는 꿈과 같은 세계에서 깨어나는 것만이 진실이라고 생각한다. 즉 매트릭스 안에서의 일은 모두 다 무가치하며 헛된 고일뿐이라는 말이다. 그래서 주인공 네오는 매트릭스 안에서의 일에 대해서는 관심을 기울이지 않고, 매트릭스를 무너트리려고 한다.

매트릭스 안에도 나름의 즐거움은 있을 수 있다. 마치 꿈속에서도 쾌락을 느낄 수 있는 것처럼 말이다. 그러나 불교는 그것이 진실이 아니므로 모두 다 헛된 고일뿐이라고 정의한다. 이것을 '본질적인 고'라고 한다. 즉 불교는 깸과 꿈의 두 가지를 말하며, 꿈은 어떠한 경우에도 고이며 낙일 수 없다는 것이 불교의 관점이다.

  이에 반해서 중국 문화는 하나의 단일한 세계만을 말한다. 그 결과 이 세계 안에는 고와 낙이 공존한다. 즉 본질적 고라는 개념이 존재하지 않고 상대적인 고만이 존재하는 것이다. 이 때문에 일체개고와 같은 고성제苦聖諦를 이해하지 못하고, 중국 불교는 현실 부정이 아닌 현실 긍정으로 나아가게 된다. 즉 인도 불교에서 이 세계는 깨어나야 할 부정의 대상인데 반하여, 중국 불교에서 이 세계는 관점만 전환하면 되는 삶의 세계였던 것이다.

윤회론의 다양성과 붓다의 생각
윤회론의 진실

윤회론과 불교　'불교' 하면 윤회론을 많이 떠올린다. 그러나 불교는 인도 문화 위에서 윤회론을 배경 문화로 삼기는 하지만, 윤회론을 바탕으로 성립한 종교는 아니다. 만일 윤회론이 불교에 있어서 필수였다면, 불교는 힌두교처럼 인도 문화권을 벗어나지 못했을 것이다.

윤회론은 인도 문화의 배경 중 하나이다. 이는 마치 중국 문화권에 '효孝'라는 인식이 근저에 깔려 있는 것과 유사하다.

윤회론의 기원에 관해서는 아직 완전하게 정리되어 있지 않다. 그러나 윤회론이 에너지 보존 법칙과 같이 방식을 달리하는 삶을 의미한다는 점에서, 결국 영생론에서 파생한 것이라는 점은 분명하다.

이는 초기의 윤회론이 죽음이라는 인간존재의 소멸에 대한 두려움과, 이의 극복이라는 문제에서 시작되었음을 의미한다. 그래서 윤회와 인도철학의 해탈 논리는 동전의 양면과도 같은, 방식의 차이라고 할 수 있다. 윤회가 변화의 순환을 통해서 영생을 말한다면, 해탈은 존재의 항상성을 통해서 영생의 가치를 말한다. 그러므로 양자는 동일한 층위의 논리 구조라는 점을 알게 된다.

붓다는 이러한 동일한 논리 층위의 문제를 극복하기 위해, 해탈과는 다른 열반의 개념을 제시한다. 열반은 해탈과 같은 영속의 논리가 아닌 해체의 개념이다. 이는 열반이 "불을 끈 것과 같아서 어디로 가거나 하는 것이 아님(『잡아함경』권34-962)"을 설명하는 붓다의 언설을 통해서 분명해진다. 그러나 이는 명확한 이해가 어렵고, 또 해탈과 같은 실체 개념에 비해 관점이 뚜렷하지 않다는 점에서, 양자는 혼재되어 사용되곤 한다.

신분 고착형 윤회론   윤회론을 신분 질서적인 측면과 결합시킨 것이 브라만교의 신분 고착형 윤회론이다.

신분 고착형 윤회론은, 신의 뜻을 빌어 인간을 계급화하고 속박하려는 통치 목적을 가진다. 이들이 주장하는 윤회는 단선적으로 변화가 없다. 우리 식으로 말하면 양반은 양반으로 윤회하고, 천민은 천민으로 윤회한다는 것이다. 이 주장의 목적은 당연히 신분적 차등을 강조하여 기득권을 더 공고히 유지하기 위한 것이다.

이러한 윤회론을 전개하면, 하층민들의 반발이 있지 않을까를 생각해 볼 수 있다. 그러나 탈출구가 전혀 없을 때 인간은 곧 순응한다. 그리고 저항에 대한 생각을 완전히 버린다. 이것이 지속적인 착취가 가능하게 되는 이유이다.

　붓다 당시 인도 사회는 상업으로 인한 대대적인 변화의 거센 물결에 직면해 있었다. 그 결과 새로운 자각이 확산되었고, 이는 고착화된 신분제에 대한 회의와 인간 계몽의 가치를 초래한다. 이렇게 탈출구가 보이게 되면, 인간의 순응은 이제 저항 정신으로 변모하게 된다.

로또형 윤회론　붓다는 신분제를 부정했다. 그러나 당시는 잦은 전쟁 상황에서 발생하는 왕권의 강화 등으로 인해, 왕족이 브라만보다 높다는 견해가 다수 있었다. 붓다 역시 왕족이 브라만보다 신분적으로 높다는 주장을 전개하는 모습을 보인다. 이는 당시의 사회적인 인식 변화를 수용하는 한편, 붓다 신분의 우월성에 대한 변증으로 이해된다. 즉 붓다 당시 신분제는 거세게 동요하고 있었던 것이다.

　신분제를 동요하게 만든 것은 '상업을 통한 자산가의 대두'와 '상대적으로 아리안족이 적은 동쪽 인도의 개발'에 의한 것이다. 조선 후기의 『양반전』과 같은 시대 상황과 미국 서부 개척 시대의 상황을 생각해 보면, 신분제가 약화되는 당시의 상황을 어렵지 않게 이해할 수 있다.

　신분제의 동요는 당연히 새로운 윤회론을 요구하게 되고, 이것은 전통적인 혈통 중심이 아닌 능력제로의 관점 재편을 동반한다. 즉 선천성이 아닌 후천성의 자각과 비중 확대가 대두하는 것이다. 붓다가 "브라만은 태생적인 것이 아니라 고귀한 행위를 통해서 완성되는 것(『수타니파타』-136)"이라고 한 것 등은, 모두 이러한 관점의 연장 선상에서 나온 말이다.

후천적인 삶의 가치를 강조하다 보니, 노력에 의한 판단과 재규정이 부각될 수밖에 없다. 즉 붓다의 윤회론은 인간에게 자결권을 주어 신으로부터 인간을 독립시키는 역할을 한 것이다.

붓다의 윤회론은 전체적으로는 로또식이다. 로또에서 앞에 나온 숫자와 뒤에 나오는 숫자는 아무런 인과 관계를 가지지 않는다. 붓다는 인과론을 말하지만, 윤회와 관련해서는 현상적인 인과만이 아닌 부정 연속성에 대해서 말한다. 이는 자유로운 신분 계층의 이동을 가능하게 하기 위한 것이다. 즉 인과만을 너무 강조하다 보면, 인간의 의지적인 노력이 제약되기 때문에 인과론과 더불어 부정 연속성을 말하고 있는 것이다.

붓다의 윤회론은 전생과 현생을 끊어야 할 필연성이 있었다. 그래야만 현생에서 노력의 가치가 좀 더 부각될 수 있기 때문이다. 또 이러한 노력은 내생과 연관되어야 한다. 그래야 신분 계층의 이동이 가능하기 때문이다. 이렇게 전생과 현생의 관계는 끊으면서, 내생과는 연관시키기 위해 붓다는 자격시험과 같은 관점을 제시한다.

운전면허 시험을 생각해 보자. 70점이 합격점이라고 할 때, 69점을 맞은 사람과 결시생은 같은 불합격의 결과를 받게 된다. 즉 기준에 미달한 노력은 아무런 의미가 없는 것이다. 물론 다음 시험과 관련해서 그것이 완전히 무의미한 것만은 아니다. 그러나 자격의 취득이라는 관점에서 이것이 무의미하다는 점은 분명하다.

붓다는 수행자의 시험 합격을 수다원須陀洹이라고 정의한다. 수다원은 변화의 진리를 바르게 보아 진리의 입지立志가 확립된 사람을 말한다. 이렇게 될 경우 내생의 깨달음과 관련된 질적인 변화가 수반된다. 그래서 수다원을 칠래七來, 즉 일곱 번 윤회하고 깨닫는 존재라고 하는 것이다.

노력을 했더라도 수다원이 되지 못하면, 다음 생의 확정을 보장받지 못한다. 불교의 윤회론은 현생의 노력을 통한 질적인 변화를 강조하기 위해서, 전생과 금생의 연결 관계를 느슨하게 풀어 버렸다. 그렇기 때문에 내생 역시 그냥 보장되는 것은 없다. 수다원이라는 결정된 단계를 확보하지 못하면, 로또와 같이 전혀 비유기적인 윤회만이 존재할 뿐이다. 붓다의 본생담은 이와 같은 로또식 윤회론의 전형을 말해 준다. 붓다의 본생담들은 아무런 인과관계가 없으며, 이를 굳이 연결하려는 최소한의 노력조차 보이지 않는다.

후일 대승 불교도들은 붓다 본생담의 비유기적 관계를 새롭게 정리하는 과정에서 이를 범주별로 묶는 노력을 하게 된다. 이는 『육도집경六度集經』 등을 통해서 확인 가능하다. 이것이 대승불교의 실천 원리로서 붓다가 되려는 이들의 지향인 육바라밀이다.

전체적인 로또식 윤회론에서 시험 합격에 의한 탈출구 제시는 합격하지 못한 사람들을 불안하게 만든다. 이것이 붓다 당시의 사람들이 붓다를 만나면 앞다투어서 출가하고, 머리에 붙은 불을 끄듯이 수행했던 이유이다. 그러므로 이와 같은 측면이 불교 윤회론의 가장 큰 특징이라고 하겠다.

오늘날 우리는 윤회론 하면, '오늘 못 하면 내일 하고 내일 못 하면 모레 하지'라는 바둑의 만년패萬年霸와 같은 늘어진 구조를 떠올리곤 한다. 그러나 붓다의 윤회론은 대상에게 평화를 주는 것이 아니라 불안을 주고, 이로 인하여 대안적인 수행의 길을 제시하는 방식이다. 바로 이같은 점이 붓다의 당대 성공을 이해하는 한 축이다. 즉 붓다의 불교는 매우 긴장감 넘치던 것이었다.

진학형 윤회론   신분 고착형 윤회론이 변동 가능한 윤회론으로 변화하면, 인간은 잠재적 불안에 휩싸이게 된다. 왜냐하면 상승이 가능하다는 것은 동시에 하락도 가능하다는 것을 의미하기 때문이다. 이는 불교 안에서 후일 대승의 불퇴전不退轉과 같은 안전 장치를 만들어 내게 한다. 즉 전진만 있고 후퇴는 없다는 것이다.

불퇴전의 대두는 변동 가능한 윤회론이 인간에게 얼마나 두려움이 되는가 하는 것을 잘 보여 준다. 이로 인해, 후에는 학교 진학형 윤회론이 등장하게 된다. 마치 초등학교를 졸업하고 중학교 → 고등학교 → 대학교에 가듯이, 그렇게 전진하는 윤회론인 것이다. 학교는 유급은 있어도 강급의 과정은 없다. 그러므로 이러한 윤회론은 안전장치가 마련되어 불안이 제거된 윤회론이라고 할 수 있다.

그러나 불안이 제거되면 불교 윤회론의 최대 장점인 긴장감이 사라진다. 즉 느슨한 삶의 형태가 되고 마는 것이다. 불교의 쇠퇴는 이러한 안일함이 기여한 부분이 크다.

진학형 윤회론의 완성은 아이러니하게도 신지학회神智學會의 러시아인 블라바츠키(1831~1891)에 의해 이루어진다. 이를 통해서 우리는 서양인의 윤회론 수용에서도 하락의 문제가 얼마나 크게 작용하고 있는

지를 재삼 확인하게 된다.

윤회는 '변화'라는 의미이다. 다만 이를 인생이라는 큰 범주로 확대시키면 삼세윤회설三世輪迴說과 같은 개념이 만들어지는 것이다. 그러나 변화에서 가장 중요한 것은 언제나 변화의 시점인 현재일 뿐이라는 점을 생각한다면, 삼세는 전혀 문제될 것이 없다.

붓다는 사촌 동생이자 석가족의 왕이었던 마하남이 자신은 죽어서 어디로 가겠느냐고 묻자, "나무를 벰에 있어서 나무는 기운 곳으로 쓰러진다(『잡아함경』 권33-930)."라고 대답했다. 윤회를 통한 내생의 가치도 중요하지만, 그보다도 더 중요한 것은 내일을 만드는 오늘이라고 붓다는 가르치고 있는 것이다.

인도 문화의 특수성과 붓다의 대성공
문화권적 특수성

나이를 따지지 않는 능력제 인도 문화의 주류인 아리안 문화는 유목에 기반을 둔다. 그러다 보니 나이가 많은 것보다는 젊은 것을 좋아하고, 나이만으로 사람을 우대하기보다는 능력을 중시한다. 이는 인도에서 유럽에 이르는 전체가 그렇고 미국 역시 그렇다.

  그러나 중국 문화는 농경에 바탕을 두고 있으며, 연장자에 대한 우대 의식이 강하다. 또 한 번 스승은 능력에서 역전 현상이 일어나더라도 영원한 스승이 된다.

  붓다 당시의 인도 사회는 오늘날과 같이 변화가 빠른 시대였다. 이는 스승이 제자에게 쉽게 역전당할 수 있는 구조를 만든다. 이 같은 일은 현재 우리 주변에서도 흔한 일이지 않은가!

  기성세대들은 스마트폰이나 컴퓨터 사용면에서 젊은이들을 따라

갈 수 없다. 그러나 우리는 능력보다는 나이를 더 우선시하기 때문에, 어른에 대해 경시할 수는 있을지 몰라도 완전히 무시하지는 않는다.

그런데 인도는 다르다. 연장자보다는 젊은 사람을 좋아하고, 능력에 의해서 사람들은 재편된다. 오늘날 우리 역시 서구화되면서 젊은이들을 좋아하는 문화로 바뀌었다. 또 재취업이라는 과정에서 과거에는 나이 어린 상사는 존재할 수 없다는 관점 역시 상당 부분 수정되고 있다.

인도의 능력제 문화는 깨달음을 얻은 35세의 붓다가 활동하기에 좋은 조건이었다. 또 인도에서는 스승이었더라도 능력이 역전되면 제자를 스승으로 모시기도 한다. 이는 깨달음을 얻은 붓다가 당대에 거대한 교단을 형성할 수 있었던 중요한 요인이 된다.

스승에 대한 존경 문화   붓다 당시 인도에서 스승에 대한 존경은, 스승의 능력이 제자보다 우월하여 가르칠 수 있을 때까지만이었다. 실제로 붓다도 더 배울 것이 없으면 곧장 스승으로부터 떠났고, 깨닫고 난 이후에는 가장 먼저 스승을 교화의 대상으로 떠올리고 있다. 이는 인도에서는 스승도 부단히 노력하지 않으면, 스승이라는 지위 자체를 위협받게 된다는 것을 의미한다.

붓다 당시 인도의 스승 문화는 동아시아의 스승 문화와는 완전히 다르다. 오늘날 학원 선생의 경우를 생각하면 될 것이다. 이는 미국을 통해서 들어온 서구적인 스승관과 통하는 것이며, 인도 역시 이와 같다고 이해하면 된다.

학원에서의 선생은 지식의 효율적인 전달자일 뿐이다. 또 수강생은 선생의 능력이 부족하다고 생각되면, 가차 없이 다른 학원으로 옮겨 간다. 그러므로 스승은 학생들의 기호에도 부응해야 하며, 그 과정에서 적절한 타협도 하게 된다. 오늘날 대학에서 학생들이 교수에 대한 강의 평가를 하고, 교수들이 학생들의 평가를 의식해서 행동하는 것도 이와 유사하다고 할 수 있다.

인도의 논쟁 문화　　인도는 무더위 때문에 공연 문화가 적다. 그래서 상대적으로 논쟁 문화가 발달하게 되는데, 대가들의 경우는 논쟁의 특성상 며칠씩 걸리기도 한다. 또 여기에는 더운 낮은 피하기 때문에 시간이 더 오래 걸리는 측면도 있다.

　　인도에서는 스승들끼리 자웅을 겨루기 위해서 논쟁을 하기도 하지만, 제자들이 논쟁을 붙이기도 한다. 학원 선생들이 논쟁을 통해서 우열을 가리고, 그 결과로 그 지역의 학생들을 승자가 흡수하는 정도로 이해하면 된다.

　　논쟁에서 패한 스승의 제자들은 논쟁에서 이긴 스승에게로 간다. 따라서 패배한 스승이 취할 수 있는 방법은 그리 많지 않다. 이는 크게 세 가지로 정리할 수 있다. 첫째는 승자의 제자로 들어가는 것. 둘째는 완전히 은퇴해서 남은 생을 묻혀 사는 것. 마지막 셋째는 자살하는 것이다.

　　실제로 붓다의 전기에는 붓다의 승리로 인한 이와 같은 양상이 다수 수록되어 있다. 그 대표적인 예가 '가섭 삼 형제의 교화'와 '사리불·목건련의 귀의로 인한 산자야의 도전'이다.

가섭 삼 형제는 1,000명의 제자를 거느린 마가다국 최대의 교단이었다. 그런데 붓다가 그 우두머리인 우루빈라 가섭을 꺾으므로 해서, 우루빈라 가섭을 포함한 1,000명의 제자가 붓다의 제자로 귀속된다. 이는 불교가 마가다국에서 확고한 입지를 구축하게 되는 중요한 사건으로 여러 전적에 비중 있게 기록되어 있다.

또 붓다의 수제자인 사리불과 목건련의 귀의는, 그들의 스승이었던 산자야의 반대에도 250명(혹 200명)의 제자들과 함께 이루어진 사건이다. 이는 결국 산자야의 붓다에 대한 도전을 초래하게 된다. 회의론자인 산자야는 붓다에게 자신은 어떠한 주장도 세우지 않는다고 말하며 자신의 주장을 논파해 보라고 한다. 그러자 붓다는, "그것 역시 주장이라면 당신의 말은 이미 논파된 것이며, 주장이 아니라면 논파할 대상도 없는 것"이라는 논리로 산자야를 꺾어 버린다. 이 때문에 산자야는 피를 토하고 죽었다고 불전佛傳은 기록하고 있다.

그런데 재미있는 것은 산자야의 제자들이 스승의 반대에도, 붓다라는 더 유능한 스승에게로 갈아타고 있다는 것이다. 이는 인도의 사제문화를 단적으로 나타내 주는 예이다.

또 논쟁 과정에서 한 스승이 패했음에도 논쟁이라는 특성상 패배를 시인하지 않고 말을 돌려 가면서 우기는 경우도 있다. 이럴 때는 그 스승의 제자들이 나서서 스승을 비난하고, 상대 스승에게로 가는 내용도 기록되어 있다. 이렇게 놓고 본다면, 인도의 논쟁 문화는 고요한 칼을 품고 있다고 하겠다. 또 바로 그렇기 때문에 인도의 철학과 종교는 발전할 수밖에 없었다.

불패의 신화와 붓다 당시의 불교   이슬람교의 무함마드처럼 무력을 동반한 경우가 아닌 평화적인 전도만을 놓고 본다면, 전 세계의 성인들이 거둔 성적은 초라하기 그지없다. 공자는 73년을 살고 당시 전 중국을 14년이나 유랑하면서 유세했지만, 제자는 고작 72명에 불과했다. 그러나 붓다는 이와 비교되지 않는 제자 수와 거대한 종교 영역을 확보한다.

일본의 한 불교학자가 경전에 나오는 붓다의 제자 이름을 다 더해 보니 비구 886명, 비구니 103명이었다고 한다. 예컨대 가섭 삼 형제와 1,000명의 제자와 같은 경우, 이름이 등장하는 가섭 형제 세 명만 치는 방식으로 했는데 결과가 이렇다는 것이다. 그러면 인도 문화를 고려해 보았을 때, 붓다의 제자는 최소한 이보다 10배 정도는 더 된다고 봐야 한다. 그렇게 되면 우리는 붓다의 제자를 대략 1만 명 정도로 추산해 볼 수 있다.

여기에 인도의 수행자는 생산적인 일을 할 수 없다는 점을 고려한다면, 십시일반의 사고만 해도 신도는 최소 10만 명 정도로 추정된다. 바로 이랬기 때문에 붓다는 임금들을 능가하는 강력한 영향력을 확보하게 되는 것이다.

교통과 통신이 발달하지 않은 2,500년 전의 현실을 고려한다면, 이것은 기적적인 교화라고밖에 할 수 없다. 이것이 가능했던 것은 붓다가 논쟁에서 전승을 거둔 불패의 위업을 이룩했기 때문이다.

붓다 당시 변화를 요구하는 시대정신은 많은 스승들을 대두시켰다. 붓다는 이들과 논쟁하며 왕 중 왕의 지위에 오른 것이다. 이러한 문화 배경이야말로 붓다 시대를 이해하는 가장 중요한 요소 중 하나이다.

명상에서 종교로
자유와 제도

수행 집단의 거대화　불교는 시대적 요구에 따른 새로운 종교와 수행 문화에서 시작된다. 즉 자유로운 수행 집단이었던 셈이다.

또 불교는 붓다라는 자유로운 관점을 가진 스승에 의해서 전개되었다. 그 결과 초기에는 인도 수행 문화의 전통과 차별화되는 길을 걸었다. 실제로 붓다는 포살布薩과 자자自恣와 같은 인도의 수행 전통을 초기에는 수용하지 않았다. 이러한 제도가 수용되는 것을 율장은 마가다국 빔비사라 왕의 건의 때문이라고 기록하고 있다. 이를 통해서 우리는 붓다가 인도 수행 전통에 대한 계승에 큰 비중을 두지 않았다가, 교단의 확대와 사회적인 요구 때문에 제도들을 수용하고 있다는 것을 알게 된다.

교단의 거대화는 단체라는 측면으로 인해 개인과는 다른 가치를 만들어 낸다. 그리고 거기에는 집단의 규율과 같은, 개인의 피해를 최소화하면서도 목적을 효율적으로 달성할 수 있는 방안이 요청된다. 이것이 바로 '율律(규율)'의 발생이다.

그러나 붓다는 제도가 개인을 통제하는 문제에 대해 매우 심각하게 고려한 것 같다. 제도는 집단에 속하는 개인의 편리를 위해서 만들어지지만, 이렇게 만들어진 제도는 다시금 개인을 속박하게 마련이다.

붓다는 제도의 위험성을 잘 알고 있었다. 이는 율이 수범수제隨犯隨制라는, 문제가 노출될 때마다 차례로 제정되는 것을 통해서 판단할 수 있다. 물론 모든 규정을 한꺼번에 제정할 수는 없다. 그러나 인도에는 붓다 이전에도 다양한 수행 집단이 있었기 때문에, 이들의 규율을 차용한 전체적인 밑그림을 확립하는 것은 그리 어렵지 않았을 것이다. 특히 붓다는 출가 후 다른 거대 수행 단체의 일원이었으니, 이에 대한 충분한 지식은 갖추고 있었다고 판단된다. 그럼에도 이 같은 방식을 취하지 않는 것은, 붓다가 전통보다는 시대적인 요구를 더 적극적으로 받아들이려는 현재적인 가치 우위와 미래지향적인 관점을 강하게 견지하고 있었기 때문으로 생각된다.

실제로 붓다는 시대 변화의 요구에는 신속한 조치를 취하곤 했다. 그 대표적인 것이 도시화가 표면화되면서 수행자의 상징이었던 분소의糞掃衣, 즉 누더기를 꺼리는 인식을 반영해서 할절의割截衣를 통해 불교 복제를 정비한 것을 들 수 있다.

또 신발의 수용이라든지, 여성의 출가와 같은 부분도 이러한 연장선상에서 이해된다. 이들 조치는 이 당시의 전통적인 수행 문화에서는 파격적인 것이었다. 즉 붓다는 시대의 변화에 따른 새로운 방식의 수행 문화를 창도하고 싶었던 것이다.

제도와 화합승   붓다의 교단 운영 방식에서 가장 돋보이는 것은 화합승和合僧, 즉 만장일치제이다. 만장일치란 북한과 같은 폐쇄적인 구조에서도 존재할 수 없는 거의 불가능한 방식이다. 그러나 붓다는 소수에 대한 설득과 이해를 통한 만장일치제를 교단 운영 방식의 중심에 둔다.

만장일치제는 석가족이 공화제 국가였다는 점과 무관하지 않을 것이다. 붓다가 태자 시절 받은 교육이 영향을 미쳤을 것이라는 견해는 충분한 설득력을 가지기 때문이다. 또 여기에는 불교 교단이 수행자들의 깨달음을 목적으로 하는 집단으로, 사회적인 집단과는 다르다는 특수성도 작용했을 것으로 생각된다. 즉 '수행이라는 개인의 자율적인 부분'과 '제도라는 집단적인 부분'의 충돌을 최소화하기 위해 붓다는 만장일치제를 선택한 것이다.

만장일치제는 구성원의 수가 많을수록 더 불가능에 가까워진다. 붓다도 이것을 잘 알고 있었다. 그래서 붓다는 만장일치가 가능한 선으로 구성원을 축소하라고 가르쳤다. 이것이 바로 현전승가現前僧伽를 꾸미는 방식이다. 그럼에도 만장일치에 어려움이 있으면, 그 현전승가는 다시 분리해서 각기 다른 별도의 현전승가를 구성하면 된다. 이렇게 하면 만장일치는 가능하게 된다. 물론 그럼에도 여기에는 소수의 의견도 버리지 않고 안고 가려는 설득과 인내가 수반되는 것은 당연하다.

제도의 성립은 필연적으로 소속원인 개인을 구속하게 마련이다.

붓다는 이것을 최소화해서 불교의 목적인 수행의 완성에 모든 구성원들이 매진할 수 있도록 했던 것이다.

개인과 집단의 갈등　　단체에는 기준이 없을 수 없다. 그리고 소속원인 개인이 이것을 어겼을 때 단체는 개인을 제재해야 한다. 이는 집단의 존속에 있어서 필연적인 부분이다.

붓다는 개인의 징벌에 있어서 형평성과 억울함의 문제를 최소화하려고 했다. 오늘날 우리나라가 법치국가를 표방하면서도 사법부가 국민의 신뢰를 얻지 못하는 것은, 법이 형평성을 잃기 때문이다. 실제로 형벌이 무거울 때보다 공평하지 않을 때 불만은 더욱 증대하는 법이다.

붓다는 사건의 개별적인 미세한 부분까지도 확인함으로써, 형평성과 억울함의 문제를 동시에 해결하려고 했다. 실제로 율장에는 혐의와 사실의 문제에 따른 처리 기준 차이와, 오늘날 법률의 '불소급의 원칙'과 '부분 정신이상'에 의한 경우의 면책조항이 존재한다. 붓다가 2,500년 전 분이라는 점을 생각한다면, 제도 운용과 관련된 합리성에 놀라지 않을 수 없다.

또 율장에는 칠멸쟁七滅諍 속에 여초부지법如草覆地法이라는 것이 있다. 이는 파행이 장기화될 때 일단 사건을 덮어서 종결하는 방법이다. 인도에서는 땅이 질거나 하면 풀을 깔아서 덮는 문화가 있다. 이처럼 시시비비를 가리는 것보다 사건을 종결짓는 것을 우선시하는 것을 초부지草覆地라고 한다.

때론 판단이 애매하여 대립과 갈등이 오래가는 경우가 있다. 이럴 때는 처음 사건의 본질과는 달리 감정의 대립으로 인한 2차 피해가 발생하게 된다. 이와 같은 우려가 존재할 때 초부지법을 통한 해소가 제시되는 것이다. 이는 제도란 구성원의 편의를 위한 수단이지 결코 목적일 수 없다는, 붓다의 관점을 확인해 볼 수 있다는 점에서 매우 중요하다.

통과의례의 문제　불교는 자체적인 통과의례가 없다. 오늘날 한국 불교에서 사용하고 있는 통과의례는 제례祭禮가 있는 정도이며, 상례조차 다소 불충분한 실정이다.

불교가 특정 시기 장기간에 걸쳐서 인도와 동아시아를 휩쓸었음에도, 너무도 쉽게 주류에서 밀려나는 이유 중 하나가 바로 통과의례의 부재이다. 반대로 유교가 고·중세 시대 불교에 완전히 억눌렸음에도, 동아시아에서 신유교新儒教(주자학·양명학)로 새롭게 부활할 수 있는 바탕이 바로 이 통과의례이다.

통과의례가 없다는 것은 하나의 '독립된 종교로서의 완결성이 불교에 있느냐?'라는 문제가 제기될 수 있는 부분이다. 붓다가 처음부터 통과의례에 관한 기준을 제시하지 않은 것은 분명하다. 이 때문에 일부 학자들은 불교가 힌두교의 부분 종교일 뿐이라고까지 주장하는 것이다.

붓다는 종교인이라기보다는 수행자였다. 또 붓다의 제도관은 인간을 목적에 두고 제도를 최소화하는 방식을 취한다. 그러므로 세속적 가치와 결부되는 통과의례 같은 제도에 관심이 없었던 것은 당연하다.

그러나 후일 불교가 종교화되는 과정에서 이 부분은 보완됐어야 했다. 이는 붓다가 틀린 것이 아니라, 시대의 변화를 읽지 못하고 교단화된 불교의 문제였다.

    붓다의 변화 수용의 관점을 교단은 효율적으로 계승하지 못한 것이다. 그리고 그 결과는 인도와 중국이라는 두 문화권에서의 불교의 몰락을 초래한다.

도시주의와 시골에서의 열반
교단의 자율성 강조와 소소율의 폐지

도시주의자였던 붓다   붓다의 새로운 개혁적 사고는 도시의 변화 요구와 무관하지 않다. 그러므로 붓다가 도시주의자로서 대도시를 거점으로 활약했다는 것은 전혀 이상할 것이 없다.

오늘날 사찰 하면 으레 산사와 같은 인상을 떠올리곤 하지만, 인도불교는 사원에서 음식을 조리하지 않고 탁발에 의존했기 때문에 인가와 먼 거리를 둘 수 없었다. 붓다 역시 사원의 입지를 "마을과 가깝지만 혼잡스럽지 않고 조용한 곳(『사분율』 권50, 「방사건도房舍揵度」)"이라고 정의하고 있다.

농경민들은 일상의 반복을 통해 생업을 이어간다. 그 때문에 변화의 여지가 적고 새로움을 수용하려는 의지가 약하다. 반면 도시와 상인들은 훨씬 더 유연한 입장을 가진다. 붓다가 새로운 가르침을 대도시를 중심으로 전개한 것도 바로 이 같은 이유 때문이다.

또 도시는 멈추어 있지 않고 변화하는 역동성을 가진다. 그래서 붓다는 이를 적절히 수용하는 변화의 철학과 다양성을 제시하여 이들을 사로잡을 필요가 있었다. 이것이 붓다가 도시를 떠나지 않는 이유 중 하나였다.

붓다가 가장 오래 머문 곳은 코살라국 사위성의 기원정사이다. 이 사원은 제타 태자의 휴식 동산을 급고독장자가 사들여 7층 건물로 절을 지어 승단에 기증한 것이다. 2,500년 전 7층 건물이라는 건 요즘으로 치면 7성급 호텔 정도로 이해할 수 있다. 여기에 『비나야잡사毘奈耶雜事』 권17에 따르면 불교 최초의 회화 장식이 화려하게 장식되어 있었다고 한다.

우리는 흔히 승려는 검소하다고 생각한다. 그러나 붓다가 주장한 것은 검소나 사치와 같은 하열한 대립 개념이 아니다. 집착이 없는 자유로움이야말로 수행자의 미덕이라는 고등한 관점을 붓다는 제시한 것이다.

공부로 예를 들면, 굳이 가난한 조건에서 할 필요는 없다는 말이다. 공부의 목적과 결부되어 효율성이 중요한 것이지, 가난이나 사치는 모두 옳지 않다. 그래서 붓다는 중도를 말하고 절약을 말하지, 가난이나 고행을 말하지는 않는다.

붓다는 기원정사에서 19~25년간을 머물렀다. 그러므로 경전의 대다수가 여기에서 설해지게 된다.

사위성은 마가다국의 왕사성에 비해서 아리안의 계급적인 문화가 더 강한 도시였다. 이 때문에 붓다는 이곳에서 다른 철학자나 종교인들의 모함을 받거나 이들을 굴복시키고는 했다. 불교로서는 사위성이라는 포기할 수 없는 도시에, 기원정사라는 랜드마크와 같은 거대한 사원을 건립하여 불교의 위상을 보일 필요가 있었던 것이다. 물론 여기에는 붓다의 능동적이고 실질적인 교화가 동반되어야 함은 재론의 여지가 있을 수 없다. 이것이 붓다가 기원정사에 오래 머물면서 다수의 경전을 설하게 된 이유라고 하겠다.

교단에 주인은 없다 붓다는 공화제론자였지만, 당시는 군주제의 효율성에 의해 공화제 국가들이 점차 사라져 가는 추세였다. 붓다 역시 군주제와 같은 교단 운영 방식에 대해서도 생각했을 것이다. 실제로 붓다의 수제자로 붓다의 뜻을 잘 파악한 사리불이 오래 살았다면, 붓다는 가톨릭교의 교황제와 같은 교단 운영 방식을 취했을지도 모른다. 그러나 사리불은 붓다보다 나이가 많았던 인물이고, 그래서 붓다보다 먼저 입적하게 된다. 만년의 붓다는 이때 상당한 충격을 받은 것 같다. 그리고 이 때문에 군주제에 대한 생각은 완전히 사라진 것으로 추정된다.

군주제의 장점은 좋은 군주가 들어섰을 때 비약적인 발전을 보인다는 것이다. 그러나 반대일 경우 일거에 몰락할 우려 역시 존재한다. 붓다는 사리불 이외에 다른 제자의 가능성을 보지 못했고, 그 결과 교단 소속원의 자결自決을 강조하는 방향으로 교단 운영 방식을 확정하게 된다. 즉 오늘날 가장 민주화되어 개인의 권리가 존중받으면서도, 테두리는 공화제 같은 구조를 붓다는 생각했던 것이다. 이러한 조직의 관점은 오늘날에도 검토할 수 있는 미래지향적인 것이라는 데 붓다의 위대성이 있다.

붓다는 열반하기 3개월 전 바이살리에서 마지막 안거를 마치는 과정에서, '교단의 다음 수장을 임명해야 하지 않느냐'는 아난의 물음에 교단에는 통솔자가 없다는 점을 분명히 밝힌다. 그리고 붓다 스스로도 교단을 관장한다는 생각이 없었다고 말한다. 또 모든 가르침은 전부 설해졌으니, 판단은 스스로 각자가 알아서 할 일이라고 천명한다.

이와 같은 상황에서 유명한 "자등명自燈明 법등명法燈明"의 가르침이 설해지게 된다. 자등명 법등명의 '등燈'은 본래는 등불이 아닌 '피난 섬'을 의미한다.

인도에는 3개월간의 우기가 있는데, 이때 사람들은 비 피해가 없는 고지대로 피난을 가서 의탁한다. 이러한 고지대 주위로 물이 차게 되면, 고지대는 피난 섬으로 변모하게 된다. 그러므로 여기에서 피난 섬은 생명의 의지처라는 의미를 가진다.

그러나 기후 조건이 다른 중국에서는 이러한 피난 섬의 개념을 이해할 수 없었다. 그래서 어두운 밤의 등불이라는 방식으로 의미적인 번역을 하게 된다. 즉 이는 오역이 아닌 상황에 따른 번역인 것이다.

자등명 법등명은 '스스로를 의지처로 삼고, 진리를 의지처로 삼으라.'는 말이다. 여기에서 진리가 먼저 나오지 않고, 자신이 먼저 나온다는 점이 중요하다. 어찌 생각해 보면 이는 교단의 해체 선언과도 같다. 규정되어 형식화하지 않는 자율성의 교단, 붓다는 이것을 말하고 있는 것이다. 오늘날 북유럽의 최고 선진국도 이룩하지 못한, 개인의 가치를 손상하지 않는 제도를 붓다는 2,500년 전에 제시했던 것이다.

붓다의 '제도를 최소화하는 자유주의' 천명은 후일 불교가 다양하게 발전하는 배경이 된다. 불교만큼 하나의 단일 테두리 안에 다양한 가치를 아우르는 종교는 없다. 이는 불교가 하나의 정답이 있는 것이 아니라, 개인이 자신에게 맞는 답을 찾는 방식을 택하기 때문이다. 즉 미리 정해진 옳음을 주장하는 것이 아니라, 나에게 바른 것을 찾는 것이 바로 불교라는 말이다.

만년의 어수선함　　붓다 만년의 불교 교단은 다소 어수선함에 휩싸여 있었다. 불교 교단은 당시에 이미 한 사람이 장악할 수 없을 정도로 거대해졌다. 인도의 논쟁 문화는 불교를 일약 거대 집단으로 만들었다. 그러나 당시의 교통과 통신 수준은 이러한 거대 교단을 통제하기 어려운 상황으로 만들었다.

이 때문에 거대 조직의 특성상 교단은 스스로의 생명력을 가지고 전개되는 면이 강화되고 있었다. 이는 붓다의 의지와 상충되는 것이었지만, 동시에 어떻게 하기 어려운 필요악적인 측면이었다.

사람들은 대통령과 같은 집단의 최고 수장이 되면 많은 것을 바꿀 수 있다고 생각한다. 그러나 안정된 집단의 수장은 사실 할 수 있는 것이 그리 많지 않다. 체제가 안정되기 전에는 통솔자가 할 수 있는 역할은 매우 많다. 그러나 안정된 조직은 변화를 거부하고 안정을 지향하는 특성상 변화의 여지가 크지 않기 마련이다.

열반에 즈음한 붓다는 교단의 자기 복제를 통한 확대 방식에 대해

우려와 염증을 느꼈던 것 같다. 그 때문에 붓다는 대도시가 아닌 시골을 전전하는 여정을 택한다. 그리고 최후로 쿠시나가라라는 작고 초라한 도시에서 열반에 든다.

붓다의 이러한 행동은 25년을 함께한 시자였던 아난도 이해하기 어려웠던 것 같다. 그래서 아난은 불교 지지가 강한 대도시에 가서 열반하시라고 권유하지만, 붓다는 이를 거절한다. 이때 붓다가 거절의 이유로 제시한 것은 오늘날의 관점에서 보면 설득력이 많이 부족하다. 즉 합리적인 판단은 아니었던 것이다.

아난은 붓다를 오래 모신 제자인 동시에 붓다의 의지를 잘 받든 분이다. 그런데 최후의 만년에 이르면, '교단의 승계 방식' 및 '열반처'와 관련해서 전혀 붓다의 의중을 파악하지 못하고 있다. 이는 아난의 한계로도 볼 수 있지만, 동시에 붓다가 급격한 심경의 변화를 일으킨 것으로도 생각할 수 있다는 점에서 주의가 요구된다.

붓다의 소도시에서의 열반은 그 뒤에 열리게 되는 1차 결집, 즉 가르침의 정리를 위한 종교 회의가 열반의 땅이 아닌 대도시 왕사성으로 옮겨 가서 이루어지는 한 계기가 된다.

제도화의 거부와 소소율의 폐지 제도와 율은 목적이 아닌 수단이다. 불교에 있어서 목적은 수행을 통한 깨달음의 완성일 뿐이다. 그런데 불교 교단의 거대화는 수단과 목적이 전도되는 양상을 만들게 된다. 즉 수행의 편리를 위해 제정된 규칙들이 상황에 따라서는 장애가 되는 문제가 발생한 것이다.

붓다는 자신의 열반 뒤에 이러한 문제가 심각해지면 이를 조절할 수 없으리라는 점을 간파했다. 그것이 바로 소소율의 폐지, 즉 번잡스러운 조항은 수행이라는 목적의 관점에서 축소하거나 변화를 줄 수 있다는 가르침을 주는 이유이다. 이는 자등명 법등명에서 자등명을 먼저 언급한 대목과 관점이 상응한다. 즉 붓다는 점점 제도화를 통해서 고착화되는 교단에, 변화라는 영원한 생명력을 불어넣고 싶었던 것이다.

변화의 철학과 영원한 생명력
1차 결집

불교 교단의 구성 형태 붓다의 제자로서 붓다의 의지를 가장 잘 파악한 분은 수제자 사리불이다. 사리불은 제2의 붓다(『대지도론』 권2)라는 칭송을 들을 정도로 교단 내의 비중이 압도적으로 높았다.

  붓다 당시의 불교 교단은 붓다를 정점으로, 그 밑에 대제자군이 포진해 있는 구조로 되어 있었다. 대제자들은 흔히 500인의 제자를 이끌었다고 경전에 나오는 분들인데, 여기에서의 500이라는 숫자는 실질적인 숫자가 아닌 '많다'는 의미로 사용된 것이다. 그러므로 500인을 영도한다는 것은 그 승려가 대제자라는 의미로 받아들이면 된다.

  대제자군의 형성은 다음 세 가지로 이루어진다.

  첫째는 가섭 삼 형제나 사리불·목건련처럼, 자신들의 제자를 대동하고서 붓다의 제자로 들어온 경우이다. 이런 경우는 출가와 동시에 자연스럽게 하나의 거대 집단이 형성된다.

둘째는 지역과 문화적 특징에 의한 결속이다. 우리 식으로 말하면 혈연이나 지연과 같은 범주의 결합이다. 인도는 땅이 넓고 문화가 다양하기 때문에 이런 일이 드물지 않게 발생한다.

마지막 셋째는 깨달음의 접근 방식과 관련된 집단이다. 붓다는 다양한 방법을 제시했기 때문에, 제자들은 자신의 기호에 따라서 선택할 수 있었다. 붓다의 대제자들 앞에는 지혜 제일 사리불이나 신통 제일 목건련에서와 같이 수식이 붙고는 하는데, 이러한 부분이 깨달음의 접근 방식과 관련된 특수성에 해당한다. 즉 개별적으로 제자가 되었다고 하더라도 특정 공감대가 형성되면, 그 집단 속에 편입되어 수행하고는 했던 것이다.

인도의 수행 문화에는 유행遊行이라는 것이 있다. 즉 집단을 형성해서 떠돌아다니며 수행하는 것이다. 불교는 유행과 정주를 섞어서 하는 방식을 취했다. 거기에 어느 정도 이상으로 집단의 규모가 커지면, 탁발 등에 있어서 어려움이 생기기 때문에 집단은 분화하게 된다. 이런 상황에서 제자들 모두가 붓다에게 수행 지도를 받을 수는 없다. 그러므로 각각의 제자 집단들에는 이를 통솔하고 수행을 지도해 주는 대제자들이 존재하게 된다. 즉 대제자들을 중심으로 하는 수행 집단이 자연스럽게 만들어지게 되는 것이다.

대제자들 중 압도적인 권위를 가진 분은 사리불이었다. 사리불의 세력과 교단의 지지도 대단했지만, 붓다의 두 번째 큰 제자인 목건련이 사리불과 친구인 동시에 사리불을 깊이 존경하고 있었기 때문에 이들 세력은 하나로 연결되어 있었다. 요즘으로 치면 과반 의석 이상의 다수당이었던 셈이다.

그런데 이분들이 붓다의 만년에 붓다보다 먼저 입적하게 되면서, 불교 교단은 상당한 혼란에 빠지게 된다. 사리불과 목건련은 교단 내의 위상이 너무 컸기 때문에, 이분들을 대체하는 다른 대제자가 등장하는 것이 불가능한 상황이었다. 이 문제가 해소되기 전에 붓다 역시 쿠시나가라에서 열반에 들게 된다.

사리불 다음으로 붓다를 잘 이해한 분은 붓다보다 23~27세 연하의 사촌 동생으로, 붓다에 의해 시자로 지목되어 25년간 붓다를 시봉한 아난이었다. 그러나 아난은 붓다를 오래 모시는 과정에서 교단 내의 지지 세력을 확보하지 못하고 있었다. 또 아난은 붓다의 열반 때까지도 완전한 깨달음을 얻지 못한 수다원에 불과했다. 즉 아난은 대제자로서의 자격이 없었던 것이다. 이러한 불교 교단의 불안정성을 우려해서, 정리해 보고자 노력한 인물이 바로 마하가섭이다.

붓다를 어긴 계승자, 마하가섭 마하가섭의 본격적인 대두는 붓다의 화장과 관련해서 500제자를 대동하고 나타나면서부터이다. 마하가섭은 두타제일頭陀第一로 칭해진다. 여기에서의 두타dhūta란 고행과 유사한 엄격한 보수적 수행 가치를 의미한다. 그랬기 때문에 마하가섭은 붓다 당시에는 크게 두드러진 인물이 아니었다.

율장의 1차 결집과 관련된 문헌들은, 마하가섭이 전면으로 나서게 되는 이유를 발란타라는 한 제자가 정신이 너무 해이해서 방종으로 흘

렀기 때문이라고 적고 있다. 그래서 마하가섭은 규율과 가르침의 정비를 통해 제도화된 틀을 만들어야겠다고 결심하게 되었다는 것이다.

붓다가 만년에 개인의 자율성을 크게 강조했다는 점에서, 이 같은 폐단이 존재할 개연성은 충분히 있다. 그러나 마하가섭이 두타행을 전지하는 보수주의 수행자라는 점을 고려한다면, 이를 붓다의 개혁적인 성향에 대한 보수의 반발로도 이해할 수 있다.

붓다는 불교 교단이 구성원들의 자율성을 바탕으로 발전해 나갈 수 있도록 했다는 점에서, 마하가섭의 주도권 장악은 과거로의 회귀를 의미한다. 그 결과 대제자들의 지지 확보는 부분적인 상황에 그쳤던 것으로 파악된다.

마하가섭이 불교 교단의 표준화를 시도하기 위한 장소로 선택한 곳은 왕사성이다. 왕사성은 붓다께서 6년 고행과 깨달음을 얻은 장소와 인접한 곳이며, 붓다가 즐겨 거처하던 신령스러운 영축산이 위치한 곳이다. 또 가장 신심 깊은 왕인 빔비사라의 후원을 받아 불교 교단의 기초를 확립한 붓다의 도시이자, 당시 전 인도 최대의 도시였다. 그러나 동시에 마하가섭의 고향과 인접한 마하가섭의 지지 기반이 위치한 도시이기도 했다. 마하가섭은 이러한 왕사성의 외곽 칠엽굴七葉窟에서 가르침의 표준화와 관련된 제1차 종교 회의를 거행하게 된다. 이것을 불교에서는 '1차 결집'이라고 한다.

마하가섭과 아난 · 부라나의 갈등   마하가섭의 보수적인 방식과 가장 먼저 갈등을 빚는 것은 다름 아닌 아난이다. 마하가섭 역시 처음에는 아난을 결집에 참석시키고 싶지 않았던 것 같다. 그러나 아난이 붓다의 곁에서 가르침을 가장 많이 들은 제자라는 점에서, 배제할 수 없다는 주변의 여론이 있어 아난의 참석이 허용된다.

마하가섭과 아난의 갈등에는 여러 가지가 있지만, 가장 큰 것은 소소율의 폐지와 관련된 범위의 문제이다. 그러나 아난은 붓다에게 소소율 폐지의 범위를 물어서 구체적으로 지시받지 못했고, 마하가섭은 범위 문제가 정해지지 않았으니 모든 율을 지키자는 원칙론을 주장해 통과시킨다.

이 일은 마하가섭과 아난으로 대비되는 보수와 진보의 관점을 잘 나타내 주는 상징적인 사건이다. 그리고 여기에서 마하가섭의 보수적인 관점이 관철되었기 때문에, 불교 교단은 특유의 유연성을 잃고 경직화하게 된다.

아난이 결집과 관련해서 마하가섭과 갈등 관계를 보이고 있다면, 부라나는 결집 직후에 마하가섭과 대립한다. 부라나 역시 500제자를 거느렸다는 점으로 미루어 보아, 대제자군에 속하는 인물로 판단된다. 그러나 인물에 대한 정확한 정보는 얻을 수 없다. 일설에는 부라나가 붓다의 제자 중 설법제일 부루나라고 하지만, 타당하지 않다. 왜냐하면 부루나는 붓다 재세시에 순교했기 때문이다.

부라나는 제자들과 함께 닥시나기리dakṣiṇāgiri라는 먼 지역에 있었기 때문에, 결집 소식을 듣고 달려왔을 때는 이미 3개월간의 결집이 끝나 있었다. 그래서 이에 대한 보충 논의가 있게 되는데, 이때 부라나는 마하가섭과는 일부 다른 주장을 전개하게 된다. 그것은 '승원에서 음식을 해 먹을 수 있느냐'의 문제였다. 이 문제가 첨예하게 대립하면서 결국 부라나와 마하가섭은 결별하게 된다. 불교사에서는 이 사건을 마하가섭의 칠엽굴 내 결집과 대비해서 굴외결집이라고 한다. 이 부분에서도 마하가섭은 원칙론의 주장으로 일관했다.

사원에서 음식 조리가 가능하다는 부라나의 주장은 매우 놀라운 것이다. 이는 탁발이라는 승단의 기본 원칙조차 유연성을 가질 수 있다는 것이기 때문이다. 부라나는 이 주장을 끝까지 굽히지 않은 이유로 붓다에게 직접 들었기 때문이라고 말했다. 오늘날 동아시아 불교의 사원들은 사찰 안에서 직접 음식을 만들고 있다는 점, 나아가 신도나 관광객들에게까지 음식을 제공한다는 점에서 이는 매우 중요한 부분이다.

마하가섭이 부라나와 갈등 관계를 보이는 것을 통해서, 우리는 아난과는 다른 관점의 보수와 진보의 대립을 추측해 볼 수 있다. 또 마하가섭의 결집이 당시 교단의 전체적인 대표성이 아닌 부분적인 대표성에 의한 것이라는 점에 대해서도 충분히 인식해 볼 수 있게 된다.

불교 교단의 생명력 마하가섭의 보수적인 관점이 교단의 주류가 되기는 했지만, 이 역시도 불교라는 전체적인 진보 속의 보수라는 맥락에서 이해되어야 한다. 마하가섭이 붓다의 진보와 변화 수용이라는 정신을 완전히 되돌렸다는 것은 있을 수 없다. 이는 마하가섭이 비록 보수주의자이기는 하지만 붓다의 대제자 중 한 분이라는 점, 그리고 비주류들의 불참과 반발이 있기는 했지만 격한 충돌과 같은 양상은 보이지 않았다는 점을 통해서 인지해 볼 수 있다.

그리고 마하가섭의 결집을 통한 정리는 경직성의 원인이 되기도 하지만, 어느 정도의 체계적인 틀을 만들었다는 점에서 긍정적인 측면도 있다. 붓다가 추구한 자율은 분명 옳은 것이지만, 과도기의 상황에서 이는 급속한 혼란을 발생시킬 개연성도 있었기 때문이다.

불교 교단은 마하가섭의 보수적인 반동 속에서도 계속해서 진보적인 발전을 이룩한다. 실제로 붓다의 열반 20여 년 후 마하가섭은 아난의 진보적인 세력에 의해 주류에서 밀려난다. 이러한 상황은 후일 아난에게 교단의 운영권을 위탁하고, 자신은 영축산 자락의 계족산(혹 존족산)으로 들어가 차기 붓다인 미륵을 기다린다는 내용으로 재구성된다.

Part 3

인도 불교의 전개

사소한 갈등이 가져온 거대한 문제의 시작

2차 결집

아난의 서방 전도와 대세 장악 아난은 매우 총명한 인물이고 수려한 외모의 소유자였다. 아난이 붓다의 시자 역할을 하면서 곁에서 설해지는 모든 가르침을 듣고 외웠다는 전승은, 불교 안에서 사실로 받아들여진다(『장로게』 1024). 또 아난은 요즘 말로 치면 얼짱이었다. 수행자가 굳이 생김새가 좋을 필요가 있느냐고 할 수도 있다. 그러나 아무래도 인물이 좋으면 더 쉽게 인정받고 주목받는 것은 사실이다.

아난은 여기에 성격도 부드럽고 자기 절제력도 좋은 분이었다. 또 출신도 붓다의 사촌 동생이라는 불교 교단에서는 성골과 같은 위치를 가진다. 붓다는 신분제에서 능력제로의 변화를 주장했지만, 사회적인 인식은 선각자의 주장과 같이 갑작스럽게 확 바뀌는 것이 아니다.

실제로 초기 교단에는 석가족 출가자들이 붓다와 혈족으로 가깝다는 후광 속에서, 일종의 텃새 같은 면을 보이는 기록이 일부 확인된다 (『선견율비바사』권13). 이는 현행 십대제자 중 다섯 명이 석가족인 것과도 무관하지 않을 것이다.

아난은 붓다의 열반과 관련해서 교단의 주도권을 자신이 가졌으면 했던 것 같다. 붓다의 열반 기록에는 늦게 온 마하가섭에게 예를 표하기 위해 붓다가 관 밖으로 발을 보였다는 기록이 있다. 이것이 소위 곽시쌍부槨示雙趺로 전해지는 내용이다. 그런데 이와 동시에 아난에게 팔을 내보이며 운구하는 길에 문제가 없는지를 물었다는 내용도 『자은전慈恩傳』권3에 기록되어 있다.

당시 인도 문화에는 장례의 주관자가 집단의 계승자라는 인식이 있었다. 그러므로 이를 통해서 아난과 마하가섭이 교단의 주도권과 관련해 갈등을 빚었을 개연성을 상정해 볼 수 있다. 특히 아난과 마하가섭은 이후로 결집과 관련해서도 여러 방면에서 대립한다. 이것을 진보와 보수의 충돌로 파악하는 견해는 타당하다.

그러나 아난은 마하가섭에게 주도권 경쟁에서 밀리게 된다. 이는 두 가지 이유 때문이다. 첫째는 당시 아난이 완전히 깨달은 아라한이 아니었다는 점. 둘째는 붓다를 시종하느라 자신의 지지 세력을 결집하지 못했다는 점이 그것이다. 아난은 붓다의 지친이었고 여러 장점이 있었음에도 불구하고 교단의 지지를 확보하기 어려웠던 것이다.

아난은 1차 결집 직전에 깨달음을 얻는다. 또 자신의 지지 기반이 약하다는 점을 생각해서, 결집 이후에는 당시로서는 불교 교단의 새로운 개척지인 서쪽 인도의 교화에 힘을 기울인다.

또 아난은 상대적으로 나이가 젊은데다가 특별한 장수자로 기록되어 있다. 이 때문에 서방 교단의 괄목할 만한 성장이 이루어진다. 그래서 붓다 열반 20여 년 후에는 마하가섭이 가지고 있던 교단의 주도권이 아난에게로 옮겨가게 된다.

붓다의 열반과 함께 전개된 마하가섭의 보수적인 관점은, 다시금 아난의 진보적인 측면으로 이행된 것이다. 이를 인도 불교의 전승에서는 마하가섭이 아난에게 붓다의 가르침을 부촉한 것으로 나오지만, 실제로는 사뭇 다른 변화가 존재했던 셈이다.

다시금 보수로 불교 교단은 아난에 의해서 다시금 진보적인 양상을 띤다. 그러나 이는 교단의 확대와 더불어 제도적인 타성의 문제에 봉착하게 된다. 붓다의 만년 때와 같은 양상이 재현된 것이다.

아난은 120세 혹은 150세를 살았다는 불가사의한 장수자라고 기록되어 있다. 물론 이렇게까지 오래 살지는 않았겠지만, 당시로서는 매우 드문 장수자였던 것만은 확실하다. 그런데 아난의 최후와 관련된 기록은, 아난이 교단의 보수성과 관련해서 입적했다는 것을 나타내 주고 있어 주목된다.

『대당서역기』 권7에 따르면, 연로한 아난은 한 젊은 승려가 경전을 잘못 암송하는 것을 보고 바로잡아 주려고 한다. 그러나 상대가 아난임을 몰랐던 승려는 자신은 자기의 스승에게 배운 것을 신뢰한다면서 아난의 가르침을 수용하지 않는다. 아난은 이 사건을 계기로 자신이 더는 교단에 도움이 되지 않는다고 생각하여, 갠지스 강의 배 위에서 입적한 뒤 화장된다. 요즘은 갠지스 강 주변 가트에서 화장이 이루어지지만, 본래는 강 위에서 배와 함께 화장하는 것이 원형이다. 아난은 이러한 고대의 화장법에 따라 화장된 것이다.

아난의 입적 당시는 마가다국과 바이살리가 전쟁 과정에서 대치하고 있었기 때문에, 아난의 사리는 두 나라로 나뉘어 각각 탑이 만들어진다. 이 중 바이살리의 탑은 대림·중각강당 유지에 오늘날까지 남아 있다.

아난의 입적에 대한 기록은, 붓다 당시보다 더욱 확대된 불교 교단의 보수성 회귀와 관련된 것으로 이해된다. 즉 아난의 입적 무렵 불교 교단은 다시금 보수화의 길을 걷고 있었던 것이다.

인도 서쪽으로 불교를 전파시킨 초기의 개척자는 붓다의 제자 중 가전연과 부루나이다. 이분들은 모두 후일 십대제자에 속하게 되는데, 이는 서방 교단이 불교의 주류가 되는 것과 관련이 있다.

가전연과 부루나에 의해서 서방 교단이 개척되지만, 이를 비약적으로 확대해 완성시킨 것은 아난이다. 이러한 아난의 서방 교단 확대로 붓다의 열반 이후 100년 무렵에는, 본래의 동방 교단과 서방 교단이 충돌하는 문제가 발생하게 된다. 즉 이 무렵 서방 교단은 붓다에 의해서 개척된 동방 교단에 필적할 만한 성세를 보이고 있었던 것이다.

동방 교단과 서방 교단의 차이   동방 교단이 붓다가 직접 활동하여 개척한 지역에 기반을 두고 있다면, 서방 교단은 전파된 지역의 불교 교단이다. 언뜻 생각하기에는 본토가 더 보수적이고 전파된 지역이 더 개방적일 것 같지만, 이는 흔히 빠지기 쉬운 착각이다. 어떤 문화이든지 본토가 더 개방적이고 전파된 지역이 보수적이기 때문이다.

전파된 지역이 더 보수적이며 전통을 유지하려는 것은 두 가지 이유에 근거한다.

첫째는 정통이 아닌 전파된 지역이라는 것 때문에 전통에 더 집착한다는 점. 이는 중국 유교보다 우리나라 유교가 더 보수적이고 투철하다는 것을 생각하면 쉽게 이해할 수 있다. 정통이 아니기에 자격지심 같은 것이 생겨서 더 전통적이려고 하는 완고함이 생기는 현상이다. 이 때문에 우리나라는 오늘날까지도 세계 최후의 유교 문화를 간직한 국가로 남아 있게 된다.

둘째는 본토가 아니어서 잘 모르기 때문에 시대적인 변화를 수용해 변모하기가 어렵다는 점. 예컨대, 우리말과 같은 경우 우리나라의 언어가 가장 빠르게 변하고, 연변 말은 느리게 변하기 때문에 역으로 고어에 더 가깝게 되는 현상이다. 이는 모든 언어가 마찬가지이다.

우리나라는 현재 인터넷과 스마트폰의 발달 탓에 신조어가 끊임없이 명멸하고 있다. 이 같은 현상은 한국어에 능통한 사람만이 할 수 있다. 그러므로 연변과 같이 한국어가 비주류인 지역에서는 새로운 단어가 좀처럼 만들어지지 않는다. 이것이 전파된 지역이 더 보수적이게 되는 이유이다. 즉 우리는 우리말에 대해서는 뜻만 통하면 문법을 초월하고, 단어가 비정상적이라고 하더라도 마구 만들어 쓸 수 있는 유연성이 있다. 그러나 전파된 지역이거나 비주류인 곳에서는 이러한 변화가 일어나기 어려우며, 또 전통을 답습하는 것을 위주로 사용할 수밖에 없다.

우리는 미국 본토 영어보다 콩글리시가 매우 촌스럽고 발음이 이상하다고 생각한다. 그러나 수백 년이 지나면 미국의 영어 발음은 계속 바뀌지만 콩글리시는 잘 변화하지 않은 채 촌스러운 발음을 유지한다. 이 때문에 원 발음과 더 가까운 것은 본토 발음이 아니라 아이러니하게도 콩글리시가 된다. 이것이 문화의 흥미로운 현상이다.

이상의 두 가지 이유에 의해, 전파된 지역이 더 강력한 보수성을 띠게 된다. 즉 동방 교단이 진보의 개혁적인 성향이라면, 서방 교단은 보수의 묵수적인 성향을 가지게 되는 것이다.

서방 교단의 승리와 근본 분열 붓다의 열반 후 100년이라는 시점은, 붓다에게 직접 배운 제자가 더는 존재하지 않는다는 것을 의미한다. 100년 정도 지나면 붓다의 만년 제자로 아주 어렸던 사람이라도 모두 생존해 있지 않다. 즉 붓다의 권위를 입을 수 있는 직제자는 아무도 없는, 손제자의 시대인 것이다.

종교에서 '시대를 반영해서 변화하는 것이 옳으냐?', '종교적인 전통을 중요시해 나름의 관점을 견지해야 하느냐?'는 오늘날까지도 문제가 되는 부분이다.

동방 교단은 지역적인 풍토도 개방적이었으며, 불교의 본향이라는 자신감에 의해서 사회적 변화를 수용하는 자세를 취한다. 붓다 당시와는 다른 새로운 문화적 가치를 수용하는 것은, 붓다의 유연한 근본정신에서 볼 때 큰 문제가 없다고 보는 것이다.

오늘날에도 이런 문제들은 매우 많다. 일제시대까지도 안경은 어른 앞이나 제사상 앞에서는 벗어야 하는 불경한 물건이었다. 그러나 오늘날 선글라스를 제외하고는 안경 쓰는 것에 문제를 제기하는 어른은 없다.

또 담배는 남아메리카가 원산지로 대항해시대 이후에야 전파된 문화이다. 그러므로 불교를 비롯한 기성종교들은 담배에 대한 금기가 없다. 그러나 기존의 금기에 대한 관점의 연장 선상에서 담배를 금기시하게 된다.

이와는 정반대의 경우도 있다. 육식이 여기에 해당한다. 붓다가 살던 시절은 유목 문화가 상당히 남아 있던 상황에서, 탁발에 의존하던 시기이다. 그러므로 당연히 육식이 허용된다. 그러나 후일 대승불교가 전개되던 시절의 인도는 채식 문화로 일변했고, 육식에 대한 혐오 인식이 존재하게 된다. 이 때문에 대승불교에는 육식에 대한 금지가 나타나는 것이다.

동방 교단의 변화 수용을 '정법淨法'이라고 하는데, 이는 우리 식으로는 '관행'이나 '관습적으로 문제가 없다'는 정도에 해당한다. 당시 서방 교단과 충돌한 안건은 열 가지로, 이를 십사十事라고 한다. 이 가운데 중요한 것은 '화폐'와 '소금의 소유' 문제이다.

화폐경제는 붓다 당시에는 발전하지 않았지만, 100년 후에는 점차 일반화되는 추세로 정착된다. 그러다 보니 화폐를 사용하지 않는 것이 일을 번거롭게 만들었다. 요즘으로 치면, '사찰에 카드기를 놓고 기도비를 카드로 긁어 주는 것이 옳으냐'의 문제 정도로 이해하면 되겠다. 카드 사용은 서로의 편의를 위하고 국가적으로도 권장하는 시책이기는 하지만, 종교단체라는 점을 고려한다면 그리 석연치 않은 점이 있는 것도 사실이다. 당시 화폐의 문제도 이 정도의 문제였다고 하겠다.

소금의 소유 문제는 소금의 애매한 성질과 관련된다. 소금은 인도와 같이 무더운 기후 환경에서는 인간 생존과 관련된 약과 같은 역할을 한다. 그러나 동시에 그 당시의 소금은 화폐의 기능을 하는 현찰과 같은 물건이기도 했다. 또 상황에 따라서는 음식 맛이 형편없을 때 소금은 감미료 역할도 한다. 이러한 소금의 다용도적인 애매성이, 소금을 어떻게 보느냐에 따라서 소유할 수 있느냐의 문제를 촉발하게 되는 것이다.

이와 같은 시대적인 변화 수용과 관련된 열 개 조항을 동방 교단은 관행으로 수용하고 있었고, 서방 교단은 불가하다고 생각했다. 이러던 상황에서 이 사건이 야사라는 승려에 의해 표면화되면서, 동방 교단과 서방 교단을 대표하는 장로 여덟 명이 참석한 장로 회의가 열리게 된다. 즉 제2차 종교 회의가 개최된 것인데, 이를 불교에서는 '2차 결집'이라고 한다.

장로 회의 결과는 이러한 조항들이 모두 잘못된 것이라는 판결로 일단락된다. 이는 보수적인 서방 교단이 진보적인 동방 교단에 승리했다는 것을 의미한다. 그러나 이 같은 판결은 사실 예견된 것이었다. 왜냐하면 연로한 장로들은 어느 집단이든 보수적이기 때문이다.

또 장로들은 승단 안에서도 사회와 접촉하는 부분에 있는 것이 아니라, 여러 겹의 종교적인 울타리 안에 있기 때문에 사회의 변화에 둔감할 수밖에 없다. 그러므로 좀 더 원칙적인 판단을 하게 되는 것이다.

이는 마치 전방의 실전 사령관과 후방 지휘권자의 판단이 다를 수 있는 것과 유사하다.

오늘날 세대 차이와도 같은 이러한 갈등 양상에서, 붓다의 직제자라는 범접할 수 없는 권위의 인물이 '붓다의 뜻은 이런 것이었다'고 말하면 반발은 불가능했을 것이다. 그러나 당시 붓다의 직제자는 없었다. 이 때문에 '붓다의 가르침을 그대로 묵수해야 하느냐?', 아니면 '붓다의 본뜻을 취하여 재해석하는 것이 옳으냐?'로 문제가 확산되게 된다.

그 결과 동방 교단에 속한 다수의 진보적인 승려들은, 장로들의 판단에 따를 수 없다는 집단적인 거부 움직임을 보인다. 이것이 보수적인 서방·동방 교단의 장로와 보수주의자들이 하나의 세력이 되는 상좌부上座部와, 동방 교단의 진보적 성향에 의한 대중부大衆部로 나뉘게 되는 불교 교단 최초의 분열이다.

대중부란 다수라는 의미이다. 이는 동방 교단이 불교의 본향이며, 더 개방적인 터전 위에 자리 잡고 있었다는 점에서, 동방 교단이 서방 교단보다 다수였기 때문이다. 서방 교단은 아난의 노력으로 규모가 확대된 것은 사실이다. 그러나 당시로서는 아직 다수는 아니었다. 그러므로 이들은 보수성에 기반한 상좌부임을 주장하게 된다.

상좌부라는 명칭은, 우리 식으로 말하면 종손에 의한 종갓집이라는 의미이다. 그러나 서방 교단 영역은 붓다가 단 한 차례도 직접 교화한 적이 없는 영역이다. 즉 상좌부라는 명칭에는 정통성을 주장하려는 의미가 존재하는 것이다.

2차 결집의 장로 여덟 명 중 여섯 명은 아난의 제자였다. 이는 아난의 진보적인 관점이 다시금 보수적인 측면으로 변질되었다는 것을 의미한다.

또 아난은 붓다의 직제자가 아니라 녹야원 다섯 비구 중 한 분인 십력가섭의 제자로, 붓다를 가장 오래 모신 분이기는 하지만 항렬로는 손제자이다. 이렇게 놓고 본다면, 상좌부라는 의미는 종갓집이라는 의미보다는 장로부長老部 정도의 의미라고 해야 할 것이다.

붓다는 열반에 즈음하여 젊은 승려들이 연로한 승려들의 이름을 함부로 부르면 안 되고 '장로'나 '존자'라는 존칭을 사용하라고 했다. 또 불교 교단의 운영은 항렬보다는 출가 순서인 하랍夏臘(법랍) 중심이다. 그래서 마하가섭이나 아난이 모두 교단의 수장이 될 수 있었던 것이다. 이렇게 놓고 본다면, 상좌라는 명칭은 자기 집단에 대한 존칭이고 실제로는 장로부 정도가 적합한 표현이라고 하겠다.

붓다의 열반 후 100년 무렵 불교는 보수적인 전통의 상좌부와 다수에 의한 진보적인 대중부로 나뉘게 되고, 이것을 우리는 근본 분열이라고 한다. 즉 진보와 보수의 대립적인 관점 차이가 최초의 승단 분열을 발생시킨 것이다.

분열하는 불교와 강해지는 불교
부파불교 시대

세분화되는 불교   같은 사찰에서 다른 수행법을 가지고 생활하는 것은 문제가 되지 않는다. 예를 들어 참선을 하는 승려와 수식관을 하는 승려가 공존하는 것은 문제가 없다는 말이다. 그러나 새벽 3시에 예불하는 승려와 6시에 예불하는 승려는 공존할 수 없다. 이것이 사상이나 수행에 의해서 분파分派되는 것이 아니라, 행동 규범에 의해서 교단이 분열되는 이유이다.

실제로 당나라 승려, 현장의 기록 등에는 한 사원 안에 소승과 대승의 승려가 함께 거주하는 내용이 기록되어 있다. 즉 사상의 차이는 개인적인 부분이기 때문에 집단적인 문제만 아니라면 함께 살기 어려운 정도에는 이르지 않았던 것이다. 일반적인 관점에서는 무언가 사상적인 부분이나 수행적인 측면에서 충돌이 발생할 때, 교단이 분열할 것으로 생각한다. 그러나 실제로는 전혀 그렇지 않아서 기준과 관련된 소소한 문제들에 의해 교단은 분파된다.

이렇게 놓고 본다면 2차 결집과 관련된 안건들이 소소하지만 교단의 규율과 관련된 부분이라는 점에서, 우리는 근본 분열에 대해 이해할 수 있게 된다. 분열이란 하나의 특정 사건이 계기로 작용하지만, 실제로는 다양한 관점 차이가 누적되다가 발생한다. 그리고 한 번 분열이 시작되면 분열을 일으켜서는 안 된다는 생각이 사라지면서, 여러 가지 문제가 표면화되기에 이른다. 이것이 근본 분열 후에 발생하는 '지말 분열'이다.

불교는 붓다 당시부터 다양성을 용인해 왔다. 붓다 당시 대제자들의 존재나 산스크리트로 가르침을 통일하자는 데 붓다가 반대한 것, 또 자등명 법등명 등의 가르침은 이러한 경향을 잘 보여 준다. 즉 불교 교단에는 가톨릭교와 같이 하나의 통일된 관점보다는, 개인의 구현이 더 크게 작용하고 있었던 것이다.

여기에 불교가 여러 지역으로 확대되며 지역적인 특성을 입게 되면서, 이러한 문제는 더욱 심각하게 표면화된다. 근본 분열이라는 서방 교단과 동방 교단의 충돌에도, 서방의 보수적인 문화와 동방의 개방적인 문화라는 서로 상이한 문화 배경도 분명 한 축을 담당했을 것이다.

오늘날도 인도의 화폐에는 열일곱 종의 서로 다른 문자가 쓰여 있다. 이 열일곱 종의 문자는 모두 인도에서 인정하는 공식 문자로, 인도 문화의 다양성을 잘 나타내 준다.

고대 인도는 오늘날과는 비교도 되지 않을 정도의 다양성을 간직한다. 이 때문에 각 지역에는 그에 따른 분화된 불교가 존재하게 되는데, 이것이 지말 분열의 실질적인 배경이다. 실제로 지역의 특수성 인정이라는 부분은, 붓다 당시에 가전연에 의해서 요청되고 붓다에 의해서 승인된 것이 율장의 「피혁건도皮革揵度」에 기록되어 있다. 즉 붓다는 처음부터 하나의 단일한 원칙과 체계를 세우는 것보다는 환경에 따른 탄력적인 교단 운영을 전개했던 것이다.

보수적인 관점에 의해서 경직된다고 해도, 붓다에 의한 불교의 유연성으로 인해 불교는 다른 종교보다 훨씬 유연하다. 불교의 본류에 유연성이 작동하기 때문이다. 이는 불교의 핵심 교리인 연기·무아·중도설 등에 의해 불교의 확고한 특질로 유전하는 측면이기도 하다.

이 같은 불교의 유연성이 인도의 지역적인 특성과 결합하면서, 마치 중국 춘추전국시대의 제후들처럼 여러 갈래로 갈라지게 되는 것이 바로 1차 부파불교 시대다. 부파불교는 학파 불교, 즉 학문적인 연구를 중심으로 하는 불교라고 이해하면 된다.

부파불교가 학파 불교가 되는 것은 지역성을 바탕으로 분기된 불교가 점차 학문 연구로 발전하여 지역성을 넘어서게 되기 때문이다. 우리나라의 정치판으로 예를 든다면, 경상도와 전라도의 지역당적인 면모들이 점차 지역성을 넘어선 정책과 관점의 문제로 이행되는 것과 같다. 이러한 발전기를 2차 부파불교 시대라고 한다.

즉 1차 부파불교 시대가 지역적인 분기로 시작된다면, 2차 부파불교 시대는 이를 기점으로 사상적인 논점이 주로 작용하는 시기이다. 물론 인도는 면적이 크기 때문에 이러한 변화가 반드시 순차적으로만 이루어진 것은 아니다. 후대에 새로운 지역이 불교로 개척되면서 지역적인 부파적 특징이 뒤에 나타나기도 할 수 있기 때문이다. 다만 전체적인 계통은 이와 같은 경향성을 가졌다는 말이다.

불교의 정착과 경쟁　오늘날 확인되는 부파불교의 숫자는 스무 개 이상이다. 즉 스무 개 이상의 학파들이 각축하는 상황이 부파불교 시대인 것이다. 이 중 2차 부파불교 시대에 확립되는 부파는 동방 교단과 서방 교단이라는 큰 범주의 지역적인 특징 안에서, 불교가 더욱 확대되는 과정에서의 세부 지역적인 특징과 사상적인 발달로 인한 관점적인 특징을 가진다. 즉 큰 특징은 상대적으로 약한 것이다. 그러므로 스무 개 이상의 부파들이 있지만, 이들 모두가 뚜렷한 실체성을 가지고 있었던 것은 아니다. 이는 부파들이 쉽게 명멸하게 된다는 것을 의미한다.

　부파불교와 관련해서 일반 상식과 다르게 전개되는 것은 두 부분이다. 첫째는 근본 분열에서 보수를 통해 정통성을 확보하고 승리한 상좌부가 사라진다는 점. 둘째는 많다는 의미의 대중부임에도, 부파의 수는 역으로 소수인 상좌부 계열이 더 많다는 점이 그것이다.

　첫째와 관련해서 생각해 볼 수 있는 것은 우리나라 현대 그룹의 상속과 같은 측면이다. 현대는 정주영의 아들들에 의해서 현대자동차와 현대아산 그리고 현대중공업으로 분리된다. 즉 모체는 사라지고 현대에서 분리된 범현대 계열만이 존재하는 것이다. 상좌부의 소멸도 이와 같은 양상을 겪는 것으로 이해해 볼 수 있다.

　또 이러한 전개에는 상좌부라는 명칭이 가지는 불투명성도 한몫했

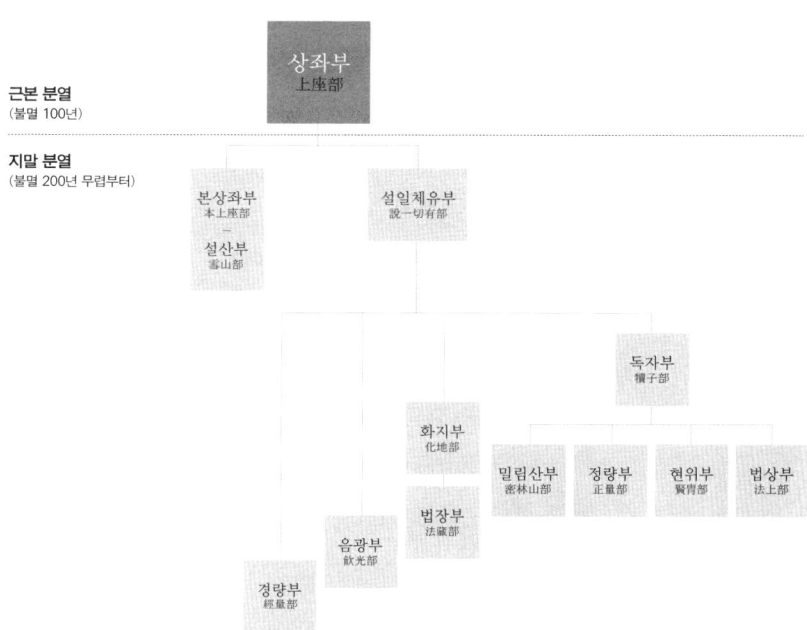

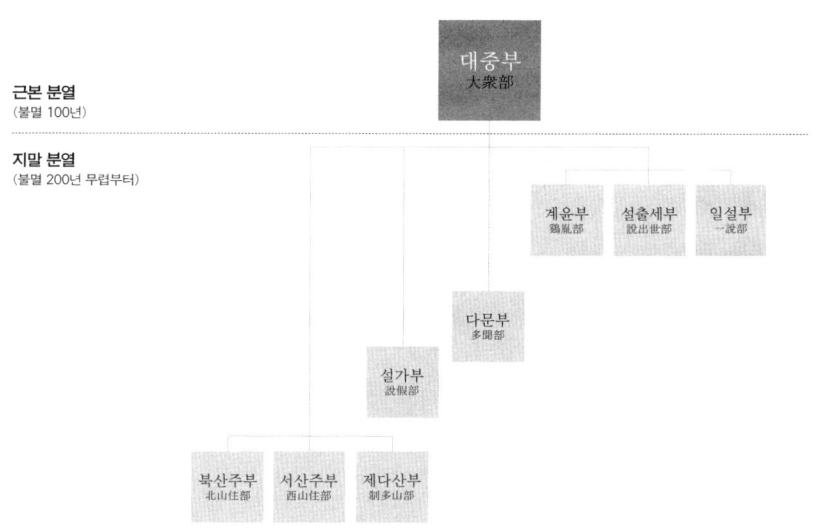

: 인도 불교의 전개 :

다고 판단된다. 즉 상좌부라는 부파명은 어떤 특징을 나타낸다기보다는 정통성을 주로 강조한다. 그런데 종교는 언제나 정통성에 대해서는 어떤 방식으로든 강조하기 마련이라는 특징이 있다. 이런 점에서 이러한 명칭에는 의미적인 한계가 존재할 수밖에 없다. 그러므로 이는 원명칭이 사라지는 한 배경이 된 것으로 추정되는 것이다.

오늘날 남방불교를 흔히 상좌부라고 하지만, 이는 상좌부 계통의 작은 부파인 분별설부分別說部이다. 이는 조선이 고조선의 계승이라는 측면에서 조선이라는 명칭을 사용하는 것과 같은 정도로, 실질적인 큰 연관은 없다.

상좌부의 계승자는 설일체유부說一切有部로 이해된다. 현대 그룹은 건설이 모기업이지만 뒤에는 자동차가 더 중심이 된다. 이처럼 상좌부도 철학적인 성향이 강조되면서, 원소론과 관련된 존재 논리를 전개하는 부파가 중심이 된 것으로 판단된다.

둘째, 대중부가 더 다수였는데 부파 수가 오히려 적은 문제는 엄격한 조직의 생명력이 더 강한 것과 관련이 있다. 보수적이고 엄격한 조직일수록 단결력과 조직에 대한 충성도는 더 강력하기 마련이다. 이는 해병대 같은 경우를 통해서도 확인해 볼 수 있다. 즉 대중부는 다수에 의한 높은 자율성의 체제를 선택했고, 이는 변화의 과정에서 상좌부 쪽보다 부침이 더 크게 작용했다. 이것이 대중부가 다수에서 시작됐지만, 본격적인 부파불교 시대에는 더 적은 수의 부파로 남게 되는 이유라고 하겠다.

논쟁을 통해 강력해지는 불교와 문제점　　여러 부파의 번성은 불교 안에서의 경쟁 관계를 만들어 낸다. 특히 동과 서라는 거대한 지역에 의한 분기인 1차 부파불교 과정이 일단락되고, 2차 부파불교 시대로 접어들면서부터 경쟁은 더욱 가속화된다.

거대한 지역에 의한 분열에서는 충돌 요소가 적었다면, 사상과 관점이 결부된 부파 시대의 도래는 경쟁이 다층적으로 이루어질 수밖에 없기 때문이다. 즉 과거의 전쟁이 전방의 전선을 중심으로만 이루어졌다면, 현대전은 전후방의 개념이 따로 존재하지 않는 것과 같다.

흔히 같은 불교 안에서는 충돌이 적고, 다른 종교인 브라만교나 자이나교와 충돌하는 것이 아니냐고 생각할 수 있다. 그러나 이는 착각이다. 오늘날도 편의점은 편의점과 경쟁하고 음식점은 음식점과 충돌하지, 영역을 달리하는 대립 구도는 잘 형성되지 않는다. 이는 종교에서도 마찬가지이다.

불교가 기독교와 충돌하는 것처럼 보이는 것은 전체적이고 상징적인 측면일 뿐이다. 실제로 치열하게 경쟁하는 것은 사찰과 사찰, 교회와 교회이다. 즉 전혀 다른 사람을 개종시키기보다는 같은 종교인을 끌어오는 것이 더 효율적이라는 말이다. 그러므로 표면적인 것과 현실적인 부분은 차이를 보이게 된다.

또 두 집단이 논쟁한다고 하더라도, 종교가 다른 경우에는 개념어 사용이 다르므로 효율적인 논쟁이 불가능하다. 붓다 당시에는 학문이 덜 발달한 상태라서 이와 같은 양상이 적었다. 이것이 붓다가 다른 종교가나 철학자들을 꺾고 왕 중 왕이 될 수 있었던 이유이다.

: 인도 불교의 전개 :

그러나 부파 시대가 되면, 집단에 따라 서로 다른 개념들이 정립하기 시작한다. 이는 완전히 다른 집단의 충돌은 쉬운 일이 아니라는 것을 의미한다. 물론 종교적인 심각한 마찰이나 국왕의 정리 필연성에 의해, 서로 다른 종교나 철학이 충돌하는 경우도 존재한다. 그러나 이는 그리 일반적인 것은 아니었다.

그러므로 더 빈번한 충돌은 같은 집단 안에서의 분파된 양상 속에서 발생하게 된다. 부파불교는 이 같은 경쟁과 충돌을 통해서 철학을 발전시킨다. 인도는 논쟁을 통해서 상대 집단에 치명타를 가할 수 있었기 때문에, 경제력을 확보한 부파들은 점차 전문적인 논객이라고 할 수 있는 논사論師들을 양성하기 시작한다.

논사들은 요즘으로 치면 전문가이자 프로라고 생각하면 된다. 이들에 의해 불교 교학과 논리학은 더욱 치밀하게 발전하며, 이들의 승리는 영웅적으로 인식된다.

전문가 집단의 출현과 이들을 영웅시하는 관점은 불교의 전체적인 상향화를 가져온다. 이는 또한 다른 종교나 철학자들과 충돌할 때도 유리하게 작용했다. 논쟁이라는 것에는 분명 기술적인 부분이 존재하며, 논리학 등은 종교나 철학을 초월하는 범용적인 부분이기 때문이다. 이런 이유로 부파불교는 성세를 구가하게 된다.

그러나 너무 지나친 것은 언제나 특정 폐단과 연결되게 마련이다. 부파불교의 철학성은 인도에서의 불교 입지를 강화시켰고, 부파끼리의 충돌 과정에서 다양한 교리들을 발전시키며 정교화된다. 그러나 동시에 이는 불교가 어려워지는 결과를 낳았다. 즉 민중과 유리되기 시작한 것이다. 그리고 이는 붓다의 가르침이 본래 이렇게 어려운 것이었는지에 대한 비판을 불러오게 된다.

이러한 문제의식이 응집되면서 후일 대두하는 것이 '더불어 함께하는 쉬운 불교', 즉 대승불교이다. 그리고 대승은 부파불교를 특정인들의 편협한 불교라는 의미의 '소승불교'라고 폄하한다. 이러한 폄하는 후발주자인 대승의 당위성 확보에 매우 유리하게 작용했을 것임은 분명하다.

레고 블록과 레고가 만든 형상   붓다의 가르침 중 사성제와 팔정도를 누르고, 가장 많이 등장하는 것은 오온·십이처·십팔계의 요소설이다. 이는 이 세계를 원소론으로 이해하는 것이며, 이의 결합 관계에 의한 측면이 바로 연기설이다.

이를 화학적으로 설명한다면, 원소들은 항존하는 대상이며 이러한 원소들의 결합 관계의 다양성에 의해서 이 세상 만물의 특질이 결정된다는 주장이다. 즉 레고 블록은 언제나 변함없지만, 그것이 조합되어 만들어 내는 형상은 무상한 변화의 대상이라는 말이다. 이러한 내용을 '아공법유我空法有'라고 한다. 이는 블록은 있지만(법유), 블록의 조합에 의한 형상에는 실체가 없다(아공)는 의미이다.

블록의 조합이 비실체적이라고 말하면서도 부파불교에서는 이를 아공, 즉 '나에게는 실체가 없다'고 제한해서 표현한다. 이는 불교의 논리가 지식 확장을 목적으로 하는 것이 아니라, 무아無我라는 '나라는 존재의 비실체성'에 대한 자각, 즉 깨달음을 목적으로 하기 때문이다.

아공법유를 쉽게 설명하면, 스무 종류의 레고 블록을 가지고서 집과 사람을 만들었을 때, 블록은 항존하는 대상이지만 그것이 만든 형상은 임시적인 것으로 실재하는 불변의 대상이 아니라는 말이다. 그러므로 블록이 해체되면 집과 사람은 사라지지만, 블록 자체는 사라지지 않고 다른 형상으로 재창조될 수 있게 된다. 즉 집과 사람은 블록의 관계성에 의한 연기적인 대상이지만, 블록 자체는 본질적인 요소라는 말이다. 이렇게 본다면 블록은 있고 형상은 없는 것이 되며, 이는 형상의 관점에서 블록의 관점으로 인식의 전환을 요구하는 것임을 알 수 있다.

설일체유부는 줄여서 유부有部라고도 하는데, 이는 모든 요소는 존재한다는 의미이다. 여기에서 존재라는 것은 블록이 만든 형상이 아니라 블록 자체를 의미한다. 즉 블록은 과거·현재·미래에 걸쳐 항상 존재한다는 것이 이 부파 명칭의 의미인 것이다. 블록이 실재한다는 주장은 '블록의 종류는 몇 가지인가?' 또는 이러한 '블록의 결합 방식은 어떻게 되는가?'로 문제의 핵심을 전개하게 한다. 대다수의 부파 철학은 이것을 논구한 것이다. 요즘으로 치면 원자의 종류와 결합 방식에 대한 접근이라고 이해하면 되겠다. 그러나 오늘날 과학은 원자 역시 분해될 수 있는 결합적 산물이라는 것을 발견했다. 그리고 이들을 계속 분해하면 물질도 아니고 정신도 아닌 영역에 도달한다는 것을 알게 되었다.

부파불교 역시 유사한 문제의식에 도달하게 된다. 블록이 항존한다면, 그것의 '발생과 차등의 문제를 어떻게 해결할 것인가?', 또 '이는 모든 것은 변화한다는 붓다의 가르침과 충돌하는 것이 아닌가?'라는 문제에 봉착하게 된다. 이러한 문제는 경량부 같은 부파에서 문제가 제기되지만, 이에 대한 해소는 부파불교가 아닌 대승에서 이루어지게 된다. 왜냐하면 부파는 존재라는 문제에 너무 심하게 갇혀 있었기 때문에, 존재의 초월이라는 생각에서 자유롭지 못했기 때문이다.

후일 대승에서는 블록이 만들어 내는 형상뿐만 아니라, 블록 역시 실재하는 대상이 아니라고 주장한다. 이것이 '아공법공설我空法空說'이다. 아공법공은 블록이라는 질료보다는 연기라는 결합에 더 주안점을 두고서, 나의 존재에 대한 비실체성을 자각하는 관점이다. 그런데 아공법공이 되면, 연기라는 관계성의 현상론과는 다른 본체론적인 공관空觀이 가능하게 된다. 즉 일체는 꿈과 같으므로 여기에는 실체라고 할 만한 것이 전혀 없다는 주장이다. 이것이 바로 공의 철학이다.

그러나 공임에도 불구하고, 꿈을 꿀 때의 꿈은 꿈꾸는 자에게 영향력을 발휘하면서 존재하는 것이 아니냐는 주장도 성립된다. 이것이 '내가 그렇게 생각한다'는 측면에 따른 인식론적인 유식 철학이다. 즉 '꿈에는 실체가 없다'는 관점을 취하면 공의 철학이 되는 것이며, '꿈은 내가 만들어서 내가 영향을 받는다'고 생각하면 유식 철학이 되는 것이다.

그러나 이러한 발전은 지금 말하는 시대에 비해서 훨씬 후대인 대승불교의 시대에 와서야 나타난다. 다만 여기에서 이를 말하는 것은 이러한 문제의식의 단초가 이때 이미 존재했으며, 이의 논리적인 전개에 의해서 대승 사상이 존재하게 된다는 점을 언급하기 위해서이다.

석가모니에 대한 재해석과 대승불교   부파불교가 점차 난해해지자 불교를 이성적인 관점으로 받아들이는 사람들은 당연히 환호하게 된다. 그러나 신앙적으로 믿는 사람들은 거부감을 느끼게 되면서, 붓다의 근본정신이 과연 저렇게 어려웠는가를 생각해 보기에 이른다.

인간은 이성적인 사유를 좋아하는 사람과 감성적인 종교의 실천을 좋아하는 두 부류가 존재한다. 이 중 후자에 의해서 부파불교와는 다른 새로운 기운이 움트기 시작한다. 그리고 그 핵심에는 붓다가 직접 교화 영역으로 삼아, 붓다에 대한 전승이 남아 있던 동방 교단 지역이 있다. 왜냐하면 이곳에는 붓다가 민중들에게 행한 가르침이 전설과 같은 방식으로 유전되고 있었기 때문이다. 즉 이들은 불교 승단과는 다른 좀 더 민중적인 붓다에 대한 전승을 확보하고 있었던 것이다.

모든 종교 개혁은 초심으로 돌아가자는 보수성에서 출발한다. 대승불교가 표면으로 드러난 것은 기원 전후지만, 이는 부파의 발전·전개와 더불어 필연적으로 누적된 것일 뿐이다. 즉 그 이전부터 신앙적인 민중들을 외면한 부파의 반향이 대승 흥기의 한 맹아로 작용했다는 말이다.

조선 후기 임란과 호란의 양란이 끝난 이후, 민중들은 조선 정부의 무능함을 여실히 보게 된다. 그와 더불어 숭유억불 정책하에 눌려 있던 사명당의 영웅적인 행적은, 백성인 자신들을 대변하는 것으로 인식된다. 이 때문에 사명당이 신통으로 일본인들을 굴복시키는 인물로 재구성되어 회자되곤 한다. 민중의 열망이 역사적 사실을 윤색하여 사명당을 초월적인 존재로 변모시킨 것이다.

대승불교의 민중들 역시 이와 유사한 방식으로 붓다를 재해석한다. 즉 대승의 초월적인 석가모니 등장은 이렇게 사실과 역사의 간극에서 형성된 것이다. 이러한 요소들이 점차 집적되어 완성되는 대표적인 경전이 바로 『법화경』(『묘법연화경』)이다.

5.5미터 창의 기적과
아소카의 인도 통일
알렉산더의 동방 원정

마케도니아의 알렉산더 알렉산더는 마케도니아 왕인 필리포스 2세의 아들로 아버지가 암살당하자 스무 살에 왕위에 오른다. 그리고는 서른세 살에 생을 마칠 때까지 13년간 원정에 매진하다가 석연치 않은 죽음으로 최후를 맞는 인물이다. 알렉산더는 평생을 전선에서 지냈는데, 그럼에도 그가 중요한 것은 그리스 문화의 전파자라는 점 때문이다.

  칭기즈칸은 알렉산더와 비교도 되지 않는 대제국을 건설한다. 그러나 몽골은 문화력이 없었기 때문에 몽골 문화권 같은 것은 성립되지 않는다. 그러나 알렉산더는 점령지 곳곳에 알렉산드리아라는 그리스 문화의 핵심 도시를 건설함으로서, 그리스 문화가 아프리카와 인도에까지 영향을 미치게 하는 인류사의 위대한 업적을 이룩하게 된다.

  알렉산더가 군사적으로 승승장구할 수 있었던 것은 부왕인 필리

포스 2세와 함께 창안한 장창전법長槍戰法 때문이었다. 장창전법은 오열을 갖춘 군대가 갑옷과 방패를 갖춘 상태에서 5.5미터짜리 창을 가지고 적진을 향해 전진하는 방식이다. 첫째 열은 창을 앞을 향해 수평으로 들고 뒤쪽의 병사들은 점차 수직으로 든다. 즉 거대한 고슴도치 같은 방형의 장창 부대가 만들어지는 것이다.

이때는 투석기와 같은 중세의 무기가 존재하지 않았기 때문에 적의 군진은 긴 거리의 창을 감당하지 못하고 와해된다. 화살과 같은 원거리 무기는 알렉산더 군의 장갑을 뚫지 못했고, 칼은 5.5미터 창에 비해 너무 사정거리가 짧았다. 혹여 중간에 죽는 병사가 생기면 뒷줄에 있는 병사가 곧 앞으로 나오는 구조로 전개된다. 마치 편의점에서 음료수가 하나 빠지면 뒤에 있는 음료수가 나오는 것을 생각하면 된다.

군대는 오와 열이 중요한데 알렉산더의 장창 부대 전진은 적진을 좌우로 가르는 효과를 발휘했다. 이때 후방에 있던 기병들이 대오가 무너진 적을 빠른 속도로 섬멸하는 것이 알렉산더 부대의 주된 전투 방식이었다.

페르시아는 당시 최대 강국이었고, 너무 강해서 왕성이었던 페르세폴리스에는 방어 시설조차 없었다. 우리가 궁궐이라고 할 때, '궁'이란 왕의 거처를 의미하는 것이고 '궐'은 궁의 수비 시설을 말한다. 그런데 페르시아는 강한 자신감으로 왕성의 수비 시설을 만들지 않고 있었다. 마치 오늘날 미국이 본토에서의 전쟁은 거의 상정하지 않는 것처럼 말이다.

그러나 페르세폴리스는 알렉산더의 장창 전법에 의해 일거에 함락되고, 다리우스 3세 황제는 패주하게 된다. 이때 알렉산더는 거대한 페르세폴리스에 불을 지르고 동방 원정을 계속한다.

찬드라굽타의 등장 알렉산더 군대의 동방 원정은 인도에도 거대한 위기감을 조성하게 된다. 이로 인해 인도는 연합군을 결성해 그리스 군대를 막고자 한다. 이때 인도 연합군의 수장으로 등장한 인물이 바로 찬드라굽타이다. 찬드라굽타는 난다왕조를 멸망시키고 마우리아왕조를 수립한 인물이다. 알렉산더의 서북 인도 침공은 대항 세력의 결성을 촉진하고, 이것이 인도 통일의 기반이 된다는 점에서 중요한 의의를 가진다.

찬드라굽타는 인도 연합군의 수장이 되었으나, 알렉산더는 인도 정벌과 관련해서 돌연사하게 되어 두 사람 간의 충돌은 일어나지 않았다. 알렉산더의 죽음과 관련해서는 풍토병이라는 설에서부터 살해당했다는 것에 이르기까지 다양하다.

알렉산더 사후 그의 제국은 여러 지역으로 붕괴되기 시작하는데, 지금의 파키스탄에 해당하는 서북 인도 쪽은 알렉산더의 부장이었던 시리아 왕 셀레우코스에게 돌아간다. 이로 인해 셀레우코스와 찬드라굽타는 인도의 패권을 놓고 충돌하지 않을 수 없게 된다.

중국은 천승제후千乘諸侯 만승천자萬乘天子라고 해서, 전차의 대수에 따라서 세력의 우열을 가리곤 했다. 그러나 인도는 동원할 수 있는 코끼리가 전력을 가름하는 기준이 된다.

옛날 인도의 전쟁에서는 코끼리에게 장갑과 무기를 장착하고, 독한 술을 먹여 취하게 한 후 적진으로 돌진시켜 대오를 무너트리는 전술이 있었다. 셀레우코스의 사신이었던 메가스테네스의 기록에 의하면, 찬드라굽타는 당시 9,000마리의 코끼리를 보유하고 있었다고 한다.

알렉산더의 장창 전법은 사람들에게는 공포의 대상이 되었지만 코끼리에게는 통하지 않았다. 결국 양측은 강화 협정을 맺게 된다. 이후 셀레우코스는 서북 인도의 지배권까지 점차 상실하기에 이른다. 그러나 알렉산더에 의한 그리스 문화의 이식은 서북 인도에 강력한 영향력을 미치게 된다. 이는 불교와 관련해서 이후에 불상(간다라 불상)이 만들어지는 결정적인 역할을 하게 된다.

빈두사라와 101명의 아들　　찬드라굽타가 광개토대왕과 같은 인물이라면, 그의 아들인 빈두사라는 장수왕에 해당하는 사람이다.

당나라 태종이 근신들과 정치적인 문제를 논한 것을 엮은 『정관정요貞觀政要』에 의하면, "창업도 어렵지만 수성守成은 더욱 어렵다."라는

말이 있다. 정복이라는 영토 개척은 분명 어려운 것이다. 그러나 점령지를 한 세대 이상 장악하지 않으면, 그곳은 다시금 제국으로부터 분리된다. 이런 점에서 찬드라굽타가 인도 최초 통일의 시원을 열었다면, 빈두사라는 그 초석을 다진 인물이라고 하겠다.

빈두사라의 특이한 이력은 아들을 101명이나 두었다는 것이다. 그리고 그 중 한 명이 통일을 완수한 아소카왕이다. 딸에 대해서는 기록이 없는데, 이는 여성을 독립된 인격으로 보지 않고 부속된 존재로 보았기 때문이다.

아소카와 관련된 기록 중 가장 특이한 것은 인물이 추하고 성격이 난폭하다는 것이다. 심지어 궁중의 여인들이 아소카와 잠자리하는 것을 꺼렸다는 내용까지 있을 정도이다. 궁중의 여인들은 군주만을 바라

본다는 점을 생각할 때, 이는 일반적으로 이해되기 어려운 면이 있다.

그러므로 이는 아소카의 어머니가 신분이 낮았기 때문이 아닌가 하는 추정을 해 보게 한다. 즉 종모법에 의해서 신분이 낮았다면, 인도의 강한 신분제 문화 속에서 신분이 높은 여성은 상대가 왕이라고 해도 꺼릴 수 있는 여지가 있기 때문이다. 이는 아소카왕이 통일 이후에 독실한 불교 신자가 되는 것과도 관련해서 이해될 수 있는 부분이어서 주목된다. 주지하다시피 불교는 신분제를 부정하는 태도를 견지하기 때문이다.

아소카의 유일한 장점은 머리가 영민한 지략가라는 것이다. 즉 장비와 조조를 합해 놓은 정도를 생각하면 되겠다.

고대에는 태자를 미리 정하지 않는다. 그렇다 보니 왕자들이 많을 경우 부왕이 사망하게 되면 내전이 벌어지는 경우가 발생하는데, 아소카의 난폭성과 지략은 이러한 부분에서 탁월한 유용성을 발휘한다. 그 결과 내전 과정에서 승리하여 국면을 장악하게 되고, 경쟁자가 될 수 있는 99명의 왕자들을 제거한다. 빈두사라의 아들이 총 101명이니 아소카를 제외하고 한 명을 살려 둔 셈이다. 기록에 따르면 이 왕자만이 어머니까지 같은 동복동생이고, 나머지는 모두 이복형제였다고 한다.

아소카에 의해서 수도인 파탈리푸트라와 정국이 장악되었지만, 반대자들 역시 상당수가 존재하던 상황이었다. 이러한 국면을 전환하고 왕권을 강화하기 위한 수단으로 아소카는 통일 전쟁을 감행한다.

당시 아소카는 대다수의 인도 영토를 물려받았지만, 아직까지 복속되지 않은 땅이 있었다. 또 제국 안에는 아소카에 반대하는 세력도 있었으므로, 강력한 무력을 보이는 것은 대단히 유용했을 것이다. 또 전쟁의 과정에서 반대 세력은 신속히 제거되고 친왕 세력은 쉽게 성장할 수 있으니, 통일을 위한 정복 전쟁은 지략가인 아소카로서는 필연적인 선택이었다.

통일의 시대와 불교로의 귀의   아소카는 통일 전쟁을 전개하면서 많은 반대 세력들을 숙청하고 왕권을 강화해서 안정시킨다. 그러다가 끝으로 칼링가에서 마지막 통일 전투를 치르게 된다. 그런데 칼링가 지역 사람들은 특히나 용감해서 당시 사망자가 10만에 포로가 15만에 이르렀다. 칼링가 전투를 끝으로 아소카의 인도 통일은 끝이 나며, 아소카 역시 이 전쟁의 참상에서 환멸을 느꼈다고 기록은 전한다. 이 전투는 아소카왕이 불교로 귀의하게 되는 전환점이 된다는 점에서 중요하다.

『잡아함경』 권23 「아육왕경阿育王經」에는 이 무렵 붓다의 사리탑이 발견되고 아소카는 이를 헐게 했다고 한다. 그런데 이 과정에서 금판에 쓰인 아소카왕의 전생담이 발견된다.

내용인즉슨, 아소카왕이 붓다 당시에 어린아이로 소꿉장난을 하던 과정에서 쌀이라고 하면서 놀던 모래를 붓다에게 보시한다. 붓다는 이 신심 깊은 보시물을 평소 명상하는 곳에 고루 펴서 깔게 한다. 그리고는 이 공덕으로 아이는 붓다가 열반한 후 200년 뒤에 태어나 전 인도를 통일하는 대제왕이 된다고 예언한다. 그러나 모래를 보시하고 받은 복덕이기 때문에, 그 모습이 추하고 성질이 좋지 않다는 세세한 부분까지도 설명해 준다.

이를 접한 아소카는 깊은 충격에 휩싸이게 된다. 이제까지 자신의 노력을 통해서 성취되었다고 생각한 부분이 모두 붓다에게 모래를 보시한 복덕에 불과했기 때문이다. 이 충격은 아소카로 하여금 불교를 믿게 하는 동시에, 성격을 완전히 바꿔서 자비의 왕이자 복지의 왕이 되도록 한다. 실제로 아소카는 이후 도로와 우물을 정비하고, 가로수를 심으며 동물의 고통까지도 좌시할 수 없어 동물 병원을 만드는 등 당시로서는 생각하기 어려운 복지 정책을 시행하게 된다.

이 때문에 아소카는 인도 역사상 가장 위대한 왕으로 칭송받는다. 오늘날 아소카가 불교 유적을 참배하는 과정에서 건립한 바라나시의 기념 석주石柱 주두柱頭 부분은 인도의 국장國章이 되었으며, 마우리아왕조를 나타내는 공작은 인도의 국조國鳥가 되었다.

자본의 흐름과 통일 왕조의 수립
3차 결집

보이지 않는 손 아소카의 인도 통일은 전 세계가 철학의 시대(축의 시대)를 넘어서 통일의 시대를 맞이했음을 의미한다. 이 시기 중국에서는 진시황에 의한 전국시대의 통일이 이루어졌고, 지중해에서는 로마가 이탈리아 반도를 통일하면서 전면으로 대두하기 시작한다.

통일기가 도래했다는 것은 강한 영웅이 등장했다는 것을 의미한다. 그러나 동시에 이러한 통일기가 전 세계적으로 동시에 존재한다는 것은, 단순히 영웅에 의한 것만은 아니라는 점을 분명히 해 준다. 그 이면에서 세계를 움직이는 것은 바로 상인과 자본이었다.

인도와 중국 및 지중해 지역에서 인본주의적인 철학의 시대를 열었던 것도 상인과 자본이었다. 그리고 장기간의 분열기를 거치면서 점차 거대 자본을 확보하게 되는 상인들은 하나의 통일 왕조를 희망하게

된다. 통일 왕조가 시작되면 관세가 사라지고 화폐와 도량형 및 차축車
軸이 통일되면서, 거대하고 자유로운 시장이 형성될 수 있다고 생각했
기 때문이다. 이러한 생각이 자본을 움직여 통일을 지지하게 되고, 그
결과가 역사적인 통일 시대로 나타나게 된다.

    이 중 차축의 통일은 의외로 중요하다. 고대에는 나라마다 수레바
퀴의 폭이 달랐다. 이는 다분히 의도적인 것이었다.

    수레가 장기간 다니면, 비포장도로에는 당연히 수레바퀴에 따른
깊은 홈이 파이게 된다. 이는 다른 차축의 수레는 다닐 수 없는 걸림돌
이 된다. 각각의 나라마다 수레바퀴 폭을 다르게 법제화한 것은, 전차
전이 주력이던 고대사회에서 이웃 나라의 기습 침략을 막는 방어 목적
때문이었다.

    그러나 이는 동시에 무역하는 상인들에게는 막대한 비용 부담을
주었다. 즉 상인들은 국경을 통과할 때 관세와 더불어 수레를 바꿔야
하는 불편과, 이에 따른 비용을 감수해야 했던 것이다. 통일이 되면 이
러한 비용이 사라지면서 상인들은 더욱 많은 이윤을 남길 거라고 생각
했다. 이와 같은 열망이 자본으로 하여금 통일을 지지하게 만들었다.

    통일은 당연히 관세의 철폐와 화폐의 통일로 인한 환전의 문제, 그
리고 도량형의 통일로 인한 혼란의 문제도 해소하게 된다. 이렇게 놓고
본다면, 자본이 통일을 지지한 것은 당연한 것이었다.

    역사를 읽는 눈으로 '자본'을 선택하면 역사는 의외로 쉽다. 결국
지금이나 과거나 세상을 움직이는 힘은 자본이며, 정치권력은 보이지
않는 자본 앞에서 보이는 도구의 역할을 하는 것에 지나지 않기 때문

이다. 즉 정치가 중요한 것 같지만 실은 자본이 더 중요한 것이다.

이는 권력이 당시 현실에서 자본을 어떻게 설득했느냐에 따라서 강화되고 약화된다는 것을 의미한다. 물론 권력은 자본을 직접 설득하지는 않는다. 다만 정책적인 방향에 따라서 자본은 이익적인 가치에 편승한다. 그리고 이러한 자본의 증가는 곧 거대 권력을 만들게 된다. 이 점은 역사를 보는 관점에 있어서 대단히 중요하다. 즉 통일의 시대는 자본과 이것을 움직이는 상인들에 의해서 이룩되는 것이다.

세계종교가 되는 길 동쪽의 파탈리푸트라를 수도로 하는 마가다 계열의 마우리아왕조에 의한 인도 통일은, 동방의 진보와 자본의 승리를 의미한다. 이로써 붓다 무렵부터 전개된 200여 년간의 경쟁은 동방의 승리로 일단락된다.

동방이 승리했다는 것은 동방 문화의 서방 진출을 의미한다. 즉 유연성이 고착성을 이긴 것이며, 인간 이성의 합리성이 신 중심의 폐쇄성을 꺾은 것이다. 이로써 인도는 더 개방적이고 능력 중심의 합리적인 사회로 나가게 된다. 그리고 그 중심에 불교가 위치한다.

아소카의 통일 정책에서 불교가 차지하는 위치는 매우 크다. 불교의 진흥을 통해서 아소카는 새로운 통일 시대에 걸맞은 새로운 가치관을 제시하고자 했기 때문이다.

인도의 전통 종교인 브라만교의 폐쇄적인 고착성은 판이 커진 통일 왕조시대의 지배 이념이 되기에는 한계가 있었다. 또 통일 과정에서 많은 영토와 민족 및 문화가 편입된 상태에서 브라만교적인 차등 논리

: 인도 불교의 전개 :

를 적용한다는 것은 통일 왕조로서는 상당한 부담이 아닐 수 없다. 그에 비해서 불교의 후천적인 노력과 합리성을 강조하는 관점은, 통일 왕조가 평등하며 새로운 기회의 땅이 될 수 있다는 점을 표방하기에 유리했다.

통일기에는 차등의 관점이 유리할 수 있다. 왜냐하면 이민족은 자국 민족보다 열등한 정복 대상이어야만 했기 때문이다. 그러나 통일이 완수되고 난 시점에서, 이러한 차등의 지속은 반발을 가져와 분열과 불필요한 갈등을 조장할 수 있다. 이러한 관점에서 본다면, 불교는 통일 왕조에게 브라만교보다 한 단계 더 진일보한 수준의 파트너가 될 수 있었던 셈이다.

이는 아소카왕이 전국적으로 불교를 진흥한 하나의 이유였을 것이다. 물론 아소카왕 스스로도 불교에 대한 신앙심이 대단했다. 이는 아소카가 붓다의 모든 성지를 순례하면서 돌로 된 기념비인 아소카왕석주를 세워 이를 기린 것이나, 그리스와 이집트 서부에까지 불교를 믿으라는 사신(法大官)을 파견한 것 등을 통해서 분명해진다.

교통이 발달하지 않은 고대사회에서 종교적인 순례를 감행한다는 것은 제왕으로서는 결코 쉬운 일이 아니었다. 그럼에도 아소카가 이를 단행했다는 것은 대단한 종교적 열정이 아니면 불가능했을 것이다.

이 같은 아소카왕의 순례와 아소카왕석주의 건립은, 후일 유럽의 고고학자들에 의해서 불교 유적이 발견되는 절대 지표로 작용한다는 점에서 중요하다. 즉 아소카에 의해 붓다의 실존과 유적이 오히려 역으로 변증되고 있는 것이다.

이는 붓다의 연대와 관련해서도 적용된다. 오늘날 우리가 사용하는 불교 연대 역시 아소카와 관련해서 역으로 산출된 것이다. 이렇게 놓고 본다면 아소카야말로 붓다가 예비한 인물이라고 할 만하다.

또 다른 나라에 불교를 믿으라는 사신을 파견한다는 것 역시 개인적인 독실한 신앙이 아니면 어려운 일이다. 이는 일반 외교와는 다른 것으로 내정간섭의 측면이 있기 때문이다.

인도와 가까운 스리랑카에는 특별히 아소카의 아들과 딸로서 출가하여 승려가 된 마힌다와 상가미타가 가게 된다. 이들은 각각 스리랑카 불교의 남자 승려(비구)와 여자 승려(비구니)의 시원이 된다.

이렇게 놓고 본다면, 아소카의 불교 정책은 개인적인 깊은 신앙과 통일 국가적인 필연성이 맞물려 조화를 이루고 있다는 것을 알 수 있다. 또 이러한 과정을 통해서 불교는 전 인도로 확대되면서 세계종교로서의 초석을 다지게 된다.

기독교도 로마의 밀라노칙령과 이를 통한 콘스탄티누스의 적극적인 지원으로 세계종교로서의 기반을 확립한다. 이렇게 종교의 세계화에는 필연적으로 강력한 제국의 지지를 확보하는 것이 중요하다. 불교에 있어서는 이 역할을 아소카의 마우리아왕조가 했던 것이다.

또 광활한 제국의 지지를 받으면서 종교가 확대되면, 그 과정에서 해당 종교는 폐쇄성보다는 관용과 포용이라는 세계종교로서의 기틀을 확립하게 된다. 즉 보편 종교로서의 가치를 확립하게 되는 것이다. 불교는 본래부터 유연성이 강했는데, 이 때문에 더욱 다양한 가치들을 포괄하는 복합 종교의 기틀을 완성하게 된다.

종교와 정치의 함수관계   아소카왕과 관련해서는 종교 회의가 개최되었다는 기록도 있다. 이를 3차 결집이라고 한다. 그 이유에 관해서는 아소카왕의 대대적인 불교 지원 때문에 교단이 방만해지고, 편하게 살려는 사람들이 승단으로 유입되었기 때문이라고 전한다.

그러나 당시에는 이미 부파불교의 지말 분열이 표면적으로까지 강하게 대립하지는 않았지만 시작되고 있었다. 그러므로 이와 관련해서 3차 결집이 이를 경계하기 위한 것이라는 아소카 마애법칙磨崖法勅을 토대로 하는 견해도 있다.

그러나 사상 통제와 표준화 노력은 통일 제국에서는 필연적인 부분이다. 진시황의 분서焚書 사건도 통일 제국에 있어서 사상의 통일이 필요하다는 점을 잘 나타내 준다. 물론 아소카왕은 진시황과는 다른 관점에서 접근하고 있으며, 이는 불교를 규제하려는 것이 목적이 될 수 없다. 그러나 전국적인 확대에 있어서 표준화와 관련된 국가 개입은 충분한 타당성이 있다. 요즘으로 말하자면 교과서를 전국적으로 배포함에 있어서 검인과 같은 과정이 필요하다는 말이다.

아소카왕은 분명 불교인이다. 그러나 황제라는 제국의 수반은 비단 개인적인 종교와 국가의 관계를 재규정할 필요가 있다. 그래서 국가가 종교를 이용하는 측면이 발생하게 된다.

국가는 종교를 통해서 제국의 안정과 통치의 타당성을 변증받을 수 있다. 그리고 종교 역시 국가를 이용한다. 종교 또한 국가권력을 통해서 종교의 안정과 번성을 도모하는 것이다. 이와 같은 양자의 역학관계는 오늘날의 사회 속에서도 쉽게 확인되고 있다.

평등에 대한 불만과 인간 심리
사리의 재분배와 성지의 특수화

보수적인 요구와 정권의 달래기　인도가 통일되었지만, 우리는 이것이 동방 문화에 기반을 둔 통일이라는 점에 주목해야 한다. 이는 서방 지역이 상대적으로 불만이 많을 수 있다는 것을 의미한다. 또 당시 불교는 상좌부 쪽의 보수적인 서방 교단이 상당한 영향력을 발휘하고 있었다. 이런 상황에서 서방을 달래는 방법의 하나로 대두된 것이 바로 인도 전역에 걸친 붓다 사리탑의 건립과 재배치였다.

붓다의 사리탑은 붓다의 화장 시 사절을 보낸 여덟 개 국가에서 사리를 모셔 가 건립한 여덟 개의 탑이 시작이다. 이를 근본팔탑根本八塔이라고 한다.

특히 붓다는 탑의 건립 조건을 승원이 아닌 사거리와 같은 대로변에 세울 것을 지시한다. 이는 좀 더 많은 사람들이 붓다의 탑을 보고 불교적인 가르침을 기억할 수 있게 하기 위한 것이었다. 또 탑이 사원에 없으므로 탑의 관리 주체는 승려가 아닌 신도가 되어야 한다고 했다. 수행자는 수행에 치중하는 것이 더 근본적인 목적이기 때문이다.

그러나 불교가 종교화되면서 점차 불탑을 사원에서도 요구하게 된다. 또 서방 교단은 동방 교단보다 보수적인 정통성을 강조함에도 불구하고, 불탑이라는 정통성에서 소외되어 있을 수밖에 없는 한계가 있었다. 여덟 개의 불탑이 붓다가 직접 교화한 영역인 동방 교단에 모두 있다는 것은 서방 교단의 정통성 주장에 커다란 문제점이 아닐 수 없다.

붓다의 유훈에 의해서 신도가 관리하는 불탑, 그리고 승원에서도 불탑을 요구한다는 점, 또 동방의 서방 통일에 의한 측면과 서방 교단의 불사리 필연성. 이 같은 다층의 요구들이 아소카의 안정적인 제국 지배와 더불어 맞아떨어진 것이, 기존의 여덟 개의 불탑 중 일곱 개를 열어서 인도 전역에 8만 4,000개의 탑을 세우게 되는 배경이다.

여기에서의 8만 4,000개라는 탑의 숫자는 실제의 수를 말하는 것이 아니라 아주 많다는 의미이다. 인도는 고대에 4진법을 썼기 때문에 4와 4의 배수에는 '완전'이라는 의미가 내포된다. 이때 아주 많은 사리탑이 건립되었다는 사실은 현재 남아 있는 유물을 통해서도 확인해 볼 수 있다.

이를 통해서 아소카는 '동방 교단의 사원 안의 불탑 요구'와 '서방 교단의 정통성 확보' 그리고 '서쪽 지역의 위무'라는 여러 목적을 한꺼번에 성취한다. 또 이와 함께 불교의 진작과 더불어 불교의 표준화 노력도 함께 진행되었을 것이다.

개봉되는 불탑과 정치적인 고려　오늘날 불교 예배의 중심이 되는 불상은 기원 전후에야 탄생한다. 그러므로 아소카왕 시대의 주된 종교적 예배 대상은 당연히 불탑이었다.

　　불탑은 아소카왕에 의해서 사원으로 편입된다. 이는 그 이전에는 사원에 달리 예배 대상이 없었다는 것을 의미한다. 이 같은 전개 양상은 붓다에 대한 초기 상징으로 '보리수'나 '법륜' 또는 '붓다의 발자국(佛足迹)'과 같은 측면이 존재하는 이유를 설명해 준다. 즉 종교화는 인간으로 하여금 유형적인 상징을 요구하고 있는 것이다.

　　불탑이란 붓다의 무덤과 같은 존재이다. 실제로 당시 사람들은 그 안에 붓다가 존재한다고 생각했던 것 같다. 이는 불교의 열반이라는 개념을 제대로 이해한 것은 아니다. 그러나 민중들로서는 붓다의 사리라는 뼈가 모셔진 곳에, 붓다가 존재한다고 생각하는 것은 충분히 가능한 일이었다. 이는 유교의 예제(禮制)에서 무덤에는 영혼이 있다고 생각하지 않지만, 민간에서는 무덤을 숭배하는 것과 유사하다.

　　불탑에 붓다가 존재한다는 생각은 더울까 봐 탑에 일산(日傘)을 씌워 놓은 것을 통해서도 분명해진다. 이와 같은 일산 양식은 인도 탑의 전형적인 형식이며, 중국 불교로 수용되면서 좀 더 양식화된 탑의 상륜부를 구성하게 된다.

　　탑에 일산을 씌운다는 것은 그 속에 인격적인 존재가 내재한다는 생각을 반영한다. 그러므로 불탑의 파괴는 붓다의 몸에 상처를 입히는 것과 같은 종교적인 야만 행위가 된다. 그런데 사리탑을 나눠서 건립하기 위해서는 필연적으로 기존의 탑을 해체해야만 한다. 즉 파탑(破塔) 이

: 인도 불교의 전개 :

후에야 비로소 여러 사리탑의 건립이 가능하다는 말이다.

파탑이 선행되어야 한다는 점 때문에, 우리는 아소카왕의 인도 전역에 걸친 사리탑의 건립이 단순히 종교적인 목적만이 아닌 정치적인 의도가 있었다고 볼 수 있다. 만일 종교적인 면만 생각한다면, 더 많은 사리탑을 건립하기 위한 정당한 목적이라고 하더라도 파탑이라는 발상 자체가 불가능하기 때문이다.

당시 불탑은 승단의 관할이 아니라 신도들이 관리하고 있었기 때문에 상대적으로 반발이 적었을 것이다. 그러나 근본팔탑 중 한 개의 불탑에는 탑의 개봉에 실패한 기록이 있어 주목된다. 이는 콜리족의 랑그람 탑인데, 기록에는 탑을 지키는 용의 반발로 무산됐다고 한다. 이는 토착민들의 반발이 전설화된 것으로 이해된다.

즉 파탑에 대한 반발도 있었지만 정권 차원에서의 이익도 있었고, 또 불탑을 사원으로 끌어들이려는 승단의 승인 속에서 8만 4,000개 탑의 건립이 이루어진 것이다. 실제로 불교 교단은 이 사건을 대단히 긍정적으로 기록하고 있다. 이는 신도들이 관리하는 불탑을 사원 안으로 끌어들이기 위한 요구가 승단 내에서도 존재했음을 시사한다.

동방 교단의 기득권 유지   한편 서방 교단이 불탑을 가지게 되었다는 것은 동방 교단의 종교적 권위가 손상되었음을 의미하기도 한다. 또 이는 서방 교단이 보수적인 당위성과 정통성 강조가 한층 더 타당하게 되었다는 것을 의미한다. 즉 서방 교단이 동방 교단의 넘을 수 없는 벽을 넘는 문제가 발생한 것이다.

이제 불탑의 소유만으로는 불교의 정통성 변별에 어려움이 발생했다. 이에 동방 교단은 불탑의 보편성을 무력화하고 동방 교단을 특수화할 수 있는 또 다른 관점을 제시한다. 이것이 바로 붓다의 핵심 유적과 관련된 성지순례의 강조이다.

『장아함경』 권2~4의 「유행경遊行經」처럼, 붓다의 열반을 기록하고 있는 경전들은 "붓다께서 열반하시면 어디에 의지해야 합니까?"라는 아난의 질문에 "4대 성지를 순례하면서 의지하라."라는 가르침이 기록되어 있다. 4대 성지란 붓다의 탄생·깨달음·첫 설법·열반의 장소를 의미한다. 즉 이러한 성적들을 순례하라는 말이다.

그러나 붓다의 무형상주의적인 관점과 자신에 대한 숭배 거부 입장 등을 볼 때, 이를 붓다의 말로 받아들이는 것에는 문제가 있다. 그러므로 이러한 주장은 어떤 특정 목적과 관련된, 집단의 이익에 의해서 후에 첨가된 것으로 보는 것이 타당하다.

4대 성지는 나중에 8대 성지로 확대되는데, 이런 장소들에 대한 순례 공덕 강조는 불교의 종교화와 관련된다. 물론 이들 성지들은 붓다와 관련해서 처음부터 특수화된 측면이 존재한다. 그러나 이러한 성지들을 연결해서 성지순례의 개념을 정립한 것은 분명 종교적인 의도성이 내포된 것이었다.

성지순례의 강조에서 이익을 보는 쪽은 당연히 동방 교단이다. 붓다의 주요 거점 지역은 모두 다 동방 교단의 영역에 속한다. 그러므로 성지순례 공덕의 강조는 동방 교단의 당위적인 우월성과 정통성의 변증이 된다. 그렇기 때문에 우리는 이를 동방 교단의 주장으로 추정해 볼 수 있다. 특히 아소카왕에 의해 불탑의 특수성이 사라지게 된다는 점에서, 이와 연관해 기득권 유지의 차원에서 성지순례가 강조되었다는 논리는 충분한 설득력을 가진다.

또 우리는 아소카왕의 불적 순례가 불탑의 보편성에 대한 성지순례의 특수성과 관련해서 이루어진 것이 아닌가 하는 추정을 해 볼 수도 있다. 즉 동방 교단은 불탑의 소유라는 특별함은 잃게 되지만 성지순례라는 부분을 확보하게 되고, 이는 아소카왕의 불적 순례를 통해서 거대한 당위성을 인정받게 된다는 말이다.

불교의 동방과 서방 교단은 이렇게 서로 장군 멍군을 했던 것이다. 그리고 아소카왕은 서방 교단과 동방 교단에 각각 이익을 주면서 불교 발전과 제국의 안정을 동시에 도모했던 것이다.

붓다의 주된 거주 공간, 여래향실 성지순례와 관련해서 좀 더 특수화된 곳으로 여래향실如來香室이 있다. 여래향실이란 붓다의 주된 거주처의 설법 공간으로, 경건하여 향이 끊이지 않는 곳이라는 의미이다. 대표적인 여래향실에는 마가다국 왕사성 영축산정의 여래향실과 코살라국 사위성 기원정사의 여래향실이다.

이 두 곳은 모두 붓다가 오래 머물며 가르침을 설한 장소이다. 이러한 특수성이 후일 대승불교에도 반영되어 영축산정의 여래향실은 『법화경』의 설법 장소가 되며, 기원정사의 여래향실은 『금강경』의 설법 배경이 된다. 이는 이와 같은 특정 장소의 특수성과 숭배 양상이, 불교 교단 안에서 오래도록 유전되며 보편화되고 있다는 것을 의미한다.

여래향실은 4대 성지나 8대 성지와는 다른 관점의 성지 개념이다. 4대 성지가 붓다의 일생에서 전환기적인 사건이 일어난 장소이며 8대 성지가 특수한 기적과 관련된 땅이라면, 여래향실은 붓다의 가르침을 상징한다는 점에서 차이가 있다. 실제로 기원정사의 여래향실에는 불교의 전설적인 최초 불상인 우전왕이 만든 불상이 모셔져 있었다고 하니, 그 권위가 후대에는 불상과 결합되어 예배 공간이 된다는 점도 시사받을 수 있어 주목된다.

본생담 그리고 불상과
공 사상의 반격

형상과 무형상을 통한 당위성 확보

불교의 2차 확장   붓다에 의해 최초로 개척된 지역은 동방 교단이다. 이를 불교의 핵심 지역이라는 의미에서 불교중국佛敎中國이라고 칭한다. 이러한 불교가 1차적으로 확대된 것이 서방 교단이다. 그러나 아소카의 인도 통일과 불교 장려는 불교의 판도를 더욱 크게 만든다. 이로써 2차 확장이 이루어지게 된다. 2차 확대 지역은 대승불교의 맹아와 관계된다는 점에서 중요하다.

2차 확장 시기에 먼저 확대되는 지역은 아소카왕의 지배 영역인 인더스 강 유역의 서북 인도이다. 그리고 이후에 100~200년에 걸쳐 점차로 확대된 곳으로 인더스 강 서쪽의 간다라 유역에 해당하는 지금의 파키스탄 북서부와 아프가니스탄 동부 지역 등이 여기에 해당한다. 또 남으로는 데칸고원을 넘어서 남인도로의 확장도 이루어진다.

이러한 지역은 아소카왕 당시에는 불교가 크게 번성하지 못했기 때문에 서방 교단과는 달리 불탑을 제대로 배정받지 못했다. 따라서 이들은 자신들의 정통성을 강조하기 위해 새로운 관점의 논리 변증을 요구받게 된다.

모든 종교는 특성상 자신만의 종교적 우월성과 정통성을 주장한다. 그런데 좀 더 세부적으로 들어가면 같은 종교 안의 종파적인 범주 안에서도 이런 일은 그대로 유전한다. 예컨대 현재 남방불교가 상좌부를 표방하면서 정통성을 주장하는 것이나, 중국 불교의 선종이 붓다의 마음(心法)을 계승한 진정한 가르침이라는 정통성을 주장하는 것 등이 여기에 해당한다.

그렇다 보니 새롭게 편입되는 지역들에서도 불교적인 정통성 주장과 관련된 일련의 노력들이 발생하게 된다. 이 같은 측면들은 이후에 서로 섞이면서 구분하기 어렵게 되지만, 초기에는 분명한 특유의 색깔을 띠면서 다름의 가치를 표방하고 있어 주목된다.

본생담을 통한 변증 불교의 2차적인 확장에서 가장 먼저 포함되는 인더스 강 유역의 서북 인도 불교는, 정통성을 주장하기 위해 본생담을 사용한다. 본생담이란 붓다의 전생 이야기로 대부분 깨달음을 추구하는 신명을 아끼지 않는 노력과, 타자의 아픔을 좌시하지 않는 희생정신처럼 교훈적인 보살행의 내용으로 되어 있다. 그런데 인더스 강 유역의 교단은 이러한 붓다의 전생 무대가 자신들의 지역이라고 주장한 것이다.

예컨대 붓다의 전생으로 특히 유명한 살타 태자나 보시 태자 및 시비왕과 같은 이들이 살았던 실제 장소가 인더스 강 주변이라는 주장이다. 이렇게 되면 동방 교단의 정통성에 비해 좀 더 근원적인 정통성이 인더스 강 주변 교단에 성립될 수 있게 된다. 이는 서방 교단이 불탑이라는 제한된 측면에 집착하여, 동방 교단의 정통성을 역전시킬 수 없었던 것과는 관점을 달리하는 착상이다.

물론 인더스 강 유역에도 아소카왕에 의한 불탑 건립이 이루어진다. 그러나 이 지역은 당시로서는 불교적으로 변방에 지나지 않아 많은 불탑이 건립될 수 없었다. 여기에 이곳은 인도로 통하는 실크로드의 주요 교통로라는 점에서 다양한 문화가 융합할 수 있었다.

이러한 측면이 동방 교단에서부터 존재하던 본생담 문화를 확대하고 자기화시킴으로서, 전생의 붓다가 자신들의 지역에서 수행 생활과 보살행을 했다는 주장의 배경이 된다.

이렇게 됨으로써 이 지역 불교는 금생의 붓다 이전의 붓다를 잉태하는 성지가 되며, 불교적인 나름의 정통성과 당위성을 확립하게 된다. 즉 지역적인 문화가 고려된 특수성을 살려서 불교 교단의 정통성을 변증하고 있는 것이다.

붓다를 만들다 불교의 2차 확장 지역인 간다라 지역 역시 불교가 전파되면서 정통성 수립 문제에 봉착하게 된다. 특히 이 지역은 아소카의 불탑 영향이 거의 미치지 못한 지역이라는 점에서 더욱 그렇다. 간다라는 이와 관련된 해법으로 붓다를 대신할 수 있는 불상을 만드는 직접적인 방법을 택한다.

간다라 인근은 알렉산더 군대에 의해 점령되어 수백 년간 그리스 문화의 영향을 받은 곳이다. 그러므로 그리스 정서에 입각한 신상을 조각하는 문화가 유입된다. 이러한 관점에서 불교도들은 불상도 제작하기에 이르는 것이다.

인도에는 신상을 만드는 문화가 붓다 이전에도 있었다. 그러나 완전한 존재는 형상으로 표현할 수 없다는 무형상주의적인 관점에 의해서, 불교에서는 불상을 만들지 않는 것을 원칙으로 삼았다. 그런데 간다라 지역에서는 인도 문화의 무형상주의적인 불교에 대한 이해가 부족했기 때문에, 그리스 문화적인 관점에 의해 불상을 제작하게 된 것이다. 즉 불탑과 같은 붓다의 사리나 뼈가 아닌 불상을 통해 직접적으로 붓다를 구현한 것이다. 이는 인도 불교적인 관점에서는 일대 획기적인 사건이 아닐 수 없다.

간다라 불상의 초기 제작자들은 불교에 정통한 사람들이 아니었다. 이는 붓다의 수염을 묘사한 것이나 머리카락과 상투를 표현한 것 등을 통해서 분명해진다. 이후 간다라 불상의 수염과 머리카락 및 상투는 변형되어 독특한 불상 양식으로 변모하게 된다. 이는 불상이 점차 승단에 수용되면서 승단의 수정 요구가 반영된 결과라고 하겠다.

불상이라는 상징은 분명 매우 매력적이다. 사진이 돌아가신 부모님은 아니지만, 사진을 모셔 놓고 제사를 지내면 위패만 있는 때보다 더 사실적으로 다가온다. 마찬가지로 불상이 붓다는 아니지만, 보리수나 법륜 또는 붓다의 발자국과 같은 기존 교단의 상징에 비해 불상은 더 사실적으로 붓다를 생각할 수 있는 좋은 수단이라는 점은 쉽게 인정할 수 있다. 이 때문에 불상은 이후 대유행을 하게 된다.

특히 불탑이 없는 지역에서 불상은 어찌 보면 필연적이다. 그리고 불탑과 같이 사리라는 유한성에 의해서 확장에 제한이 있는 경우와 달리, 불상은 무한 반복 생산이 가능하다는 점에서 대세는 급속히 불상 쪽으로 기울게 된다. 이것이 간다라의 불상 탄생에 자극을 받아 내륙 지역인 마투라에서도 불상이 만들어지게 되는 이유이다.

간다라 교단이 주장하고자 했던 것은 불상을 통해서 붓다가 현재 임재臨在해 있다는 것이다. 이는 간다라 불교의 정통성을 변증하는 것이 된다. 즉 붓다의 사리나 붓다가 과거에 계셨던 장소가 아닌, 현재의 붓다가 바로 지금 이곳에 존재한다는 주장이다. 이와 같은 불교의 관점은 붓다를 관상해서 붓다의 실존을 체득하는 반주삼매般舟三昧, 즉 관불삼매觀佛三昧와 같은 대승의 수행법을 만들게 된다. 또 간다라 교단의 불상을 통한 붓다 임재의 관점은 오늘날까지도 불교문화 속에 그대로 유전되고 있다.

기존의 판은 인정할 수 없다   불교의 2차 확장 지역 중 남인도는 불교와 선주민적 가치가 융합되는 지역이다. 남인도는 데칸고원이라는 지형적인 분기와, 북인도보다 더 무더운 기후 환경적인 요인 등에 의해 많은 이질적 가치를 내포하게 된다.

중국으로 예를 들자면, 수양제의 대운하 건설 이후 당나라 때 들어와서야 완전히 편입되는 광둥 지역 정도에 해당한다고 하겠다. 즉 오늘날은 같은 인도라는 관점에서 이해되지만, 실제로는 문화 배경을 완전히 달리하고 있었던 것이다.

　간다라가 그리스 문화에 의해서 불상을 탄생시킨 것과 마찬가지로, 남인도 역시 기존의 인도 문화적인 관점과는 완전히 다른 각도에서 남인도 교단의 정통성을 변증하려고 시도한다. 그것은 무더운 지역 특유의 철저한 무형상주의에 입각한 공空 사상이다. 즉 이들은 북인도가 종래에 인정해 온 권위물인 불탑 등의 모든 형상적인 가치를 인정하지 않는 부정의 방법을 택한 것이다. 즉 불리함을 만회하기 위해서 새로운 기술을 개발한 것이 아니라, 판 자체를 뒤엎는 파격적인 방식을 선택한 셈이다.

　남인도 교단의 주장은 실체가 없는 공 개념을 관조하면 이것이 곧 붓다를 상면하는 것이지, 굳이 불탑과 같은 형상에 의지해서 붓다를 마주할 필요가 없다는 것이다. 이는 붓다가 말하는 진리는 무형상적인 것이라는 점을 직시하라는 강력한 촉구이자, 동시에 자신들의 당위성에 대한 변증인 셈이다. 이렇게 놓고 본다면, 남인도 교단의 논리는 불상이라는 형상주의를 철저히 비판한다는 점에서, 간다라보다 성립 시기를 더 낮춰 잡을 수도 있다.

　그러나 무더운 기후 환경은 사람을 더 쉽게 인식론적으로 만든다는 점에서, 반드시 이런 주장의 타당성만을 옹호할 수는 없다. 특히 불상의 탄생지인 간다라와 남인도는 지역적으로 너무나 먼 거리라는 점에서 더욱 그렇다. 그러므로 이는 남인도의 무형상적인 문화가 강조되면서 빚어진 후대의 융합적인 결과가 아닌가 추정된다.

　그런데 재미있는 것은 이러한 남인도 불교에서도 후대에는 사리

숭배에 대한 갈증이 보인다는 점이다. 이는 붓다의 열반과 관련해서 후대에 부가된 전승에, 붓다의 사리는 크게 '신'과 '인간', 그리고 '용'에 의해 삼등분됐다는 것을 통해서 분명해진다. 이 중 용은 남인도 문화를 상징하는 것으로 파악할 수 있다. 이렇게 놓고 본다면 남인도 불교 교단의 영향력이 확대되면서, 사리 숭배와 관련된 정통성 요구 역시 남인도 불교 교단 안에 존재했음을 보여 준다.

형상주의와 무형상주의 간다라 불교가 불상이라는 형상을 대두시켰다면 남인도는 공이라는 무형상을 주장했다. 양자는 정반대의 불교 정통론을 제기하고 있는 것이다. 기원 전후라는 유사한 시기에 이처럼 서로 다른 극단적인 주장이 제기된다는 것은, 불교의 다양성 용인과 대승불교의 배경적인 차이를 알 수 있게 해 준다는 점에서 주목된다.

'완전하고 완벽한 존재를 형상으로 표현할 수 있느냐, 없느냐?'의 문제는 오랜 기원을 가진 것으로, 이를 각각 형상주의와 무형상주의라고 한다.

무형상주의 쪽에서는 완전한 존재를 형상화하는 것은 있을 수 없으며, 이는 완전한 존재에 대한 모독이라고 규정한다. 그러므로 표현되는 모든 것들은 불완전할 수밖에 없다고 주장한다. 그러나 형상주의 쪽에서는 완전한 가치가 표현될 수 없다는 주장이야말로 완전을 불완전으로 만드는 것일 뿐이라고 반박한다. 왜냐하면 완전함이란 한계가 없어야 하는데 '표현될 수 없다'는 자체가 이미 또 다른 한계이기 때문이다.

이 문제는 인간의 종교와 철학에 대한 관점에 따라서, 시대와 문화적으로 엎치락뒤치락하는 부분이다. 신과 관련해서 이러한 양자의 관점이 충돌하는 대표적인 경우로는, 형상주의의 가톨릭교와 무형상주의를 표방하는 이슬람교를 통해서 살펴볼 수 있다.

붓다는 진리와 하나된 완전한 존재라는 점에서, 역시 형상과 무형상적인 관점이 충돌한다. 이러한 형상적인 측면에 불상이 있고, 무형상적인 관점에 공 사상이 위치한다. 또 후대의 불교로 보면 형상주의적인 관점에는 인도 불교의 최후 형태인 밀교가 있으며, 무형상주의적인 전통에는 중국 불교의 완성인 선종이 존재한다.

오늘날 우리가 접하는 모든 불교는 형상과 무형상의 이중 구조로 되어 있다. 이는 인간의 심성 속에 이러한 양자에 대한 요구가 모두 깃들어 있기 때문이다. 형상과 무형상 중 어떤 것이 정답일 수는 없다. 하지만 여기에는 개인의 주관과 관점에 따라서는 답이 존재한다고도 할 수 있을 것이다.

기록, 다양성 합리화의 길
다양성의 정당화

대승불교의 다양성과 성립 문제　대승불교의 성립은 불탑에서 시작되었다는 히라카와 아키라의 재가불탑기원설在家佛塔起源說이 1967년에 제기된 이후 그것은 정설이 된다. 그러나 대승불교는 불탑 지역에서 성립한 예도 있지만, 남인도나 간다라 지역과 같이 불탑 신앙 이외의 지역에서도 성립했다는 점에 대해서 우리는 주의를 기울일 필요가 있다. 즉 대승불교라는 광범위한 지역에서의 동시적인 움직임과 관련해서 우리는 불탑보다 좀 더 폭넓은 관점에서 생각해 봐야 할 필요가 있는 것이다.

초기 대승불교는 남인도의 반야 사상과 화엄 사상, 그리고 간다라 지역 쪽의 극락정토 사상과 동방 교단의 법화 사상과 유마 사상을 들수 있다. 이와 같은 사상들이 기원 전후에 동시다발적으로 발생한다는 점에서, 불탑 신앙의 확대만으로는 해석하기 어려운 부분이 존재하기 때문이다.

불교의 2차 확장 영역과 관련된 정통성의 강조는, 대승불교가 부파불교와 완전히 분기하기보다는 처음에는 문제의식의 연장 선상 속에 존재했을 개연성을 상정케 한다. 즉 완전히 새로운 움직임이라기보다는 연결 선상의 변화라는 말이다.

특히 대승불교의 실천 체계인 육바라밀은, 붓다의 과거 생인 본생담을 통해서 붓다가 되기 위해 닮아 가고자 하는 접근 방식에서 연유한다. 일부의 본생담은 윤회론적인 인도 문화권에서 발생하므로 당연히 성립 시기가 빠르다. 그리고 이를 이용해서 서북 인도의 불교 교단이 자신들의 정통성을 확립하고자 하는 과정에서 발전하게 된다는 점에서, 대승불교의 성립을 부파불교로부터 완전히 독립된 별개의 실천 운동으로 보는 것에는 문제가 있다.

성문화, 지식을 개방하다   서력기원 무렵 인도는 성전의 기록, 즉 성문화成文化의 시대를 맞이하게 된다. 인도 문화에는 인더스문명 시대부터 문자가 있었지만, 성스러운 것은 문자로 기록하지 않고 암송한다는 구전의 전통이 있었다.

성전을 구전에 의지해서 전수한 이유 중 가장 중요한 것은 지식의 독점이다. 불교 이전의 인도 전통에서 가르침은 스승과 제자 사이에 은밀히 전수되는 비전의 형태를 띠었다. 『오의서奧義書』로도 번역되는 『우파니샤드』 역시 이러한 의미이다.

붓다는 지식을 통한 특권화의 유지를 반대한 계몽자였다. 그래서 붓다는 스스로 '쥔 주먹(握拳)은 없다'고 천명한다(『장아함경』「유행경」). 이는 따로 감춰 두고 드러내지 않은 가르침은 없다는 의미이다. 『논어』「계씨季氏」에는 공자가 제자와 자식인 백어에게 동일한 내용을 가르쳤다는 기록이 있다. 이 역시 지식의 보편적인 개방성을 나타낸 부분이다.

이렇게 놓고 보면, '축의 시대' 성인들은 지식 개방을 천명했다는 것을 알 수 있다. 이는 지식의 독점과 같은 우월성으로 신분제를 고착화하는 것이 정당한 것이 아니라, 후천적인 노력을 통해서 얼마나 많은 지식을 습득하느냐에 가치를 두었기 때문이다. 즉 혈통이 아닌 능력제 주장과 연관되어 지식의 개방 문제가 나타나는 것이다.

지식의 독점 이외에도 구전해야 하는 이유로는 의도적인 훼손과 비판자의 이용 가능성을 들 수 있다. 의도적인 훼손이란, 일본의 독도 영유권 주장이 발생할 때 우리가 일본 대사관 앞에서 일장기를 불태우는 등의 행위를 하는 것을 통해 단적인 판단이 가능하다. 즉 성전이 문자화되어 책으로 만들어지면, 이와 같은 의도적인 훼손이 발생할 수 있다는 말이다.

비판자의 이용 가능성이란, 인도의 논쟁 문화에서 다른 학파나 종교인이 이쪽의 논점을 미리 파악해서 논파하는 논리를 만들거나 더 우월한 관점을 구성할 수 있는 것을 의미한다. 즉 일종의 기밀 사항이라고 생각하면 되겠다.

암송을 통한 전승 과정에는 운문 형태로 경전을 재편집해야 하는 측면이 있다. 이는 암송을 보다 쉽게 하기 위한 것이지만, 이 과정에서는 필연적으로 윤색이 불가피하다. 또 대를 이은 암송 과정에서 기억의 부정확함으로 인해 내용에 출입이 발생하게 된다. 즉 부정확성의 문제가 발생하는 것이다.

불교가 1차 결집 때 붓다의 가르침을 계승하여 문자화했다면, 불교는 오늘날 겪는 많은 복잡한 문제들로부터 자유로웠을 것이다. 또 가장 선진적인 종교 형태를 완성하게 되었을 가능성도 있다. 그런데 마하가섭과 당시 제자들은 이를 문자화하지 않는다. 공자의 제자들이 공자 사후에 스승에 대해 듣고 본 것을 논의해서 『논어』를 지었다는 것을 생각하면, 조금은 안타까운 마음이 든다. 즉 불교 교단은 이때 붓다의 쥔 주먹은 없다는 정신에서 퇴보하여 인도 전통의 보편론을 따랐던 것이다.

그러나 시대의 변화에 따라 암송 범위와 분량이 증가하게 되고, 결국 기원 무렵이 되면 암송이 불가능한 상황에까지 이르게 된다. 또 이 시기는 인도의 다른 종교들의 경전도 문자화되는 성문화 시대였다. 그 결과 암송의 대상이었던 불교의 가르침은 드디어 경전으로 작성되기 시작한다. 즉 지식의 특수화에서 보편화의 시대가 본격적으로 열린 것이다.

출가자로서의 권위가 무너지다   지식의 개방은 이제 '선택된 소수'가 아니라 '노력하는 소수'가 우위를 가지게 된다는 것을 의미한다. 물론 그럼에도 스승이 필요한 영역은 존재한다. 그러나 개중에는 머리가 아주 우수한 경우에는 스승 없이도 전체를 해결할 수 있는 방법이 생기게 된다. 예컨대 오늘날과 같이 인터넷을 통한 지식의 완전 개방과 같은 시대에는, 새로운 가치 창출이 반드시 스승을 필요로 하지 않는 것과 같다. 당시는 이 정도까지는 아니지만, 성문화에 의한 문화적인 충격만큼은 오늘날의 인터넷보다도 더 컸을 것이다.

성문화를 통한 경전의 존재는 스승의 권위를 추락시키고 출가자의 기득권을 반감시키게 된다. 이제는 재가인이라도 스승이나 출가자를 통하지 않고서 붓다의 가르침을 직접 만날 수 있게 되었기 때문이다. 대승 경전에서 폭넓게 나타나는 재가인의 의식 성장과, 이들이 보살로 등장하는 것 등은 이와 같은 재가인의 성장세를 잘 보여 준다.

경전의 성립을 통해서 전개되는 '출가주의'에서 '능력제'로의 가치 전환은 출가인의 위치를 흔들게 된다. 이는 오늘날 불교 지식이 완전히 공개된 상황에서 불교학자가 승려들보다 더 우월한 지식을 확보할 수 있는 것, 그리고 오히려 승려들이 이들에게 교육받는 현실을 통해서 단적인 판단이 가능하다.

이와 같은 상황에서 승려들은 이제 완전한 존중의 대상이 되지 못한다. 이로 인해 승려와 아라한에 만족하지 못하는 이들은 붓다가 되려는 직접적인 목적을 가지게 되고, 이들의 움직임에 의해서 전 인도적인 대승불교 운동이 전개된다. 성문화를 통한 지식의 분산은 권력의 분산을 가져왔고, 이는 다시금 새로운 변화의 혁명을 가져온 것이다.

소승과 대승의 분기   경전을 통한 불교 이해는 필연적으로 자신이 속한 문화 배경에 입각할 수밖에 없다. 그렇다 보니 지역이나 민족 등의 관점에 따라 다양한 해석이 발생하게 된다. 대승불교의 다양성은 이와 같은 상황에 기인한다.

부파불교는 재가인들이 학문적으로 추격해 오는 문제와 변별점을 확보하기 위해서, 인도의 논쟁 전통을 더욱 발전시키면서 교리를 어렵게 만들어 간다. 즉 스승이 없이 경전만으로는 이해하기 힘든 상황을 만드는 것이다.

또 대승불교를 붓다의 가르침을 잘못 이해한 허구적인 것으로 단정한다. 이러한 부파불교의 행동은 대승이 이들을 소승이라고 비판하면서 새로운 가치관을 재정립하게 되는 한 계기가 된다. 그리고 이러한 대승의 노력 속에는 석가모니에 대한 정조준도 포함되어 있다.

대승의 이상은 승려의 완성인 아라한을 넘어선 붓다가 되는 것이다. 그리고 붓다는 석가모니 이외에도 과거와 미래에 다양하게 존재한다. 이는 불교의 최초기부터 있었던 과거불 신앙이나, 미래불인 미륵에 대한 측면을 통해서 시사받을 수 있다. 또 석가모니가 진리의 발명자가 아닌 발견자라는 점은, 동 시간대에 공간적으로도 여러 붓다들이 존재할 개연성을 상정케 한다.

그러므로 부파불교에서 주장하는 석가모니와만 결별해 버리면, 대승의 어떠한 주장도 당위성이 문제될 것이 없게 된다. 즉 부파불교와 경쟁해서 이기기 힘든 석가모니 대신, 신앙 대상을 다른 붓다로 교체하면 되는 것이다. 이는 인도의 광범위한 지역에서의 다양한 문화적 배경 속에서 충분한 설득력을 갖는다. 즉 굳이 석가모니에 구애받지 않는 다양한 붓다들을 출현시켜 대승의 정통성을 수립하면 문제가 해결되는 것이다. 또 이러한 과정에서 다양한 배경 관점들이 불교에 수용되며, 대승불교는 다양성의 철학적 토양을 확보한다.

석가모니에 대한 그리움
붓다에 관한 이야기와 불탑

불교와 석가모니   대승불교는 여러 붓다들을 통해서 석가모니라는 특수성에서 탈피해 좀 더 유연한 관점을 수립하려고 시도한다. 그러나 여기에는 분명한 한계가 존재할 수밖에 없다. 왜냐하면 석가모니가 아닌 다른 붓다들이라고 하더라도, 석가모니의 언설을 통해서만 그 존재를 입증받을 수 있기 때문이다. 즉 석가모니라는 렌즈를 통해서만 다른 붓다들에 대한 인식이 존재할 수 있다는 말이다. 이 점은 대승이 각기 다른 붓다를 중심으로 하더라도, 하나의 불교라는 범주 속에 귀결될 수밖에 없다는 것을 의미한다.

　　남인도는 부파불교의 영향이 약하다. 그래서 부파불교적인 관점과 대승의 관점이 충돌하는 부분이 적다. 이런 경우는 석가모니를 남인도적인 대승의 관점에서 재해석하기가 더 쉬워진다. 이러한 과정에서 일부 문제가 될 수 있는 부분은 대승적인 보살의 존재를 좀 더 강화시켜 보충하는 것으로 처리하면 된다.

대승불교란, 일률적인 것이 아니라 시대의 변화 요구에 따른 불교 내부의 산발적이고 복합적인 신앙 운동이다. 그래서 지역적인 정서나 지도자의 관점에 따라 다양한 양상이 나타나는 것이다. 마치 조선 후기의 실학과 같은 존재가 바로 대승불교인 것이다.

실학은 시대적인 변화 요구에 의해, 성리학 안에서 산발적이고 다양한 관점으로 나타난다. 그러나 바로 그렇기 때문에 역으로 '실학의 정체는 과연 존재하는가?'라는 문제까지도 제기될 수 있다. 그러나 일반적으로 경세치용 학파, 이용후생 학파, 실사구시 학파와 같은 범주를 통해 구분을 시도하기도 한다. 바로 이와 같은 양상이 대승불교라고 이해하면 되겠다. 즉 시대의 변화 정신을 타고서 붓다의 근본정신에 비추어 불교를 계몽하는 재가 지식인과 그룹이 바로 대승불교의 실체인 보살들인 것이다.

대승불교의 다양성은 동방 교단 지역인 불교중국 지역에서는 '석가모니를 통한 석가모니의 극복 방안'이라는 정면 돌파로 나타나기도 한다. 이들에게는 구전 등을 통해서 전해진 석가모니의 전승이라는 믿음직한 의지처가 있었다. 그 결과 부파불교와 충돌하면서도 오히려 부파불교를 공격할 수 있는 강력한 의지를 보이게 된다.

또 이들은 불탑의 관리자라는 붓다에게 부여받은 기득권과 여기에 수반되는 경제적인 부분을 소유하고 있었다. 왜냐하면 아소카왕에 의해서 근본팔탑 중 일곱 곳이 열렸다 하더라도 근본팔탑 자체가 사라진 것은 아니며, 이에 대한 권위 역시 유지되고 있었을 것이기 때문이다. 그러므로 이들은 석가모니 이외에 다른 붓다를 수용할 배경 문화를 가지지 못한다. 이 점은 이들이 석가모니를 통한 석가모니의 극복이라는 방향으로 나아가지 않을 수 없게 된다.

종교적인 석가모니　　석가모니의 재발견은 불탑과 관련이 있다. 불탑은 붓다의 사리를 모신 무덤과 같은 곳이다. 사원이 승려들에 의해서 붓다의 가르침을 들을 수 있는 공간이라면, 불탑은 붓다를 생각하고 기릴 수 있는 일종의 종교적인 추모 공간이다.

오늘날 유명한 유적지를 가게 되면 문화 해설사에게서 설명을 들을 수 있다. 또 때에 따라서는 좀 더 재미와 감동을 주기 위해 스토리텔링이 첨가되기도 한다. 불탑과 관련해서도 이와 같은 양상이 전개된다. 이는 불교의 포교 차원에서도 훌륭한 역할을 담당했을 것이다.

이런 과정을 통해서, 경전에 단편적으로만 언급된 붓다의 생애가 점차 정형화되며 완비된다. 물론 여기에는 사건들 간의 유기적이고 필연적인 인과관계와 극적인 측면들이 다수 포함되었다.

붓다의 초기 제자들이 붓다의 생애를 정리했다면 그것은 매우 쉬운 일이었을 것이다. 그러나 붓다의 제자들은 가르침과 깨달음에 관심이 있었지, 붓다의 생애에 관해서는 주의를 기울이지 않았다. 왜냐하면 제자들에게 있어서 붓다는 훌륭한 스승이었을 뿐이기 때문이다. 훌륭한 스승은 가르침으로서 인정받는 것이지, 생애를 통해서 그 가르침을 변증받을 필요는 없다. 바로 이 점이 붓다의 생애가 초기에 정리되지 못한 이유이다.

붓다의 생애가 관심의 대상으로 떠오르게 된 것은, 불교가 점차 종교화되고 교조에 대한 특수성이 부각되면서부터이다. 그러나 이때는 이미 붓다의 생애를 완전하게 복원하기가 어려운 상황이었다. 그러나 붓다는 다양한 가르침을 설하는 과정에서 자신의 경험에 대한 이야기를 했고, 이를 통해서 생애의 상당 부분은 구조가 갖추어지게 된다. 그러나 그럼에도 공백이 많은 것 역시 사실이다. 이와 같은 양상은 공자의 생애도 마찬가지다.

불탑을 중심으로 하는 생애 중심의 설명은 점차 붓다의 생애를 유기적으로 구조화한다. 불탑을 찾는 종교적인 이들의 요청으로 붓다의 생애가 정형화되고, 이는 더욱 불교의 종교화를 가속화시켰다. 종교적인 선순환의 구조가 불탑을 중심으로 만들어지게 되는 것이다.

붓다 생애의 완비는 붓다를 힌두교의 크리슈나 라마와 같은 신격으로 인식하게 하는 문제를 만들었다. 크리슈나 라마는 신의 인간적인 변형인 아바타로, 힌두교에서는 이를 통한 전기 위주의 신앙이 만들어져 『마하바라다』의 「바가바드기타」와 『라마야나』를 통해 큰 인기를 누리게 된다. 붓다 역시 이와 같은 양상으로 신앙 위주로 민중들에게 이해된 것이다. 즉 붓다에 대한 범신론적인 신앙 인식이 발생하게 되는데, 그 정점에 있는 것이 바로 『법화경』이다.

『법화경』의 성립 배경과 논점　　대승불교의 많은 경전들은 부파불교와의 충돌을 피하기 위해, 또 인간적인 존재 속의 석가모니의 한계를 극복하고 더 이상적인 가치와 진리를 말하기 위해, 비로자나불이나 아미타불과 같은 좀 더 완전한 붓다를 중심 인물로 부각시킨다. 그러나 법화 사상을 완성한 이들은 석가모니에 대한 이해 방식을 통해서, 문제를 해결할 수 있다고 주장한다. 마치 지구가 네모나다는 생각을 동그랗다는 생각으로 바꾸기만 하면, 네모라는 문제는 본래부터 없었던 것이기 때문에 사라지게 된다는 주장이다.

관점의 환기를 통해서 전혀 다른 결과를 도출하는 방식은 부파불교 자체의 존립을 위협할 수 있다. 석가모니와는 다른 붓다에 대한 해법 도출은, 부파불교와는 아예 다른 판으로 접근하는 방식이기 때문에 양자 사이에는 충돌 개연성이 적다. 그러나 같은 석가모니에 대한 이해를 달리하는 방식은 양자 간에 충돌을 불가피하게 한다. 특히『법화경』의 완성은 서북 인도지만, 성립은 동방 교단 지역이라는 점에서 더욱 그렇다.

법화 사상의 배경이 동방 교단 지역이라는 점은 석가모니에 대한 승단과는 다른 민간전승의 존재를 상정케 한다. 붓다는 승려들에게 가르침을 설한 것 외에도 일반인들을 상대로 많은 교화를 전개했다. 그러나 승단에서 붓다의 교설이 정리됨에 있어, 이러한 부분들은 대거 생략된다. 그도 그럴 것이 이런 측면들은 깨달음에 관한 것이라기보다는 좀 더 현실적인 생활과 관련된 부분들이었기 때문이다.

동방 교단 지역에는 이러한 붓다에 대한 기억이 대를 이어 구전되었을 것이다. 이는 이성적이고 분석적인 승단의 관점과는 다른, 중생을 애민하는 자비로운 붓다 상을 상징하는 것이었다. 부파불교에 실망한 불교도들이 이를 배경으로 종교적인 관점의 붓다를 상정한 것이 바로 법화 사상이다.

만일 붓다에 대한 사실적인 부분이 전혀 없었다면, 동일한 지역에서 서로 다른 붓다 상을 가지고 충돌하면서 한쪽이 무너지지 않는다는 것은 이해하기 어렵다. 그러므로 이는 석가모니에 대한 '승단과 재가의 각기 다른 전승'과 이를 바탕으로 하는 '합리적인 승단과 초월적인 종교성의 관점'이 충돌하는 양상으로 이해하는 것이 합리적이다.

종교성과 합리성이라는 논리적 층위의 차이 불교는 합리적인 종교이다. 그러나 종교라는 말에는 완전한 합리성이란 존재할 수 없다. 특히 인간은 독립보다는 의존을 편하게 여기는 존재라는 점에서, 종교적 관점이야말로 인간 행복과 통하는 더 심층의 바탕이 된다.

법화 사상은 석가모니를 중심으로 하는 종교성을 강조한다. 이로 인하여 석가모니는 구원의 실체로서 영원한 생명을 가진 붓다로 재평가된다. 즉 합리성과는 논리적 층위를 달리하는 것이다.

종교는 인간 행복을 목적으로 한다는 점에서, 종교에는 정답이 있을 수 없다. 그러므로 부파불교와 법화 사상은 모두 옳을 수 있는 것이다. 즉 종교에는 특정한 정답이 있는 것이 아니라, 내가 행복할 수 있다면 그것이 곧 정답이 된다는 말이다.

대승불교의 열세와 적극성
다른 나라로의 적극 진출

부파불교와 대승불교의 관계　부파불교에는 대승불교에 대한 혐오의 관점이 나타나지 않는다. 그러나 대승불교에서는 부파불교를 소승이라는, 편협한 이기주의자로 폄하하는 관점이 다수 살펴진다. 이는 두 불교 간의 역학 관계를 잘 나타내 준다.

선발 주자는 사람들의 필연성에 맞춰서 대세를 장악해 가면 그만이다. 그러나 후발 주자는 선발 주자의 문제를 지적하면서 발전하며, 내부 결속력을 다져 갈 수밖에 없다. 지금은 그렇지 않지만《한겨레신문》이 처음 생겼을 때《조선일보》와 같은 선행 언론을 보수라고 강하게 비판하며 시장을 확대하려고 했다. 또 파스퇴르 우유도 남양이나 매일유업과 같은 선행 우유 회사와의 강한 차별성을 부각시키곤 했다.

후발 주자는 자신이 새롭게 존재해야만 하는 이유와 관련해, 선발 주자를 공격해야만 하는 강력한 필연성을 가진다. 만일 그렇지 않다면 후발 주자가 생길 이유가 없기 때문이다.

부파불교 입장에서도 대승불교의 도전에 대한 방어 논리가 존재했다. 가장 대표적인 것은 대승불교가 허위로 날조된, 즉 사이비라는 것이다. 『법화경』과 같이 부파불교의 영역과 겹치는 대승불교에 있어서는, 대승의 비판에 대한 인욕과 소승불교를 상대하지 않는다는 관점이 많이 나타난다. 이는 이와 같은 당시의 현실을 반영한 것으로 이해된다.

철저한 재가주의 경전인 『유마경』은 붓다의 제자들에 대한 강한 반발과 풍자를 드러내고 있다. 이는 당시 승단의 공격에 대해서 대승이 극복하는 방어기제의 일단을 잘 나타내 준다.

특히 『법화경』과 『유마경』은 붓다의 수제자로서 승단의 우두머리 격인 사리불을 어리석은 존재로 만들어 희화한다. 이는 대승불교가 부파불교의 상징 인물인 사리불을 무력화함으로써, 부파의 비판을 극복하기 위한 하나의 수단으로 이용한 것으로 해석된다.

흔히 부파불교는 대승불교를 적극 공격하지 않았다고 하지만, 관점에 따라서는 반드시 그런 것만은 아니었다. 당시 부파불교는 요즘으로 치면 대기업에 해당하고, 후발의 대승불교는 중소기업 정도에 해당한다. 그러므로 대기업에서 전개되는 작은 공격도 중소기업 입장에서는 명운을 건 투쟁으로 대응할 수밖에 없는 부분이 있다. 이에 비해서 중소기업의 대기업 견제는 대기업의 작은 노력을 통해서도 쉽게 극복된다. 이와 같은 역학 관계로 인하여, 부파불교 문헌에는 대승에 대한 비판이 적극적으로 나타나지 않지만 대승 경전에는 소승에 대한 강도 높은 비판이 실려 있는 것이다.

물론 대승 경전이라고 해서 모두 부파불교를 강도 높게 비판하는 것은 아니다. 이러한 비판은 부파불교와 영역이 겹치면서 치열한 투쟁이 발생하는 곳에서 주로 일어난다. 그러므로 남방불교의 『반야경』이나 서북쪽의 극락정토 사상에서는 이 같은 경향이 현저하게 적다. 이는 부파불교의 영역과 대승불교의 발생에 관한 한 단서를 우리에게 제공해 준다.

후발의 적극성과 사회성   대승불교는 사원 안에서의 수행 문화를 배척하는 실천 철학의 사회운동적인 성향이 있다. 이는 부파불교와 대승불교가 논리적인 층위를 달리하는, 각기 다른 입각점을 가지고 있다는 것을 의미한다. 이와 같은 측면은 종교성과 합리성만큼이나 다른 특징적인 차이이다. 그러므로 양자는 같은 영역 안에서 오랜 시간을 함께해도 하나가 다른 하나에 완전히 흡수되거나 그러지 않는다. 특히 종교는 관점에 입각한 개인의 취미 판단이라는 점에서 더욱 그렇다.

대승불교의 적극성과 사회성은 또한 인도 밖에 대해서 더 많은 관심을 기울이게 한다. 부파불교는 인도 안에서의 기반이 튼튼했기 때문에, 상대적으로 인도 문화권이 아닌 다른 해외시장의 개척에서는 미온적인 자세를 보인다. 이에 비해 대승불교는 실크로드를 넘어서는 강력한 개척 정신을 발휘한다.

또 대승불교는 상대적인 약자였기 때문에 더 강한 유연성과 보편성을 보인다. 이는 강한 종교성과 더불어 문화권을 넘어서 사람들의 일반적인 호응을 얻을 수 있는 좋은 구조를 확보하게 한다. 그러나 부파불교는 인도 문화권적인 특수성에 너무 최적화된 면이 있다. 이는 인도 문화권에서는 설득력이 있지만, 다른 문화권으로의 진출에는 걸림돌이 된다. 이러한 측면들이 결국 중국으로 불교가 전해짐에 있어서 대승과 소승의 명운을 가르게 한다.

대승불교의 정신　대승불교의 정신 중 가장 핵심적인 것은 깨달음에 대한 보편성이다. '누구나 붓다가 될 수 있다'는 천명은 대승의 시작이자 완성이다. 또한 이는 인간 존엄에 대한 준엄한 성찰이다. 그러나 승단의 입장에서 이와 같은 깨달음의 일반화는 승단의 특수성을 인정하지 않는다는 점에서 경계해야 할 측면이었다. 모두가 깨달을 수 있다면 굳이 출가해야 할 필연성이 사라지기 때문이다.

대승은 부파불교의 어려움에 맞서 쉬운 불교를 표방했다. 그러나 종교에서의 개혁은 단순히 합리성만으로 되는 것은 아니다. 그래서 붓다에게로 되돌아가서 근본정신을 살펴보는 반추 작업을 하게 된다. 이 때문에 어떤 의미에서 모든 종교개혁은 '진보를 표방하는 보수'라고 할 수 있다.

붓다의 근본정신에서 찾을 수 있는 것은 붓다가 길 가는 사람이나 밭 가는 이들을 애민하여 쉽게 교화해서 깨달음으로 이끄는, '자비의 애민 정신'과 '쉬움' 및 '보편적인 깨달음'이다. 바로 이 점이 대승불교의 근간이 된다.

물론 대승불교도 후대로 가면서 교단화되고 어려워진다. 이는 대승의 또 다른 소승화이다. 현장이 인도를 방문했을 때 대승과 소승이 한 사원에서 함께 살고 있었다는 것은, 대승의 삶의 방식이 소승과 다르지 않은 상태에서 관점만 달랐다는 것을 의미한다. 그렇게 진보는 또다시 보수가 되는 것이다.

대승불교의 이타주의와 보살도 대승불교는 재가인을 중심으로 전개되기 때문에, 보시와 같은 이타성과 자기희생을 이상적인 수행으로 제시한다. 이를 보살도라고 하는데, 대승불교가 제시하는 붓다가 되는 핵심적인 방법이다. 대승불교의 붓다는 앉아서 수행을 통한 결과로 되는 것이 아니다. 이는 사회적인 실천과 노력을 통해서 붓다를 성취하는 것이기 때문이다.

이와 같은 붓다의 이해는 본생담에서 기인한다. 그러나 이 부분이 두드러지게 부각될 수 있었던 것은, 출가 승단의 비사회적이고 고답적인 문제 때문이다. 이런 점에서 본다면, 부파불교와 대승불교는 다분히 상보적이라고 할 수 있다.

대승불교는 현대의 복지적인 관점이나 사회적인 실천 철학과 관련해서 충분한 역할을 할 수 있다. 오늘날 사회가 원하는 것은 개인의 완성만이 아니다. 개인이 사회의 완성에 어떻게 이바지할 수 있느냐 역시 주된 가치가 된다. 이런 점에 대승의 정신은 오늘날의 시대정신에서 절실히 요청되는 가치라고 하겠다. 즉 개인과 사회는 서로 유리되지 않으면서 완성으로 나아가야 하며, 이러한 해법을 대승불교는 가지고 있는 것이다.

이슬람의 흥기와 상업의 몰락
인도 불교의 밀교화

무함마드의 출현과 초기 이슬람의 배타성   7세기는 중동에 일대 변혁의 바람이 이는 시기였다. 이때 철저한 무형상주의를 주장하는 무함마드의 이슬람이 거대한 세력으로 등장하기 시작하기 때문이다.

초기의 이슬람은 유목에 기반을 둔 사막의 종교답게 강한 배타성을 가지고 있었다. 이는 다른 이교도의 문화와는 무역하지 않는다는 폐쇄성으로 표출된다. 초기 이슬람의 폐쇄성은 새롭게 대두되는 이슬람의 내부적인 결속과 외부 세계에 대한 자신감 약화와 관련된다.

이후 이슬람은 거대한 문화권으로 성장하면서, 이 같은 폐쇄성을 버리고 점차 보편 종교로 거듭나게 된다. 그러나 이는 훨씬 후대의 일이다.

상업의 몰락과 불교의 경제적 타격　　인도는 전통적으로 서방 무역을 해 왔다. 인더스문명도 메소포타미아문명과 교역이 있었다는 증거가 나올 정도이니 이런 전통은 매우 오래된 것이다. 오늘날도 인도 지도를 보면 대표적인 항구는 서쪽에 있다는 것을 알 수 있다.

그런데 이슬람의 대두로 인한 교역 차단은 인도 경제에 심각한 타격을 주게 된다. 이때 주로 문제가 발생한 쪽은 무역과 관련된 상업 자본이었다. 즉 이슬람의 무역 차단이 인도 상업의 붕괴를 가져왔던 것이다.

브라만교가 재정비된 힌두교는 농업과 목축에 의지한 지지층을 가지고 있었다. 이에 비해서 불교는 상업 세력에 의한 지지가 두터웠다. 이는 초기부터 존재한 종교적인 성향과 관련된 것으로 시대를 초월해서 유전된 가치이다. 이러한 특징이 유전할 수 있는 것은 '유신론적인 주술성'과 '상업적인 합리성'이 각각의 종교적인 특질을 형성하고 있었기 때문이다. 이와 같은 상황에서 상업자본의 몰락은 불교의 교단 운영에 극심한 경제난을 가져온다.

상업이 몰락하면, 당연히 1차 산업인 농업과 목축도 타격을 입게 된다. 그러나 농업과 목축은 직접적인 경기 불황으로부터는 비껴 나 있다. 이 점이 불교가 생존을 위해서 힌두교를 닮게 되는 이유이다.

불교의 경제적인 어려움은 힌두교의 주술성과 제의성祭儀性이 대폭 수용되는 결과를 가져온다. 이러한 특성과의 연결은 아무래도 부파불교보다는 대승불교가 더 유리했다. 이것이 대승불교와 연관해서 밀교가 생겨나는 이유이다.

대승불교에서 밀교로 넘어가는 과도기는 대승불교가 부파불교를 누르고 대세를 장악한 유일한 시기이다. 즉 외부에서 초래된 경제적인 압력 속에서 불교는 전에 없던 생존을 위한 거대한 변화를 보이게 된 것이다.

밀교의 대두와 부파불교의 소멸   밀교가 강력했다는 사실은 밀교가 대두하자마자 부파불교가 밀교 속으로 빨려 들어간 것을 통해서 단적으로 알 수 있다. 그러나 계통이 다른 밀교가 부파불교를 흡수해 버리는 것은 분명 비정상적이다. 또 밀교의 대두와 전개가 불교의 자체적인 발전에 의한 것이 아니라, 외부적인 환경 변화에서 기인했다는 점은 이후 인도 불교의 비극을 내포하는 것이다. 물론 밀교 역시 명분은 붓다의 근본정신으로 돌아간다는 것이었다. 그러나 때론 명분과 현실이 괴리되는 경우도 발생하곤 한다. 밀교가 바로 이런 경우라고 하겠다.

사람들은 흔히 이성적인 종교가 더 고등하다고 생각한다. 분명 그럴 수도 있다. 그러나 이성적인 가치는 종교의 근본은 아니다. 그 때문에 이런 종교는 판도가 심하게 바뀌면 눈 녹듯이 사라지게 된다.

대표적인 경우로 우리나라의 성리학을 들 수 있다. 성리학은 조선조의 지배 이념으로서 절대적인 번영을 구가했다. 그러나 서구의 충격과 일본의 침탈 앞에서 불과 100년 만에 표면에서 완전히 사라지고 만다. 성리학은 유교의 근본적인 종교성을 탈각해 낸 유교이다. 그래서 이를 신유교新儒教라고 한다. 그러나 이는 동시에 인간 근원의 종교 정신에는 반하는 것이었다. 이것이 성리학의 몰락을 가져온 원인이다.

그런데 성리학이 몰락한 오늘날에도, 원시 유교로부터 존재하던

상·제례와 같은 의례적이고 의식적인 부분은 아직도 우리 사회에 건재하다. 이는 종교적 속성과 생명력이 합리성에만 있는 것이 아님을 분명히 해 준다.

또 불교 역시 조선조의 숭유억불 정책이라는 암울한 터널을 겪었으면서도, 오늘날 대한민국을 대표하는 제1의 종교가 된 것은 제의적이고 기복적인 측면 때문이었음을 잊어서는 안 된다. 그래서 이상적인 종교는 '철학의 이성적이고 냉철한 면'과 '종교적 제의의 정감 부분'이 새의 두 날개처럼 조화되어야 한다.

부파불교의 주지주의적인 관점은 성리학과 유사하다. 그 결과 부파불교의 다양한 가치들은 사회 환경의 변화와 함께 쉽게 몰락의 길을 걷게 된다. 즉 이성적인 종교일수록 더 쉽게 몰락한다는 법칙 속에서, 부파불교 역시 또 하나의 예가 되는 셈이다.

그에 비해서 대승불교에는 신앙적인 종교성이 존재하고 있다. 이것이 대승불교가 밀교를 낳을 수 있었던 원동력인 동시에, 밀교와 더불어 잔존할 수 있었던 이유이다.

밀교의 힌두교 닮기와 변별성 상실   불교와 힌두교는 본래 각각의 특징을 가지고 인도 사회 속에 공존하고 있었다. 그러나 불교가 상업 자본에 의지할 수 없게 되자, 자신의 색깔을 버리고 점차 농업과 목축을 기반으로 하는 시장으로의 확대를 꾀하게 된다. 그 결과 힌두교와 겹치는 상황이 발생했다. 이는 길게 볼 때 두 종교가 모두 양립할 수 없다는 것을 의미한다.

힌두교는 브라만교의 전통을 이은, 농업과 목축에 최적화된 주술적 종교이다. 이에 비해서 불교는 자신의 주력인 합리적인 이성주의를 버리고, 밀교라는 주술적 종교로의 변모를 시도한 것이다. 이는 삼성이 주력인 전자를 버리고 자동차로 현대와 경쟁해야 함을 의미한다. 처음에는 삼성이 자동차까지 한다는 점에서 긍정적일 수도 있을 것이다. 이는 인도 불교에서 밀교의 번성으로 나타나게 된다. 그러나 이는 일시적인 효과일 뿐이고, 비전문적인 것은 점차 약화될 수밖에 없다.

특히 힌두교는 불교보다 더 오랜 전통을 가진 인도 주술 신앙의 집대성자라는 점에서, 인도인들이 불교보다 힌두교를 택한 것은 어찌 보면 당연하다. 이 때문에 불교는 살아남기 위해 주술화를 더욱 가속화시키게 된다. 그러나 그 결과는 힌두교에 의한 점차적인 병합일 뿐이다. 이는 특징을 잃은 불교의 당연한 귀결이라고 하겠다.

밀교의 전체 완성과 종교의 진화
밀교와 티베트 불교

불가피한 선택과 이유 있는 선택 불교의 주술화를 통해 만들어진 밀교가 힌두교와의 경쟁에서 밀린 것은, 인도에서 불교가 사라지게 된 주된 요인이다. 이는 불교와 태생부터 비슷한 궤적을 그리며 발전한 자이나교를 통해서도 단적으로 알 수 있다. 자이나교는 불교와 같은 문제에 직면했지만 자신들의 전통을 지키는 방법을 택한다. 이 때문에 현재 종교 세력은 크게 위축되었지만, 자신들의 전통을 유지하며 아직까지 살아남아 있다.

불교가 급격한 경제 위기 속에서 자이나교와 같은 방식을 선택해 가늘고 길게 가는 게 옳았는지, 밀교적인 변모를 통해서 굵게 사라지는 것이 옳았는지에 대해서는 판단이 다를 수 있다. 그러나 당시로서 이는 불가피한 선택이었다.

자이나교는 불교보다 더 원칙적이고 보수적이다. 이는 자이나교의 선택이 타협을 거부하는 쪽으로 나아가게 했다. 이에 비해서 불교는 언제나 유연성이 강조되었다. 그래서 현실 타협을 선택하는 쪽으로 흘러가게 된다. 즉 어찌 보면 밀교의 선택은 불교의 태생적인 관점상 불가피했다고 하겠다.

밀교의 발달로 인도 불교는 마지막 힘을 얻어 앞선 불교 교리들을 종합해 발전시키기도 했다. 이 때문에 밀교는 관점에 따라서는 인도 불교의 이유 있는 선택이라고 할 수가 있는 것이다.

불교의 발전과 밀교　　종교 역시 문명과 인간 지력의 발달과 함께 진화 과정을 거치게 된다. 초기 불교에서 제한된 출가자만이 아라한이라는 이상적인 완성체가 될 수 있다는 설정은 초기 불교 교리의 미진함을 보여 준다. 이러한 관점은 부파불교로 유전하면서 좀 더 정교해지지만 태생적인 한계와 출가주의를 탈피할 수는 없었다.

이에 비해 대승불교는 모두가 붓다가 될 수 있다는 훨씬 열린 관점을 취한다. 또 이상적인 완성체가 붓다로 확대됨으로 해서 아라한주의는 사라지게 된다.

모두가 붓다가 될 가능성을 내포한 존재라는 점은 우리가 모두 보살이라는 자각을 일깨우게 된다. 즉 인간 존엄의 가치가 대승불교에 와서 신분제와 성별을 넘어서는 완성을 보이는 것이다. 또한 모두가 붓다가 될 수 있다는 점에서, 출가와 재가의 경계가 사라지면서 사회적인 완성의 가치에 대해서도 관점을 환기하게 된다. 즉 초기 불교와 부파불교가 자신만의 아라한을 추구했다면, 대승불교는 자신이 붓다가 되는 동시에 사회적으로도 이상 사회를 건설하는, 좀 더 완성된 단계를 제시한 것이다.

밀교는 이와 같은 대승의 관점에서 또다시 진일보한다. 그래서 고대 왕위의 계승자가 사해四海의 물을 머리에 부음으로써 세계 통치의 지배권을 인정받는 것처럼, 관정의식灌頂儀式을 통해 자신이 곧 붓다임을 자각한다. 즉 대승불교에서처럼 보살행을 통해서 붓다가 되는 것이 아니라, 밀교는 아예 붓다에서부터 출발하는 것이다. 그러므로 붓다인 수행자는 깨달음을 향해서 상향으로 가는 것이 아니라, 중생들을 향해서 자비 방편의 하향으로 내려오게 된다.

스스로가 완성자라는 자각은 불교 진화의 최종 단계에서 나타나는 유형이다. 이러한 양상을 우리는 밀교를 제외하고는 중국 불교의 완성인 선종을 통해서 확인해 볼 수 있다.

선종 역시 존재 자체의 완성을 말한다. 그러나 밀교에서는 '내가 붓다'가 되지만 선종에서는 '붓다가 내가' 된다. 그 때문에 밀교에서는 이 세계가 그대로 깨달음의 경계인 만다라가 되지만, 선종에서는 그저 일상의 전체 자체가 깨달음이 될 뿐이다.

마치 바다에 빗방울이 떨어질 때, 빗방울이 빗방울이기를 포기하면 빗방울은 바다가 된다. 그러나 동시에 이때 바다가 빗방울이 되기도 한다. 전자가 밀교라면 후자는 선종이다. 즉 밀교는 '붓다의 편만遍滿'을 그리고 선종은 '나의 편만'을 말하고 있는 것이다.

라이트 형제의 발명과 현대의 비행기　　세상이 변화한다는 점을 고려할 때 발전의 가치는 좀 더 높은 합리성과 타당성을 갖게 된다. 그러므로 발전은 긍정과 통한다. 그런데 종교는 교조와 시작에 대한 특수화를 통해 '발전'과 '근본'에 대한 선택 중 어느 것의 우월성을 말하기가 좀 애매한 측면이 있다. 즉 종교에는 발전과 더불어 정통에 대한 논리가 존재하는 것이다.

유신론적인 종교와 같이 완전한 신에 의해서 시작되었다면 근본적인 정통성이 더 중요하다. 그러나 불교는 변화의 가치를 말하는 종교이다. 그러므로 변화하는 시대에 따라서 진보하는 종교적인 측면이 더 높은 타당성을 갖게 된다.

과학은 유신론적인 종교와는 다른 진보의 학문이다. 그 때문에 과학은 끊임없는 자기 극복과 함께 새로운 답을 만들어 가는 모습을 보이게 된다. 이런 점에서 과학과 유신론적인 종교는 반대이다.

그런데 불교는 이러한 두 가지의 속성을 모두 다 가지고 있다는 점에서 문제가 다소 복잡해진다. 붓다가 설한 진리는 변화이다. 그러나 이것은 진리의 속성상 변화해서는 안 된다. 바로 이 점이 오늘날도 초기 불교 우월론자를 파생하는 근거가 된다.

그러나 이러한 양자의 관계는 '라이트형제의 비행기 발명'과 '오늘날의 비행기' 관계를 생각하면 문제가 쉽게 해결된다. 라이트형제의 비행기 발명은 인류 문명사에서 획기적인 사건이다. 그래서 라이트형제의 이름이 지금까지도 기억되는 것이다. 그러나 그렇다고 해서 현대의 우리가 라이트형제의 비행기를 탈 수는 없다.

오늘날 보잉의 여객기나 공군의 전투기, 그리고 우주왕복선과 같은 것들은 모두 라이트형제가 만든 최초의 비행기에서 발전한 것이다. 라이트형제의 가치는 바로 거기에 있다. 이 점을 사람들은 쉽게 착각하는 것 같다. 즉 붓다의 위대성은 고정 불변하는 실체로 존재하는 것이 아니라, 변화라는 그 자체로 항존하는 것이다.

또 이러한 비행기 기종 중 어떤 것이 우월하냐는 물음도 있을 수 있다. 예컨대 대승불교나 밀교, 또는 선종 중 어떤 것이 정답이냐는 물음이다. 그러나 이는 각각의 환경과 쓰임에 의한 변화 양태일 뿐이므로 정답이 있을 수 없다. 종교는 주관의 문제이기 때문에 최종적인 상황에서는 언제나 주체적인 선택으로부터 완전히 자유로울 수 없기 때문이다.

대승불교의 꽃, 티베트를 통해 세계화되다 밀교의 자잘한 세력들은 힌두교로 흡수되지만, 그 핵심적인 본류는 이슬람의 인도 침입과 함께 티베트로 망명하게 된다. 당시 불교는 힌두교라는 조금씩 녹여 들어오는 세력과, 이슬람이라는 무력적인 억압의 이중고에 시달리다가 티베트행을 택하게 된 것이다.

밀교의 티베트행은 생존과 관련된 인도 불교의 또 하나의 불가피한 선택이었다. 인도 불교 주류의 망명은 티베트 불교 수준을 급상승시킨다. 이 때문에 후일 티베트 밀교는 몽골의 세계 제패 시기에 강력한 세력으로 중국 문화권을 휩쓸게 된다.

그러다가 현대에 들어와 중국에 의해 강제로 복속되는 과정에서 티베트 밀교는 세계 속으로 별처럼 흩어진다. 이는 생각지도 않은 불교의 세계화이다. 덕분에 티베트 불교는 전 세계 제1의 불교가 되었으며, 불교는 세계종교 중에서 종교 인구가 늘어나는 유일한 종교가 된다. 인도에만 있었다면 지역 종교의 한계를 못 벗어나거나 사라질 수도 있었을 텐데, 티베트로 가서 세계화가 되었으니 이 또한 밀교의 이유 있는 선택이었다고 할 수 있다.

힌두교와 불교,
그리고 불교와 이슬람
이슬람의 문화력

힌두교와 불교의 관계   불교는 브라만교를 비판하면서 등장했다가 힌두교 속으로 매몰된다. 힌두교가 브라만교의 변화된 종교라는 점에서 불교를 거대한 힌두교 영역 속의 한 부분으로 명멸했다고 이해하는 견해도 있다. 그러나 불교는 힌두교와는 분명히 다른 입각점을 가지고 독자적인 영역을 확보하고 있었다. 다만 이와 같은 변별점이 이슬람의 흥기와 더불어, 경제적인 여건의 변화 속에서 사라지며 힌두교 속으로 매몰된 것뿐이다.

    도시 문명은 본래 농촌에서 비롯된 것이지만, 농촌 경제로는 도시를 따라갈 수 없다. 그러나 경제가 붕괴하면 도시 문명은 무너지지만 농촌은 살아남는다. 그것은 농촌이 도시보다 더 우월하기 때문은 아니다. 농촌의 질긴 생명력은 대단한 것이지만 그것이 우리가 희망하는 대상이 되지는 않는다. 그래서 고고학적 유적에는 잊힌 도시는 있어도 사라진 농촌은 없는 것이다.

힌두교와 이슬람   인도 불교의 소멸에는 이슬람의 무력적인 인도 침략 역시 한몫을 한다. 그러나 종교는 무력에 의해서 사라지지 않는다. 민중들이 존재 가치를 잃어서 더는 찾지 않을 때 비로소 사라지는 것이다. 이는 이슬람의 침략 속에서도 힌두교나 자이나교 등이 살아남은 것을 통해서 알 수 있다. 즉 인도 불교는 자기모순에 의해서 사라지게 된 것이다. 이는 조선조의 억압 속에서도 사라지지 않은 불교와, 지배 이념이었던 유교의 소멸을 통해서도 단적으로 인지해 볼 수 있다.

이슬람의 무굴제국이 인도를 300년 이상 지배했음에도 영국으로부터 독립할 때 이슬람은 서쪽의 파키스탄과 동쪽의 방글라데시로 밀려난다. 이렇게 놓고 본다면, 힌두교는 이슬람과 더불어 같은 영역에서 건재했다는 것을 알 수 있다. 이는 두 종교가 관점을 달리하면서 서로 다른 층위를 형성했기 때문이다. 즉 같은 공간에 있었지만 충돌하지 않은 이유는 물과 기름처럼 분절되어 각각의 영역을 고수했기 때문이다. 만일 하나로 섞여 하나의 판 위에 놓이게 된다면, 두 종교 중 하나는 완전히 사라졌어야만 한다.

불교와 힌두교의 관계도 이슬람 이전에는 이처럼 분절된 영역을 확보하고 있었다. 그래서 두 종교는 오랜 기간 함께 있으면서도 큰 충돌 없이 공존할 수 있었다. 그러나 이슬람이 들어오면서 불교는 사라지게 된다. 이는 불교의 영역을 이슬람이 차지했다는 의미가 된다. 만일 불교가 힌두교나 이슬람과는 다른 변별점을 가지고 있었다면, 세 종교가 공존할 수도 있었을 것이다. 그런데 힌두교는 그대로인 상태에서 불교만 사라지며 이슬람으로 대체된다는 점은, 우리로 하여금 이슬람의 불교 대체에 대해서 생각해 보도록 한다.

이슬람의 문화력   이슬람이 단순히 무력을 앞세우는 종교라는 생각은 미국식 관점에 따른 왜곡된 시각일 뿐이다. 우리는 중동전쟁과 관련된 미국의 전쟁 당위성 시각에 의해 이슬람에 대한 판단을 강요받아 왔다. 이 때문에 '한 손에는 칼, 한 손에는 코란'이라는 이슬람에 대한 야만적인 관점을 갖게 된다. 그러나 이는 이슬람을 꺼리는 서구의 악의적인 폄하일 뿐이다.

이슬람은 몽골과 달리 문화적이다. 그래서 오늘날까지 이슬람 문화권이 남아 있는 것이다. '문명은 동방에서'라는 말의 동방은 서구에서의 동방이므로 이슬람에 다름 아니다. 또 이슬람은 유럽이 중세의 잠을 깨고 르네상스 시대로 진입하도록 물꼬를 터주는 역할을 했다.

이슬람의 문화력은 인도 불교가 이슬람으로도 흡수될 수 있다는 것을 의미한다. 특히 불교를 대체하는 것이 이슬람이라는 점에서 이는 충분한 설득력을 가진다. 인도 불교의 반힌두교적인 정서가 불교의 몰락과 함께 힌두교가 아닌 이슬람으로 옮겨갔을 개연성은 충분하다.

이슬람에 의한 무력적인 외부의 충격과 이로써 죽음과 망명을 통해 구심점을 잃게 된 불교. 불교가 독존할 수 없는 상황에서 당시 불교도들은 힌두교와 이슬람교 중의 하나를 택해야 하는 갈림길에 서게 된다. 마치 구한말 조선이 붕괴될 때, 전통적인 청나라와 새롭게 떠오르는 일본 중 하나를 선택해야 했던 것처럼 말이다. 흥미롭게도 이때 많은 사람들은 청나라가 아닌 새로운 강자인 일본을 선택한다.

때론 가까이에 있으면서 싫었던 것이 오히려 반대쪽보다도 더 심한 경우도 있다. 마치 고구려 말기에 연개소문의 아우인 연정토는 신라로 투항하고 아들인 연남생은 당으로 들어가 멸망을 앞당긴 것처럼 말이다.

힌두교의 저력과 불교   이슬람의 300년 통치와 영국의 200년 통치라는 총 500년에 걸친 통치 기간, 그리고 이 두 지배 집단은 모두 다 우수한 문화력을 소유하고 있었음에도 힌두교가 건재하다는 것은 힌두교의 저력을 확인해 볼 수 있는 대목이다.

이러한 저력은 사실 그 민족과 함께한 가장 원시적인 종교성에서 기인한다. 유교가 중국에서 900여 년을 불교에 눌려 있다가 다시금 화려하게 부활할 수 있었던 것도, 유교가 중국 전통문화를 집대성한 것이었기 때문이다. 또 우리나라의 무속이 조선과 일제에 의해 가혹한 탄압을 받았음에도, 오늘날 가장 많은 성직자 수를 보유할 수 있는 것도 같은 이유이다.

그에 비해서 불교는 브라만교를 비판하면서 등장하는 종교로 원시적인 종교성이 없었다. 그것이 인도에서 불교는 사라졌지만 힌두교가 건재한 이유이다. 또 이는 중국 문화권에서도 불교가 1,000년을 풍미했지만 결국 신유교의 부흥에 물러나게 되는 까닭이기도 하다.

Part 4

중국으로 넘어간 불교

문화권을 넘어선 불교
인도의 문화 우위와 중국의 불교 수용

인도와 중국 그리고 문화의 전파   인도와 중국은 각기 찬란한 고대 문명으로부터 이룩한 독특한 문화를 가지고 있다. 또 지정학적으로는 인접해 있지만, 인도의 동쪽과 남쪽은 밀림과 인도차이나반도를 통해서 분절되고, 북쪽은 히말라야를 통해 막혀 있다. 그 결과 인접한 두 문명은 큰 교통과 문명의 충돌 없이 자체적으로 발전하게 된다.

    이 두 문명을 연결한 것은 실크로드지만, 그 길은 목숨을 건 대상隊商의 길로 문명의 대대적인 교류에는 어려움이 있었다. 또 미얀마 쪽의 밀림이나 티베트 쪽 고원 길도 역시 존재했지만, 이는 실크로드보다도 더 미약한 소규모에 불과했다. 『사기』 권123 「대완열전大宛列傳」의 장건에 대한 기록에는 중국 촉 지방과 중앙아시아 사이의 교역에 대한 언급이 있다. 이를 통해서 우리는 두 문화권의 직접적인 연결 가능성에 대해서도 일정 부분 시사받아 볼 수가 있다. 그러나 이는 그 이상의 의미가 되지는 못한다.

인도와 중국의 두 문화권은 서로 잘 분절되어 있었기 때문에, 이집트와 메소포타미아에서처럼 한쪽이 사라지지 않으면서도 서로의 문화권을 유지하게 된다.

불교는 인도에서 탄생했지만 문화권의 벽을 넘어 중국으로 들어간다. 불교를 통해서 두 문화권은 비로소 활발한 교류를 하게 되는 것이다. 그것은 무역을 넘어서는 종교의 위대성에 힘입은 가치이다.

불교의 중국 정복 중국을 흔히 문화의 용광로라고 한다. 어떤 외부적인 문화가 들어와도 중국은 용광로처럼 모두 녹여서 본래의 형체를 없애 버린다는 의미이다. 실제로 기독교나 이슬람교와 같은 강렬한 색깔의 종교들도 중국 전통에서는 이렇다 할 역할을 한 것이 없다. 때문에 중국 문화에 변화를 준 것도 무시해도 좋을 정도로 미미하다.

그런데 이러한 중국 문화 속에서 성공한 두 가지의 외래문화가 있다. 이는 불교와 공산주의이다. 그러나 공산주의는 현재 중국적인 방식에 의해서 변형이 많이 되었고, 또 존속 기간이 짧아서 중국 문화 자체에 일대 변화를 주었다고 단정하기에는 아직 이르다. 그렇지만 불교는 1,000여 년을 중국 문화권을 장악하면서 실로 엄청난 영향을 주었다.

중국은 불교로 인해 형이상학과 내세관을 갖게 된다. 또 전국시대를 끝으로 단절되었던 논리학과 한나라 초에 끊긴 중국철학의 본류인 인성론을 확충한다. 이는 불교가 중국 문화에 전해 준 위대한 선물이자 빛이었다.

또 문화권을 초월하는 불교로 인하여 중국은 좀 더 보편성을 가질 수 있게 되었고, 이는 중원을 넘어서 만리장성 이북의 유목과 강남을 아우르는 대제국으로 중국이 성장할 수 있는 사상적 토대를 마련해 준다. 관점에 따라서는 오늘날의 유럽보다도 거대한 중국은, 중국을 넘어서는 인류의 보편적 가치인 불교에 의해서 비로소 가능했던 것이다.

인도로 『노자』를 전하려고 했던 당태종   중국 최고의 황제로 당나라의 번영을 구가하던 당나라 초기의 당태종은 『서유기』로 유명한 현장에게 『노자』를 인도 말로 번역해서 인도로의 문화 수출을 감행한다. 그러나 이 사건은 인도에 아무런 영향을 미치지 못하고 끝난다.

당태종 이세민이 『노자』를 택한 것은, 자신이 이씨이므로 본명이 이이李耳인 노자를 높여 도교를 국교로 정했기 때문이다. 당 황실의 성씨가 본래부터 이씨였는지에 대해서는 의문이 있다. 본래 이씨였다가 대야大野씨로 바뀐 것이 수나라 때 다시 이씨가 되었다는 내용이 있는데, 이는 당나라 황실 성씨의 복잡한 상황을 잘 말해 준다.

당시는 유목 계열과 농경문화가 극히 혼재된 상태에서 유목 문화가 중국화되는 시기였다. 그러므로 본래 유목 계열이 한족화되는 과정으로 이해하는 것이 좀 더 타당하다. 이는 당나라의 국가 운영 방식이 한족 국가들과는 다르다는 점, 또 중국 역사에서의 당에 대한 폄하 등을 통해서 타당성을 확인할 수 있다.

당나라의 『노자』 번역에는 『노자』가 중국 문화를 대표하는 가장 심오한 경전이라는 점도 작용했을 것이다. 그러나 인도 쪽에서 『노자』가 끼친 영향은 전혀 살펴지지 않는다. 이는 중국 문화의 인도 진출이 실패했다는 것을 의미한다.

인도 문화인 불교는 중국으로 넘어왔는데, 중국 문화인 노자는 왜 인도로 넘어가지 못한 것일까? 그것은 문화는 높은 곳에서 낮은 쪽으로만 흐르기 때문이다. 즉 당시까지도 인도 문화가 중국 문화보다 우월했기 때문에 중국 문화는 인도로 역류할 수 없었던 것이다.

과거 동북아의 문화 전파는 중국에서 우리나라로, 그리고 다시금 일본으로 전파된다. 이것은 중국의 문화가 높고 일본이 낮았기 때문이다. 그러나 지금은 역으로 미국에서 일본을 거쳐 우리나라에 이르고, 이것이 다시금 중국으로 들어간다. 지금은 미국 문화가 중국에 비해 높기 때문이다.

물론 요즘 들어서는 우리나라의 문화력이 높아지면서 종래의 문화 구조가 변모하고 있다. 중간 단계인 일본이 생략되거나 우리 문화가 역으로 일본에 진출하는 양상이 생긴 것이다. 우리 문화의 성숙으로 인해 문화 흐름의 역전 현상이 일어나고 있는 것이다.

인도 문화가 중국으로 넘어왔다는 것은 중국 문화가 인도보다 하열했다는 것을 의미한다. 그러나 두 문화권에서 그 역은 불가능했다. 물론 중국 문화가 인도에 비해서 높아지는 때도 있다. 그러나 문화권을 넘어서기 위해서는 단순히 문화적인 고저만이 아니라, 이를 넘을 수 있는 유연한 문화 매체가 있어야만 한다. 인도 문화에는 이런 매체로 불교가 있었다.

그러나 중국의 유교나 도교는 중국 문화의 폐쇄성 때문에 이러한 수준에 도달하지 못했다. 힌두교 역시 마찬가지다. 같은 인도 문화에서 생겨났지만 불교와 달리 힌두교는 문화권의 장벽을 넘지 못한다. 이는 힌두교의 폐쇄성에 기인한 측면이다.

만일 인도 문화가 높은 시절에 로마 문화가 약했다면, 불교는 동으로만이 아니라 서로도 흘러갔을 것이다. 그러나 당시 로마는 인도 문화에 비해서 약하지 않았고, 결국 불교의 서방 진출은 실패로 끝나고 만다.

불교의 동방 진출과 관련해서 현장은 『자은전』 권5에서 아주 의미심장한 기록을 남기고 있어 주목된다. 현장이 귀국하려고 당시 행장을 꾸리자, 인도의 승려들은 "인도에 비하면 중국은 변방의 일천한 국가일 뿐인데 왜 돌아가려고 하느냐?"라고 묻는다. 이에 대해서 현장은 "중국이 인도에 비해 하열하지만 자신은 중국으로 돌아가 계몽해야 한다."라는 주장을 하고 있다. 이러한 기록은 우리로 하여금 불교가 중국에 진출할 수 있었던 이유가 무엇이었는지를 알게 해 준다.

역사가 없는 나라와 왜곡만 있는 나라
공간 중심과 시간 중심

역사란 무엇인가   인도를 가리키는 수식어 중에 '역사가 없는 나라'라는 것이 있다. 인류 최초의 고대 문명을 가진 나라 중 하나이자, 인더스 문명 시대부터 문자가 있었음에도 역사적인 기록이 존재하지 않는 나라가 인도이다.

인도인은 이 세상의 현실 자체에 관심이 없다. 덕분에 역사적인 기록을 남기지 않았다. 인도인들에게 이 세상은 꿈과 같은 허상이었고, 그래서 기록할 가치가 없었던 것이다.

역사에서 완전한 객관이란 존재할 수 없다. 객관으로 위장한 또 다른 주관만이 있을 뿐이다.

또 역사의 주관성은 권력과 힘에 의한 왜곡의 개연성이 된다. 결국 역사는 강자에 의해서, 혹은 제도에 의해서 주어진 관점을 강요당하는 측면이 있는 것이다. 그러므로 역사는 스스로를 비판할 줄 알아야 한다. 그러나 이 말이 곧 역사가 해체되어야 한다는 의미는 아니다. 모든 사람의 판단은 주관적이지만, 그럼에도 그 속에는 사회적 공감대에 의한 기준이 존재하기 때문이다. 마치 사람들의 입맛은 다 제각각이지만, 호텔 요리사의 음식은 다들 좋아하는 것처럼 말이다. 역사란 바로 이와 같은 측면을 도출하여 지나간 과거를 통해 세상을 계몽해야만 한다.

인도에 역사가 없다는 것은 분명 많은 문제를 내포한다. 특히 신화와 역사적 사실을 몽환 속에서 혼재시켜 버리는 인도인들의 사고는, 중국적인 역사관에 세뇌된 우리에게는 적지 않은 의아함으로 다가온다. 그러나 이 또한 관점에 의한 것이지 반드시 문명과 야만의 차이로 생각할 수 있는 문제는 아니다.

인도의 관점에서는 공간성이 의미가 있지 시간성은 아무 의미가 없다. 이는 불교 경전 속에서도 잘 나타난다. 붓다의 설법이 시작될 때는 언제나 막연한 '어느 때(一時)'라고만 되어 있다. 그러나 운집한 군중과 관련된 공간적인 묘사는 매우 복잡다단하다. 그래서 경전을 읽다 보면 곧 상상의 한계에 부딪혀 상상을 포기하고, 문자적인 이해로 치환시켜 버리곤 한다.

그런데 인도인들은 그것이 상상이 된다는 점이 중국 문화권의 우리와는 다르다. 즉 그들은 공간 인식이 강하지만 우리는 시간 인식이 강한 것이다. 그리고 이것은 차이일 뿐이지 우열의 대상은 아니다. 그러나 역사라는 주제로 말한다면, 인도 문화는 가장 미발달된 문명의 치부를 드러내지 않을 수 없다.

인도 불교를 어떻게 볼 것인가　　인도에 역사가 없다는 것은 붓다의 생존 연대도 정확하게 모른다는 것을 의미한다. 이는 『춘추삼전春秋三傳』과 『사기』에 공자가 태어난 날짜와 죽은 날짜가 기록되어 있는 것과 비교가 된다. 주지하다시피 붓다는 당대에 이미 최고의 반열에 오른 성인 중에서도 유독 빛나는 성인이었다. 그런데도 붓다에 대한 정확한 연대가 없음은 물론이고, 그 편차도 200여 년이나 된다는 것은 경악할 일이다. 그러나 이 또한 익숙해지면 이것은 불교를 읽는 데 전혀 문제가 되지 않는다.

　　오늘날 붓다의 연대를 잡는 기준은 아소카왕이다. 또 아소카왕의 연대를 잡는 것은 로마와의 외교 관련 문헌이다. 즉 로마에 의해서 아소카왕의 연대를 잡고, 이를 기준으로 다시금 붓다의 연대를 소급하는 것이다. 이는 중국 진시황의 연대를 로마의 역사적 기록을 기준으로 잡는다는 것과 같은 의미니 얼마나 흥미로운 일인가!

　　또 19세기까지 유럽에서는 붓다를 태양신의 신화 정도쯤으로 여겼다. 이는 두 가지 이유 때문이다. 첫째는 붓다의 일생이 너무도 위대했기 때문에 이런 삶을 산 인간은 있을 수 없다고 판단한 점. 둘째는 당시로서는 붓다의 실존을 증명할 만한 그 어떤 고고학적 자료도 발견되지 않았다는 점이다.

　　그러다 붓다의 탄생지인 룸비니 유적이 1895년 독일의 고고학자, 포이러에 의해서 발견되면서 붓다의 실존이 밝혀지게 된다. 그런데 이 발견 이후 붓다의 모든 유적이 발견될 수 있도록 한 것은, 인도인이 아닌 중국인 현장과 그가 남긴 『대당서역기』였다.

현장은 중국인답게 붓다의 모든 유적을 오늘날 내비게이션의 지도를 제작하듯 정확하게 기록해 놓았다. 이 때문에 하나의 유적이 발견되자 나머지 유적들이 마치 도미노처럼, 연속적으로 한꺼번에 세상에 드러나게 되는 것이다.

붓다의 유적을 인도의 기록이 아닌 중국의 이방인인 구도자, 현장의 기록을 통해서 확인한다는 것은 인도 문화와 중국 문화의 차이를 단적으로 보여 준다. 그것은 '역사와 반역사'가 아닌 '역사와 초월'의 관점적 차이인 것이다.

신뢰할 수 없는 역사 중국은 역사의 나라이다. 중국 문화권의 우리나라는 오히려 청출어람해서, 나라의 크기에 비해 유네스코 세계기록유산을 가장 많이 소장한 나라이다. 그러나 이러한 역사의 이면에는 언제나 신뢰도의 문제가 존재한다.

중국 역사의 아버지라고도 불리는 사마천의 『사기』는 중국 문화권 역사의 특징을 유감없이 드러내 준다. 『사기』는 굉장히 매력적이고 재미있으며 동시에 교훈을 주는 책이다.

그런데 「열전」과 같은 부분에는 주인공과 상대방 두 사람 간의 대화가 유독 많이 나온다. '과연 누가 두 사람 사이의 이야기를 전했을까?'라는 생각이 드는 대목이다.

선종의 어록도 대부분 마찬가지이다. 어록체語錄體는 『논어』에서 비롯되는 오랜 전통의 중국식 문장 서술 방식이다. 이럴 때 청자가 여럿인 경우는 그래도 신뢰가 간다. 그런데 단 두 사람만의 서로 밖으로 누

설하기 어려운 얘기들은 누가 전한 것일까?

또 인간은 자신이 듣고 싶은 것만 듣고 기억하고 싶은 것만 기억하는 동물이다. 이렇게 놓고 본다면, 과연 특정한 어떤 한 사람의 진술을 우리는 어디까지 신뢰할 수 있을까? 또 중국 역사와 선종의 어록은 교훈과 깨달음을 주기 위한 측면이 강하다. 그렇다면 이것은 사실과는 다른 관점이라는 특정 시각에 의한 왜곡된 투영은 아닐까?

이렇게 놓고 본다면, 역사란 '의도적인 합목적의 도구'라는 것을 알 수 있다. 물론 이는 특정 집단이 크게 이익을 볼 필요가 없을 때의 이야기다. 여기에 정치권력과 같은 세력이 개입되면, 역사는 더 크게 출렁이면서 춤을 출 수밖에 없다.

특히 앞선 왕조를 전복시킨 뒤의 왕조로서는, 앞 왕조의 문제점을 어떻게든 부각해서 새로운 왕조의 당위성을 천명해야만 한다. 이러한 과정에서 왜곡은 정권 차원의 필연성을 띠지 않을 수 없다. 그래서 중국 문화권에는 뚜렷한 역사가 존재하지만 동시에 그 역사를 전적으로 신뢰할 수는 없다는 상황이 발생하게 된다.

'인도의 역사 부재'와 '중국의 역사주의'는 마치 해리 포터를 책으로 읽는 것과 영화로 보는 것의 차이라고 생각하면 되겠다. 책으로 읽으면 더 자유로운 상상이 가능하다. 그러나 영화는 특정 관점에 의한 옳음의 인식을 일방적으로 부여한다. 그러나 중요한 것은 두 가지의 수단을 떠나 이것은 결국 허구라는 것이다. 어차피 시간의 화살은 일회성이며 이는 반복될 수도, 기록될 수도 없기 때문이다.

역사주의와 중국 불교 불교가 중국으로 전해지면서 중국의 역사주의는 불교를 변형시키게 된다. 이는 중국 문화에 정착하는 불교로서는 필연적인 과정이었을 것이다.

먼저 중국 전통의 상고주의는 붓다의 연대를 3,000년 전으로 끌어올린다. 상고주의는 고대의 이상 사회를 상정하는 가치인 동시에, 오랜 전통을 높이는 퇴행적 역사관이다. 도교에서는 붓다를 노자가 서쪽으로 가서 변화(변신)한 존재일 뿐이라고 주장한다. 이와 관련해서 불교는 붓다의 연대를 노자보다 확 끌어 올림으로써 이를 극복해 버린다. 그러나 이러한 두 주장은 모두 역사의 허구, 환영幻影일 뿐이다.

다음으로 중국의 역사주의는 족보적인 관점을 불교에 끌어들인다. 이것은 중국 불교에서 사자상승師資相承의 학맥, 즉 법맥法脈으로 완성된다. 중국 불교에 있어서 학통과 관련된 것은 천태종의 금구상승설金口相承說과 선종의 전등설傳燈說 그리고 밀교의 혈맥보血脈譜까지 공통되게 나타나는 현상이다. 이는 중국 역사주의의 시간론이 가족 문화에 영향을 미친 족보와 학통적인 학맥으로 나타나는 것과 관련된다.

그런데 여기에서 재미있는 것은, 불교의 출가 집단은 혈연이 아닌 사람들이 모인 상황이므로 나이 순서도 고르지 않고 서로 간에 구분이 어려웠다. 그래서 항렬에 따른 돌림자를 쓰는 문화가 만들어지게 되는데, 이는 역으로 일반 족보에까지 영향을 미치게 된다. 이렇게 놓고 보면, 불교도 중국 역사 문화에 이바지한 측면이 있는 셈이다.

끝으로 성립 시차가 다른 인도의 여러 불교를 동일한 붓다의 가르침으로 수용하면서 생기는 교판敎判 문화를 들 수 있다. 인도는 공간론적인 '사건 중심'이기 때문에 붓다의 가르침에 대한 선후가 뚜렷하지 않아도 이해하는 데 문제가 없다. 그러나 중국은 시간론을 중심으로 하기에 이를 하나의 순서로 정리하고, 그 속에서 핵심 경전을 찾으려고 했다. 즉 교판이란 불교의 다양성을 먼저 시간적으로 정리하고, 여기에 의미적인 무게 비중을 부여하는 인도 불교에 대한 중국 불교의 정리 노력인 셈이다.

그러나 교판은 중국 불교의 역사주의가 처한 가장 어려운 문제임에 틀림없다. 여기에는 두 문화권의 각기 다른 잣대 기준이 작용하기 때문이다.

마치 삼성이 전자라는 거대한 범주 속에서 여러 제품군을 쏟아 놓은 상황에서, 이를 연대순으로 정리하겠다는 것과 같은 노력이다. 즉 냉장고는 냉장고 모델과 연식으로 휴대전화는 휴대전화 모델과 연식으로 완전히 다른 범주로 나누어 보면 되는데, 하나의 삼성이라는데 걸려서 이를 단일화하려다 보니 문제가 발생하는 것이다. 왜냐하면 냉장고와 휴대전화는 도저히 같은 회사의 같은 연식 제품이라고는 받아들이기 어려운 이질감이 있기 때문이다.

이러한 상황에서 중국 불교가 차등 자체를 받아들였으면 좀 더 유연한 입각점을 가질 수 있었다. 그러나 중국의 역사주의라는 시간론은 이를 하나의 실로 꿰어 보려는 일관된 노력을 하게 되고, 이는 필연적으로 난해함을 수반하게 된다.

중국 불교의 역사주의는 불교를 수용하면서 많은 변화를 일으킨다. 그러나 우리는 양 문화권의 차이를 이해해야지 그 사이에서 옳고 그름을 판단해서는 안 된다. 학문에는 답이 있는 것도 있지만 답이 없는 경우도 많다. 특히 문화상대주의 영역에서는 답이 아니라 과정을 이해하는 것이 중요하다. 그러므로 섣불리 정답을 찾는다면, 그것은 학문이 아닌 종교의 영역이며 믿음에 따른 선택으로 귀결되고 말 뿐이다.

이원론과 일원론의 차이
세계관과 성인

이원론, 두 개의 세계를 말하다　플라톤은 『국가』에서 동굴의 비유를 말하고 있다.

동굴에 일렬로 묶여서 옆을 볼 수 없는 죄인들의 뒤로 횃불이 타오른다. 그래서 사람들은 앞쪽 벽에 생기는 자신의 그림자만을 보게 된다. 이들은 처음부터 이 그림자만을 보았기 때문에 그림자를 실상이라고 생각한다. 하루는 한 죄수가 이 동굴에서 탈출하여 밖에 나가서는 횃불과는 비교도 되지 않는 태양을 보고, 자신이 허상 속을 살고 있었음을 자각한다. 결국 그 죄수는 돌아가 다른 이들을 계몽하려 하지만, 이들은 오히려 이 사람의 어리석음을 질타하며 죽이려 한다는 내용이다.

영화 〈매트릭스〉의 상황과 주인공 네오를 생각하면 이해가 쉽다. 어차피 동굴의 비유라는 관점이 불교적인 영향과 더해져 영화 〈매트릭스)가 탄생한 것이기 때문이다. 다만 다른 점은 매트릭스에서는 꿈을 깬 세계가 암울하게 나오지만, 동굴의 비유에서는 동굴을 벗어난 세계야말로 이상(이데아) 세계라는 점이다.

인도에서 유럽까지의 아리안족 사고는 이러한 참과 거짓이라는 두 개의 세계를 말하고 있다. 불교에서는 참의 세계를 피안彼岸이자 열반이라 하고, 거짓의 세계를 차안此岸 겸 고통의 세계(苦海)라고 정의한다.

이 세계는 매트릭스와 같아서 모두 다 거짓된 허상의 고통일 뿐이다. 마치 꿈속에서의 즐거움은 깸이라는 실재에서 본다면, 속임수라는 관점에서의 헛된 거짓일 뿐이라는 의미다. 그러므로 인도인들은 매트릭스에서 벗어나고자 한다. 이러한 이상이 해탈과 열반이며, 이의 목적을 달성하기 위한 수단이 바로 출가수행인 것이다.

또 명상을 통해서 수행자의 육체는 이 세계인 차안에 속해 있지만, 정신은 피안에 속할 수가 있다. 이럴 경우 신통이 발생한다. 기적은 인과율을 초월한 것이다. 그러나 신통은 마치 네오가 매트릭스라는 자각을 통해서 초월화되는 것처럼, 이 세계의 인과율은 초월하지만 인과율 자체를 넘어서는 것은 아니다. 이 점이 기적과 신통의 차이이다.

인도는 이원론을 기반으로 하므로 깨달은 사람은 모두 다 신통이 필수적이다. 또 선정禪定의 세계는 사후의 천상 세계와도 통한다. 즉 선정은 열반이라는 목적을 위한 것이지만, 그에 미치지 못해도 선정을 통해 천상의 안락은 보장되는 것이다. 선정이 천상 세계와 통한다는 것은 불교 우주론에서 사선四禪이 곧 색계 이십팔천二十八天에 해당하고, 사정四定이 무색계 사처四處에 상응하는 것을 통해서 단적으로 알 수 있다.

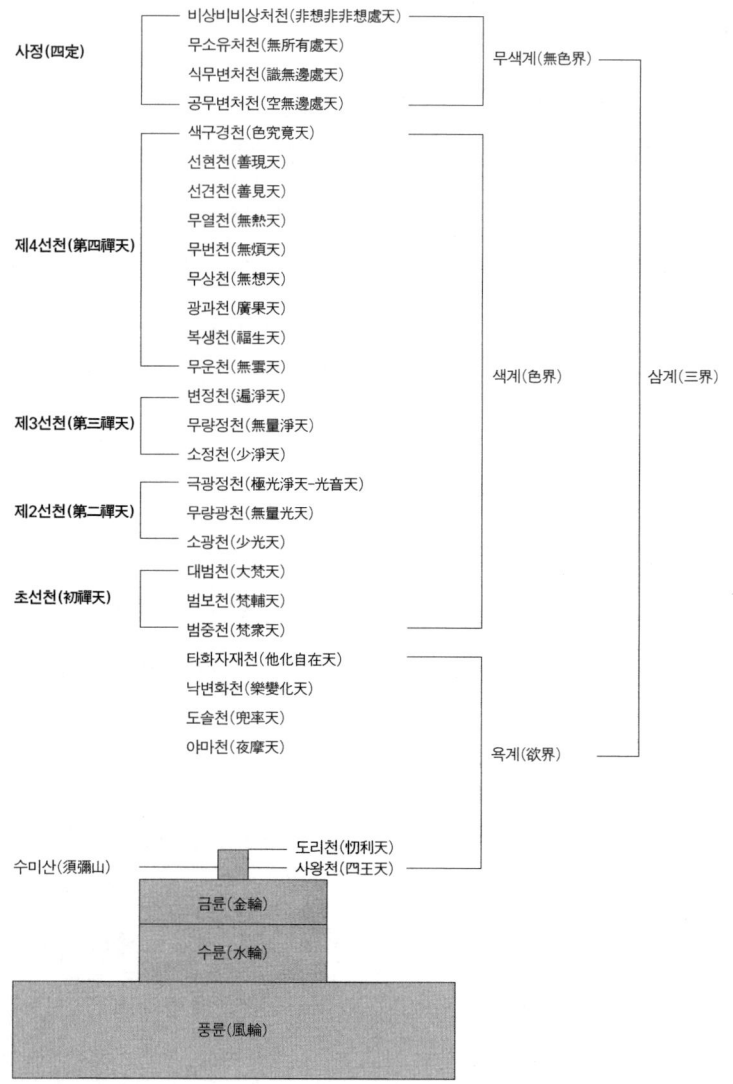

또 이러한 이원론적인 세계관에 바탕을 두고 있기 때문에, '정신적인 종교'와 '세속적인 정치'는 분리되어 각기 다른 영역을 확보하게 된다. 이것이 제정 분리의 이중구조 체계이다.

그러므로 붓다 당시의 승단은 국법으로부터 예외적인 측면을 부가받았다. 이러한 사실을 잘 보여 주는 사례가 바로 살인을 한 앙구리마라가 출가했을 때 바사닉 왕이 잡아오지 못했던 일이다. 즉 종교법과 세속법이 양분되고, 성인과 군주는 서로 다른 세계를 다른 관점을 가지고 관장했던 것이다. 그리고 이러한 인도의 제정 분리의 이원론적인 가치는 유럽이나 헤브라이즘의 가치관과도 그대로 통한다.

부정의 대상과 뚜렷한 목적 이원론이라는 두 개의 세계는 '꿈과 같은 허상의 이 세계'와 '실재의 이상 세계'라는 두 세계로 분절된다. 플라톤은 이러한 중간자, 즉 현실에서 이상을 반영하는 것이 수數라고 생각했다. 이는 피타고라스 등에서도 살펴지는 것으로, 서양에서 수학의 발달을 가져오는 동인이 된다.

또 이 사회를 불완전하게 보는 것은 세상을 변화시키고 바꾸려는 노력과 연관된다. 이는 후일 헤브라이즘에서 창조주가 인간에게 자연에 대한 권리를 위임한 것과 연결하여, 사회의 발전이라는 결과를 만들게 된다.

불교의 대전제는 이 세계를 고통이라고 인식한다. 이 부분은 인도문화권에서는 설명이 필요 없는 기본적인 관점이다. 그러나 일원론의 중국 문화에서 이는 설명하기 가장 난해한 문제가 된다. 왜냐하면 일원론에서 이 세상은 부정이 아닌 긍정의 대상이기 때문이다.

그러므로 부정의 대상이 되어야 출가하고 이상을 찾는다는 개념이 가능한데, 대전제가 수용되지 않으니 근본적인 문제가 발생하는 것이다. 이 때문에 중국 불교는 인도 불교와는 전혀 다른 방향으로 발전하고 전개하게 된다.

일원론, 신의 아들이 다스리는 제국 중국 문화권은 이 세계만을 실존으로 판단하는 일원론의 관점을 가진다. 그러므로 중국 문화권에는 막연한 관념이 아닌 구체적인 사후 세계가 없다. 유교에서 제사를 지낼 때 음식을 챙겨 주는 것은 이를 반영하는 것이다. 즉 죽어서도 이 세계를 떠나서는 다른 에너지 공급처가 존재하지 않는다는 말이다.

중국 문화의 내세관 부재는 역사에 이름을 남겨야 한다는 강한 역사주의를 파생하게 된다. 즉 중국 문화권의 역사주의와 내세관의 부재는 상호 표리 관계를 이루고 있는 것이다.

또 한 번 군주는 죽어서도 군주이며, 이원론적인 다른 세계라는 상정이 없기 때문에 군주가 아니면 성인이 될 수 없다는 성인군주론聖人君主論이 존재한다. 중국을 대표하는 요·순·우·탕·문무·주공과 같은 성인들은 모두 다 군주 겸 성인이다. 그러므로 성인 중 군주가 아니었던 공자나 관우도 후일 추증해서 문선왕文宣王이나 관제關帝라는 군주의 지위를 부여하게 된다.

또 중국 문화는 일원론에 입각한 제정일치 구조를 보이기 때문에 통치자인 '천자天子'는 곧 하느님의 아들이다. 그러므로 따로 종교가 존재할 영역이 없다. 즉 천자는 이 세계의 통치권자인 동시에 종교적인 수장인 셈이다. 이 문제는 인도 문화 배경의 불교가 중국에서는 신하를 칭하는 상황으로 전개하게 된다. 즉 중국 문화권 종교의, 호국화護國化 양상이 초래되는 것이다.

실제로 중국 불교의 역사에서는 국가권력에 의한 불교의 대대적인 탄압이 네 차례나 발생한다. 이를 삼무일종三武一宗의 법난法難이라고 한다. 이 중에는 당나라 같은 불교 전성기에 이루어진 사건도 있다는 점에서, 우리는 군주권과 종교의 관계가 수직적이었다는 점을 분명하게 인지해 볼 수 있다.

일상의 환기로서의 깨달음 하나의 세계밖에 없다는 것은 깨달음을 얻어도 신통과 같은 능력이 발휘될 근거가 없다는 것을 의미한다. 그러므로 중국 문화권 수행자들에게는 신통이 없다.

흔히 영화 〈와호장룡〉에서 주윤발이 대나무를 밟고 이동하는 것이나, 장풍과 같은 것을 신통으로 생각하기도 한다. 그러나 중국 문화권에서 이러한 것들은 고도의 숙련을 통한 기예에 속하는 것이지 신통은 아니다. 즉 풀을 밟고 다닐 수는 있어도 날아다닐 수는 없고, 축지법을 쓸 수는 있어도 공간 이동은 불가능하며, 장풍은 써도 염력을 쓰는 것은 아니라는 말이다.

중국적인 것은 이 세계의 유형적인 것을 기반으로 최대의 능력치를 내는 것이지, 신통과 같은 다른 세계의 흐름을 이용하는 것이 아니다. 〈매트릭스〉의 주인공 네오는 초기에 건물 사이를 점프하거나 날아오는 총알을 피할 수 있다. 이것은 중국 문화권의 관점에서도 가능하다. 그러나 나중에 네오가 하늘로 날아오르거나 총알을 멈추게 하는 것은 중국 문화권에서는 불가능한 신통의 영역이다.

    이 세계 이외에 다른 세계가 없다는 것은 깨달음에서도 나타나게 된다. 중국 문화권의 깨달음은 이 세계 밖의 다른 것이 아니다. 그러므로 결국 깨달음은 일상의 재발견으로 귀류·귀착되고 만다. 마치 산에 올라간 이가 정상을 넘어서 다시 산에서 내려오는 것처럼, 그것은 산에 오르기 전의 사람과 같은 위치에 있을 뿐이다. 즉 여기에는 인식론적인 관점의 문제만이 존재하지 삶의 문제는 동일하게 경험되는 것이다. 여기에서의 관점 문제는 이후 돈오頓悟가 되고, 일상의 재발견은 선종의 평상심시도平常心是道와 같은 일상다반사日常茶飯事로 나타나게 된다.

    또 이 세계뿐이라는 것은 중국 문화권의 자연주의로도 나타난다. 이 세계뿐이기 때문에 이 세계는 긍정적으로 받아들여지며, 자연은 더불어 가는 대상이지 정복의 대상이 되지 않는다.

    이는 이원론적 관점이 이 세계를 부정적인 인식으로 보거나(인도), 어떻게든 자연을 정복하고 변화를 주려고 한 것(유럽)과는 다른 측면이다. 그 결과 중국 문화권에서는 산수화에서처럼 자연 속의 인간이라는 개념이 발달하면서, 자연 자체를 이상화하게 된다. 이러한 연장 선상에 노자나 장자와 같은 철학 체계도 존재하는 것이다.

정신보다는 물질, 천국보다는 출세

친정치親政治와 반종교反宗敎

정치의 비대   정치적 수장이 종교적 수장까지 겸하게 되는 일원론 체계에서, 정치 비중은 매우 비대해진다. 그 때문에 강한 정치 지향적 문화가 연출된다. 그래서 모든 가치는 정치와 연결되곤 한다. 이는 오늘날까지 유전되어 문화인이든 예술인이든 법조인이든 간에, 정치권력에서의 요청이 있을 때 쉽게 정치권으로 이동해 가는 모습으로 남아 있다.

또 정치로 너무 많은 권력이 집중되는 구조는 견제 세력의 부재 때문에 많은 문제를 발생시킨다. 오늘날 중국 문화권 국가들이 한결같이 정치적인 부패에서 벗어날 수 없는 것은 이에 대한 단적인 판단을 가능하게 해 준다.

정치 중심 구조는 언뜻 생각하기에는 정치가 더 잘 될 것 같지만 실상은 정반대로 나타난다. 이것은 중국 문화권 국가들이 강한 정치적 관심을 보이고 있음에도, 가장 민주화가 덜 된 후진적인 부분이 정치라는 것을 보면 쉽게 알 수 있다.

또 정치권력이 종교까지 겸한다는 것은 윤리 의식에도 문제가 발생한다. 권력자는 어떠한 행위를 해도 제재 대상이 되지 않기 때문이다. 또 종교 역시도 본연의 기능을 잃고 정치권력에 의한 시녀로 전락하고 만다.

이의 단적인 예로 우리는 조선의 건국과 더불어 1,000년 이상 지배 이념으로 유지되던 불교가 성리학으로 바뀌었음에도, 크게 이렇다 할 반발이 없었다는 점을 들 수 있다. 상식적으로 볼 때 이런 상황은 종교 반란과 같은 민중 봉기가 일어날 수도 있는 부분이다. 그런데 하루아침에 종교가 변한 상황에서도 전혀 문제가 생기지 않은 것이다. 이는 정치권력과 종교 간의 힘의 우위를 잘 나타내 준다. 또한 이와 같은 양상은 정치와 종교의 두 분야가 동시에 문제가 발생할 수 있다는 점에서도 문제가 된다.

출세의 열망   정치적인 권력이 강력한 힘을 가지게 되면 출세 지향적인 측면은 정당화된다.

여기에 중국 문화권은 불교에 의해서 내세관이 갖추어지게 되지만, 이는 태생적인 내세관이 아니므로 내세관이 매우 약하다. 이와 같은 관점은 오늘날 불교 사찰에서 기제사가 버젓이 거행되는 것을 보면 잘 알 수 있다. 만일 불교가 윤회론과 같은 내세관에 좀 더 철저하다면,

사찰 내에서 기제사가 이루어지지는 않을 것이다. 이는 불교적으로도 중국 문화권적인 영향에 의해서 내세관이 흔들리고 있다는 것을 의미한다.

내세관이 약한 상황에서 정치권력에 대한 동경이 강력하게 되면, 수단과 방법을 가리지 않는 출세 지향적인 문화가 만들어지게 된다. 이는 유교적인 가족주의와 결합하여 혈연·지연·학연과 같은 관계를 통한 방법을 강화시키게 된다. 그리고 맹목적인 출세 열망은 한탕주의를 만연하게 한다.

또 일원론은 물질주의와도 통하는 면이 있다. 일원론에서 정신은 한계적인 가치이지 본질적 가치나 따로 독립된 영역일 수 없다. 만일 정신이 육체보다 상위개념으로 독립적 가치를 인정받는다면, 정신이 독자적으로 존속하는 공간이 요청되고 이것이 사후 세계적인 관점과 연관되게 마련이다.

그러나 일원론에서는 정신에 대한 공간 설정이 따로 존재할 수 없으므로, 정신은 육체와 결부되어 존재할 수밖에 없는 한계적 존재가 되고 만다. 이 때문에 육체적으로는 장애에 대한 차별이나 외모 지상주의와 같은 문제가 촉발되며, 외부적으로는 물질주의가 팽배해지게 된다. 즉 금전 권력의 강화가 전개되는 것이다. 이는 유교 문화의 교육열과 더불어 중국 문화권이 자본주의 사회에서 고성장할 수 있었던 중요한 요인이 된다.

종교에 대한 이해 부족   중국 문화권의 정치에 대한 관심은 중요해서, 특별한 경우가 아니면 뉴스나 신문은 언제나 정치에서 경제 순으로 진행된다. 그 때문에 종교적인 관심은 상대적으로 줄어든다. 그래서 '모든 종교는 착한 일 하라는 것에서 똑같다' 등의 문제가 있는 발언이 일반화되는 현상이 발생하게 된다. '만일 모든 종교가 같다면 하나의 종교만 있으면 되지 왜 세계에는 다양한 종교가 있을까?'라는 단순한 상식은 중국 문화권에서는 잘 통하지 않는다.

그리고 종교 간의 차이나 종교 안에서의 차이를 알려고 하는 사람은 통이 작은 사람 정도로 치부되기 일쑤이다. 또 종교를 믿게 되더라도 크게 알려고 하지 않으며 사교 모임과 같은 차원에서, 또는 외연을 넓히기 위한 접근도 전혀 문제없이 정당화된다. 이는 친정치적인 동시에 반종교적인 문화 구조 속에서, 종교에 대한 관심 자체가 적기 때문에 나타나는 현상이다.

다종교와 무종교　중국 문화권의 종교적 특징 중 하나는 사람들 개개인이 다종교적인 속성을 가진다는 것이다. 이는 종교에 대한 뚜렷한 관점이 존재하지 않기 때문이다. 그래서 한 사람이 여러 종교적인 관점을 동시에 수용하는 경우가 많다. 그러므로 주변 사람들의 말에 의해서 쉽게 종교가 바뀌거나 하는 일이 비일비재하다. 이는 종교보다 우선하는 가치에 의해서 종교가 덤과 같은 양상으로 존재하기 때문이다. 이 때문에 가족 간에 종교가 다양해도 종교 갈등은 상대적으로 크게 발생하지 않게 된다.

이는 또 무종교와 같은 양상으로도 나타난다. 한 사람 안에서의 다

종교나 무종교는 일맥상통하는 면이 있다. 즉 종교적 필연성이 약하다는 공통점이 있는 것이다. 이 때문에 물질적인 부분이 강하지만 윤리성이 약하다는 문제가 나타난다. 또 이에 대하여 과학적인 지식으로 합리화하려는 경향도 나타난다. 이는 과학의 발전에는 긍정적이나 인간학의 문제에서는 부정적인 양상을 띠게 되는 문제점이 있다.

인간의 목적은 행복이라는 점에서 인간학의 문제는 오늘날 가장 중요한 의미가 있다. 그러므로 우리는 이 문제에 대해서 다시 한 번 더 깊게 생각해 보아야 할 것이다.

Part 5

중국 불교의
변화와 발전

이방인의 종교에서
이방인의 나라로 변한 중국
위진남북조시대의 불교

불교의 중국 전래와 중국인의 무관심　　일반적으로 중국의 불교 전래는 후한 명제 때인 67년을 기점으로 잡는다. 이는 공식적인 것이며, 그 이전에도 실크로드 교역을 통해서 불교는 전래되었다. 그러나 이런 불교는 모두 현재 우리나라 안의 이슬람교와 같은 정도였다고 생각하면 된다.

　　이슬람교는 우리나라에서 현재 가장 빠르게 증가하고 있는 종교이다. 이는 이슬람문화권의 노동자들이 우리나라로 많이 유입되면서 발생한 결과이다. 그러나 한국인들은 이슬람교의 존재에 대해서 잘 인지하지 못하고 있다. 이는 이슬람교가 공단 등을 중심으로 아직은 그들만의 종교적인 성향이 강하기 때문이다.

　　중국에 전래된 초전기의 불교 역시, 외국 국적의 상인들이나 중국에 정착한 이들 중 믿는 사람들끼리의 종교에 지나지 않았다. 즉 중국 한족을 대상으로 하는 종교가 아니라, 불교권에서 온 무역인들을 중심으로 한 제한된 종교였다는 말이다.

당시 중국의 한족 역시 오늘날 우리가 이슬람에 무관심한 것처럼 처음에는 불교에 전혀 관심이 없었다. 당시 불교는 '이민족의, 문화가 다른 특이한 풍습의 종교'에 지나지 않았던 것이다.

유교의 몰락과 현학   후한 말이 되면 우리가 흔히 아는 '삼국지'가 시작되는 시기가 된다. 이때에 이르면 유교는 지배 이념의 기능을 완전히 상실한다. 이는 불교가 확대될 수 있는 한 배경이 된다.

삼국시대는 조조의 위나라에 의해 주도되는데, 이때 부각되는 것이 헌제(재위 189~220) 때인 건안建安 연간(196~220)에 주로 활약한 건안칠자建安七子에 의한 문학이다. 즉 유교의 붕괴가 풍선 효과를 통해서 문학과 예술의 발전을 초래한 것이다. 이후 조조의 위나라는 낙양을 수도로 하는 사마씨의 진나라로 계승되는데, 이러한 위진魏晉 시대에 유행한 것이 바로 현학玄學이다.

현학이란 오묘하고 심오한 학문이라는 뜻으로 주요 텍스트와 관련해서 삼현학三玄學이라고도 한다. 삼현학의 세 텍스트는『노자』,『장자』,『주역』을 의미한다. 즉 학문의 중심이 유교를 벗어나 도가적인 계통으로 이동하는 것이다. 이를 전통 도가와는 다르다는 점에서 신도가新道家라고 한다.

그러나 신도가는 유교와는 달리 귀족적인 문화 정서였기 때문에, 정치와 사회질서의 전반을 아우르기에는 한계가 있었다. 이는 당시 중국 문화가 불교에 비해서 약했다는 것을 의미하며, 이 점은 중국인들이 이후 불교에 매료되는 한 계기로 작용한다.

현학의 유행은 불교가 유행하는 과도기적인 측면에서 큰 역할을 한다. 현학 이후로 정착하게 되는 불교는 처음에 격의불교格義佛敎라 하여, 도가 식의 단어를 빌어서 불교를 표현하곤 하였다. 특히 불교의 이해가 부족할 때는 한족의 불교도들 중 상당수가 불교와 도가를 유사한 측면으로 이해하는 모습을 보인다. 물론 이러한 이해의 문제는 불교가 점차 정착되고 안정되면서, 양자의 차이가 분명해지며 해소된다. 즉 중국에서 불교가 크게 확대되는 배경에는 '유교의 몰락'과 '현학이라는 과도기적 가치'가 존재하는 것이다.

유목민의 남하와 강북의 불교   낙양을 수도로 하는 현학의 귀족주의는 한족들에게 험한 일을 꺼려 하는 문화를 만든다. 이는 마침 기후변화에 의해, 북방 유목민들이 가뭄에 의한 생활고를 겪는 과정에서 남하하기 시작하는 상황과 겹치게 된다. 이 때문에 한족들은 유목민들을 값싼 노동력으로 활용하면서 험한 일을 대신 시키는 방법으로 문제를 해결한다.

이는 요즘 우리나라가 고학력 사회가 되면서 3D 업종으로 일컬어지는 험한 일에 대한 기피 현상이 두드러지고, 결국 외국인 노동자를 수입하는 문제를 가져온 것과 유사하다.

유목민의 남하는 기후 환경적인 변화 때문에 유목 지역에서의 생존이 어려웠기 때문이다. 이는 더 많은 사람들이 남하하게 된다는 것을 의미한다. 유목민의 수가 많아진 상황에서 진나라의 내분은 '팔왕八王의 난'을 초래하게 되고, 결국 유목민의 봉기로 인해 진나라는 붕괴된다. 이때 진의 사마씨 일족인 사마예가 양자강 남쪽으로 도망가 건업(현 난징)을 수도로 개창하는 것이 바로 동진東晉이다.

　동진의 건국으로 이전의 진을 서진西晉이라고 칭한다. 또 서진의 붕괴는 양자강 이북, 즉 강북에 오호五胡인 선비·흉노·갈·저·강의 다섯 유목 민족들에 의한 십육국十六國 시대가 열리게 한다. 이것이 소위 오호십육국 시대이다. 이로써 만리장성이라는 유목과 농경의 경계선이 무너지면서, 회수 북쪽의 강북은 유목민의 손에 들어가게 된다.

　당시 불교는 이미 유목 세력에 깊은 영향을 미치고 있었다. 그러므로 이들에 의해 왕조가 개창되자 자연스럽게 불교가 지배 이념이 된다. 이는 당시에는 중국에 마땅한 지배 이념이 부재했다는 점, 또 소수의 유목민이 다수의 한족을 지배하는 구조에서 한족을 단합시킬 수 있는 한족적인 문화 대신 불교를 선택한 것은 지극히 당연한 판단이었다.

　당시 지배 이념으로서의 불교 채택과 이의 확산과 관련해서, 한족의 반발도 있었던 것으로 보인다. 후조後趙의 석호石虎와 관련된 기록에 의하면, 한족 관료인 왕도와 왕파가 불도징佛圖澄에 의한 불교의 번성을, 이방인의 신神(붓다)에 의한 것이므로 한족 문화와 맞지 않는다는 논리를 펴는 대목이 있다. 이때 석호는 자신은 한족이 아닌 이방인이므로 문제가 될 것이 없다고 하면서 불교를 더욱 진흥한다. 이 기록은 당시의 문화적인 충돌과 이민족 지배의 특수성을 잘 나타내 준다는 점에서 주목된다.

불교는 중국적인 문제인 유교의 몰락과 현학의 유행이라는 터전 속에서, 이미 불교화되어 있던 이민족의 남하에 따른 왕조 개창을 통해 강북에서 일거에 유행하게 되는 것이다.

강남 불교와 청담   동진의 강남 왕조는 강북을 수복하고자 했으나 무력 면에서 유목 왕조의 상대가 될 수 없었다. 또 강북의 유목국가들은 여러 왕조가 난립하는 상황이었기 때문에, 강남의 동진까지 정벌하기에는 무리가 있었다. 이러한 양자의 관계가 적절한 힘의 균형을 이루면서 남북의 대치 구도가 장기간 존속하게 된다.

회수 이남의 강남 문화는 손권의 오나라에서 시작되어 동진과 이후의 송·제·양·진에 이르는데, 이들 왕조는 모두 현재의 난징에 수도를 둔다. 이를 육조六朝 시대라고 한다. 육조 시대의 학풍은 탈속적인 청담淸談인데, 이를 대표하는 것이 바로 죽림칠현竹林七賢이다.

오랑캐라고 천시하던 유목민에게 쫓겨서 본토를 잃고, 당시 또 다른 야만 지역으로 생각하던 강남에 망명정부를 세운 것이 강남 한족의 현실이었다. 여기에 힘으로는 강북의 유목민을 어찌하지 못하는 실정은, 지식인들에게 현실을 부정하는 탈속적인 취향을 유행하게 한다. 이 때문에 술과 한식산寒食散이라는 일종의 마약에 취해서, 현실도피라는 방어기제 속으로 갇히는 것이 바로 강남 귀족 문화의 특징이다.

그러나 강남은 강북과 달리 기후가 온화하고 수량이 풍부해서 경제적으로는 윤택했다. 이것이 육조 시대 강남의 귀족 문화에서 고개지顧愷之나 왕희지王羲之, 도연명陶淵明 등의 예술 문화가 발전하게 되는 배경이 된다.

강남의 귀족주의와 현실도피, 그리고 예술 정신은 동시에 불교의 종교적인 관점과 통하는 면이 있다. 이 때문에 강남에도 불교의 바람이 거세게 불어 닥치게 된다. 이러한 과정에서 강남의 육조 청담은 강남 불교에 강한 인상을 남기게 되는데, 후일 선종의 화두에서 발견되는 미학적인 정신의 기원은 바로 이러한 청담과 연관된다.

강북과 강남의 문화적 차이와 특징 강북의 오호십육국과 강남의 육조 시대를 합하여 우리는 위진남북조魏晋南北朝 시대라고 한다. 조조의 위나라와 사마염의 진나라에서 시작되는 남과 북으로 갈라진 시대라는 의미이다.

중국은 강북과 강남의 문화적인 차이가 크다. 이는 고대인 춘추전국시대부터 나타나는 양상이다. 강북은 정치적이고, 철학적으로는 공자 그리고 문학적으로는 『시경詩經』이 주축이 된다. 이에 반해서 강남은 개인적이며, 철학적으로는 노자 그리고 문학적으로는 『초사楚辭』가 있다.

전체적으로 강북은 집단주의에 정치적이라면, 강남은 개인적이며 예술적이다. 이러한 경향은 자연환경 등에 기안한 것으로 중국의 역사를 이어 면면히 유전된다. 이 때문에 강북 불교는 정부 주도로 발전하면서 정권에 예속되어 간다면, 강남 불교는 개인적인 자율성의 전통을 유지하면서 흘러간다.

중국 문화의 반격

인성론人性論

중국철학의 주류인 인성론 인도 문화는 전통적으로 신을 믿던 상황에서 '축의 시대'를 거치며 불교와 같은 인간 중심의 이성주의로 변모한다. 그러나 다시금 상업자본의 몰락은 신 중심의 힌두교로 관점을 전환시키게 된다. '신 → 인간 → 신'의 구조를 보이는 것이다.

그리스를 중심으로 하는 유럽은 전통적인 신 중심에서 헬레니즘의 이성주의로, 그리고 다시금 중세의 헤브라이즘으로 전환된다. 이것이 르네상스라는 인간 중심을 통해 근대를 열게 되어 오늘에 이른다. 즉 '신 → 인간 → 신 → 인간'의 구조를 보이는 것이다.

중국 문화는 은殷(商)나라 때 신정정치神政政治를 통해서 절실하게 하느님(帝)을 믿던 구조가 점차 약화되다가, 춘추전국시대를 거치면서 인간 중심의 이성주의로 변모하게 된다. 그리고 중국 문화는 다시는 신을 믿는 쪽으로 뒤바뀌지 않는다. 즉 '신 → 인간'의 단순 구조로 오늘에까지 이르는 것이다.

중국 문화에서는 인간에 대한 비중이 크다 보니, 인간의 본성에 대한 탐구가 중국철학에 있어서 가장 중요한 핵심이 된다. 특히 인도나 유럽과는 달리 신이 건재한 상태에서 인간이 주류가 되는 것이 아니라, 중국은 거의 신의 가치가 박락된다. 이 때문에 인간 안에서 모든 문제를 해결해야 하므로 인간에 대한 논의가 깊이 있게 다루어지는 특징을 보이게 된다.

신을 놓아 버린 중국 중국 문화 역시 초기에는 신에 대한 강한 의존을 보인다. 은나라 때에는 모든 중요한 사안은 신에게 물어서 신의 뜻을 살핀 후에 처리했다. 이때 신을 묻는 도구가 갑골甲骨, 즉 귀갑수골龜甲獸骨이다.

그러나 은나라와 주나라의 교체기 때, 강태공 강상姜尙은 합리적인 이성의 관점으로 신에 의탁했던 은나라의 마지막 제帝인 주紂를 토벌하는 데 성공한다. 이것은 중국 역사에 있어서 신의 아성이 무너지는 일대 전환기적인 사건이다.

이후 춘추시대에 오면 각 제후국들은 치열한 전략에 의한 승부를 펼치게 되고, 이때 신의 입지는 점차 약화된다. 전쟁이라는 특성상 신을 믿거나 정의롭다고 해서 이기는 것은 아니다. 송양지인宋襄之仁의 고사로 널리 알려진 송나라 양공襄公의 어짊은, 결국 전쟁에서의 패배와 죽음이라는 대가만을 지불할 뿐이었다. 즉 춘추전국시대라는 장기간에 걸친 전쟁 시대는 신이나 도덕보다는 인간의 지략이 우선하는 시대인 셈이다.

전국시대 신의 무가치성이 제기되면서 필연적으로 인간의 본성 문제가 제일 큰 화두로 대두하게 된다. 중국의 인성론은 보편적으로 성선론을 취한다. 일반적으로 순자는 성악설을 주장한 것으로 알려져 있지만, 그 역시도 본질적인 성선에 입각한 제한적인 성악을 주장한 것에 지나지 않는다. 사실 중국철학에서 본질적인 성악에 대한 논의는 이루어진 적 자체가 없다고 보는 것이 옳다.

중국철학이 성선론 일변으로 전개되는 이유는 '하늘(天)'이라는 완전하고 지선至善인 존재가 인간에게 '본성(性)'을 부여했다는 생각 때문이다. 중국철학에서의 천天과 성性의 관계는 인도철학의 범아일여 관점과 유사하다. 다만 인도가 범(Brahman)과 아(ātman) 중 범이라는 '신' 중심적인 관점을 취한다면, 중국은 천과 성 중 '성' 중심의 관점을 취한다는 점에서 차이가 있다.

중국철학에서의 천은 처음에는 기독교의 여호와와 같은 인격적 존재였다. 그러나 점차 인격적인 요소가 탈각되면서, 인격천人格天은 원리·이치와 같은 의리천義理天, 즉 '천리天理'로 변모한다. 이러한 천리가 인간에 내포된 것이 바로 '성性'이다. 천에 인격적 요소가 아닌 천리라는 법칙적 측면만이 존재한다는 점은, 인간 이성을 통한 원리의 파악에 중국철학이 더 치중하게 되는 결과를 가져온다.

중국철학에서의 목적은 천리와 연결된 성의 본질을 이해하거나, 또는 이를 확충시켜 천리와 합일되는 것이다. 이것을 '천인합일天人合一'

이라고 한다. 이는 중국철학의 범주에 속하는 유교나 도교, 그리고 중국 불교를 통해서 공통되게 나타난다. 물론 도교나 중국 불교에서는 합치의 대상이 유교적인 천天이 아니라, 도道나 허虛 또는 불佛이라는 차이가 있다. 하지만 그 구조적인 면에서는 전체적으로 대동소이하다.

인성론의 발전과 한계 춘추시대부터 시작된 천天의 인격적인 탈각과 이러한 공백을 채우게 되는 합리적 인간 본성에 대한 자각은 『논어』에서 제일 먼저 확인된다. 『논어』 「양화陽貨」에는 "성상근야性相近也 습상원야習相遠也"라고 해서 "사람의 본성은 서로 비슷하지만, 환경적인 요인에 의해 서로 달라진다."라고 되어 있다. 이 기록은 이때까지만 해도 인성론적인 가치가 점차 대두되는 정도이지, 아직은 핵심적인 위치에 이른 것이 아니라는 점을 잘 나타내 준다.

전국시대로 넘어가면 더욱 치열한 전쟁 양상이 벌어지며, 이와 관련해서 인간의 이성적인 능력은 더 크게 요구받게 된다. 이 때문에 신의 입지는 더욱 좁아지고, 드디어 인성론이 중국철학의 주류로 성장하기에 이른다. 이의 대표적인 것이 우리가 잘 아는 맹자의 성선설과 순자의 성악설이다.

그러나 이 외에도 당시 세석世碩·밀자천密子賤·칠조개漆雕開·공손니자公孫尼子·고자告子 등이 모두 인성론에 대해서 말하고 있다. 이는 전국시대 중국철학의 가장 큰 화두가 인성론이었다는 점을 알게 해 준다. 또 이렇게 되는 이유는, 인격천의 급격한 몰락과 이의 대안적인 요구가 존재하고 있었기 때문이다.

그러나 인성론에 대한 논의는 결말을 보지 못하고, 진의 통일을 넘어 한나라에까지 전해진다. 한나라의 인성론은 순자의 후예인 순열荀悅에 의해서 시작된다. 한 무제 때의 대학자 동중서董仲舒는 여러 인성론을 제기하는데, 이 중 성삼품설性三品說이 제일 중요하다. 이외에도 한나라 초기 유향劉向의 성정상응론性情相應論이나, 후한 시대 왕충王充의 용기위성론用氣爲性論 등이 주목된다.

그러나 이러한 논의들 역시 모두 답을 내지 못하고, 유교의 쇠퇴와 더불어서 인성론에 대한 관심도 낮아지게 된다. 이러다가 위진남북조 시대가 전개되면서, 중국은 최초의 이민족 지배와 외래 사상이 만개되는 불교 시대를 맞이하게 된다.

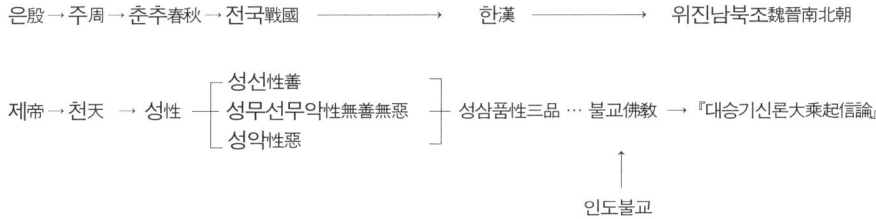

불교를 통한 인성론의 부활   불교는 처음에 신통과 같은 신이영응神異靈應으로 중국인들에게 주목되면서 감명을 주게 된다. 언어와 문화권적인 차이에 의해 문자가 잘 소통하지 않는 상황에서 신통은 분명 쉽게 다가가서 감응시키기에 유리한 조건임에 틀림없다. 데이비드 카퍼필드가 일거에 전 세계적인 스타가 될 수 있었던 것도, 마술이라는 언어나 문자에 크게 의존하지 않는 방식을 통해서 등장했기 때문이다. 중국 불교의 정착과 관련해서 데이비드 카퍼필드와 같은 역할을 한 인물이 바로 불도징佛圖澄이다. 물론 불도징과 같은 경우는 마술이 아닌 신통을 사용했다.

그러나 불교가 점차 중국에 정착하고 안정되면서 중국인의 관심에 맞는 부분들이 부각되게 된다. 이 중 대표적인 것이 전통적인 인성론과 관련된 '불성 사상'과 '유심주의'이다. 후일 불교는 중국적인 문제의식을 통해 중국 불교로 거듭나게 된다.

중국 불교를 소위 사가대승四家大乘이라고 하여 천태종·화엄종·선종·정토종을 일컫는다. 그런데 이 중 신앙적인 정토종을 제외한 나머지 세 가지는, 모두 불성과 유심 사상을 주요 종지로 삼고 있다. 또 이러한 불성과 유심은 모두 인성론과 관련된다. 즉 중국철학의 단절된 인성론은 유교를 넘어서 불교로 계승되고 있는 것이다.

이러한 인성론의 논리 구조를 철학적으로 체계화한 역작이 바로 진제眞諦(Paramārtha)의 『대승기신론』이다. 이 책은 불교를 넘어서 중국철학 전반에 걸친 막대한 영향력을 발휘하는 위대한 명저이다. 『대승기신론』의 저자에 관해서는 논란이 있으나, 이 책은 인도와 중국 문화에 모두 정통한 불교학자에 의해 저술된 것이다. 또 그 내용 중에는 왜곡된 현실의 억압 속에서도 굴하지 않는 정신 자세가 엿보인다. 이 시기 중국 불교에서 이런 조건에 부합되는 인물은 진제 밖에 없다. 그러므로 진제를 『대승기신론』의 저자로 보아도 문제가 없다고 생각한다.

우리는 흔히 공자와 맹자를 병칭하여 공맹이라고 하지만, 실제로 맹자는 전국시대 말기의 학자인 순자에 눌려서 역사의 표면에서 곧 사라진 인물이다. 그러던 것이 당나라 말기에 이르러, 불교의 인성론 체계를 상대할 수 있는 유교적인 가치를 찾는 과정에서 맹자가 재평가받기에 이른다. 즉 맹자를 깨워서 성인으로 만든 것은 유교가 아니라 불교인 셈이다.

북송 시대의 신유교자 정명도가 죽자 정이천은, 맹자 이래로 끊어진 심법心法을 1,400년을 격해서 정명도가 계승했다고 주장했다. 그러나 100년, 200년도 아닌 1,400년이라는 긴 시간을 뛰어넘어 정신을 계승한다는 것은 현실적으로 불가능한 일이다. 이 사이 인성론의 공백을 채운 것은 유교가 아닌 불교였다. 그리고 중국 불교의 인성론적인 세례를 통해서 유교는 이후 신유교로 거듭나게 되는 것이다.

세 개의 중국과 하나의 중국
공룡의 탄생, 수나라

중국의 지역 구분 중국은 크게 만리장성 밖의 유목 문화권과 안쪽 관중의 밭농사 중심의 농경 문화권, 그리고 회수와 양자강 남쪽의 풍부한 수량을 배경으로 한 강남수향江南水鄕으로 상징되는 문화권의 세 지역으로 구분된다. 이들 지역은 각각 '유목의 군사력'과 '관중의 정치력·문화력' 그리고 '강남의 풍요로운 물산에 의한 경제력'을 특징으로 한다. 즉 세 지역은 완전히 다른 문화 배경을 가지고 있는 것이다.

최초의 중국 통일 이후 진시황은 기존의 성곽들을 연결해 만리장성을 완성함으로써, 만리장성 이북의 유목 문화는 중국이 아니라는 점을 분명히 했다. 실제로 만리장성은 유목과 농경의 한계선에 축조됐다. 즉 만리장성 밖으로 나가면 밭농사조차 전혀 불가능하다는 말이다.

또 강남 역시 중국과 먼 오랑캐였다. 강남이 중국 문화로 들어오는 것은 춘추전국시대 초나라부터이지만 실질적으로는 삼국시대 오나라에 의해서이다.

강남과 강북의 지역 분기는 '유자가 회수를 지나면 탱자가 된다'는 말로 유명한 회수이다. 여기에 좀 더 남쪽에 위치한 양자강이 포함되는 정도이다. 양자강은 세계에서 세 번째로 긴 강이다. 양자강은 본래 명칭이 장강長江인데, 이 말은 긴 강이라는 뜻이니 참으로 그럴 듯하다. 이러한 회수와 양자강을 중심으로 강남과 강북이라는 명칭이 만들어지며, 이는 오늘날 우리나라에서도 차용되어 보편적으로 사용될 정도로까지 일반화된다.

지역적 특징과 세계 제국 유목 문화는 인구수가 적다. 그러나 하나의 구심점으로 뭉치기만 하면 천하에 당할 수 없는 것이 또한 유목민이다. 대표적인 경우로 한나라 때의 묵특선우나 몽골의 칭기즈칸을 생각해 볼 수 있다. 또 청나라가 건국될 때 만주족은 불과 10만 명의 팔기군으로 당시 8,000만 명의 한족을 제압한 것이니, 유목민의 전투적인 우월성은 재론의 여지가 없다. 그래서 서구의 전쟁사에서 '유목민의 기마병은 독일에서 탱크가 만들어지기 전까지 최강이었다'고 기술하고 있는 것이다.

중국은 유목민을 두려워해 만리장성이라는 대규모 국책 사업을 벌인다. 이는 인류가 할 수 있는 가장 거대한 인공물인 동시에, 중국이 얼마나 유목민을 두려워했는지를 알게 해 주는 상징적인 문화유산이다. 즉 중국의 공포가 그 속에 녹아 있는 것이다.

중국 문화의 전통적인 주 무대인 관중 지역은 강수량이 적어서 논농사가 불가능하다. 그래서 중국 한자에는 논을 나타내는 글자가 없다. 수량의 문제는 농경이 밭농사 위주로 진행될 수밖에 없음을 의미한다. 그러나 이 또한 풍족하지 못하다. 그러다 보니 적은 것을 누가 먼저 먹어야 하느냐에 대한 서열을 정하는 것이 중요한 문제로 부각된다. 이것이 '예론禮論'이 되고 '정치'가 된다.

또 적은 것을 서로 가지려는 과정에서 투쟁이 발생하며 이러한 상황에서 문화가 발전한다. 전 세계적으로 우리나라의 위도와 같은 지역에 있는 나라가 문화적으로 강해지는 것 역시 바로 이러한 이유 때문이다.

강남은 유약한 특징이 있다. 이는 풍요로운 경제력과 관련되는 느긋함과 양보의 태도 때문이다. 또 기후적으로 강우량이 많고 더운 것과도 관련된다. 오늘날은 경제력이 곧 군사력을 의미하지만, 과거에는 이 양자가 반드시 직결되는 것은 아니었다. 그래서 강남은 관중보다 문화나 군사력이 약했다. 이는 강남이 강북의 관중에 종속되는 양태를 나타낸다. 즉 전통적인 중국의 관점에서 강남은 그리 위협적이지 않은 존재였던 것이다.

또 회수나 양자강은 강폭이나 유량이 매우 크고 많다. 그러므로 만리장성과 같은 인공물이 아니더라도 지역적인 분기가 강을 통해서 이루어지게 된다. 이는 육조 시대에 회수와 양자강을 끼고 전선이 이루어지는 것을 통해서도 분명해진다. 즉 강남은 유목민에 비해 그렇게까지 위협적이지도 않았고, 또 천연적인 지형에 의한 분기도 이루어져 있었던 것이다.

중국 역사를 보면 관중 지역을 중심으로 하는 중국일 때가 있고,

이러한 세 지역을 융합한 중국일 때가 있다. 중국은 세 지역이 융합될 때 비로소 로마를 압도하는 세계 최강의 중국으로 세계사의 전면에 등장한다. 그래서 중국사를 보면, 세 지역이 합해지는 수·당에서부터 세계 제국이라고 칭하는 것이다.

만리장성과 대운하 건설   만리장성은 북방 유목민의 남하를 막기 위해서 축조된 것이지만, 중국 역사를 보면 유목민이 남하할 때 만리장성이 역할을 한 경우는 거의 없다. 위진남북조시대에도 그랬고 이후 북송을 무너트리는 금나라 때나, 몽골 및 청나라의 남하 때도 만리장성은 유목민으로부터 중국을 보호하지 못했다. 즉 노력에 비해서 효용성이 가장 떨어지는 인류의 대표적인 유산이 만리장성인 것이다.

그럼에도 만리장성은 중국을 상징하는 대표적인 문화유산이자 가장 많은 사람들이 찾는 관광 명소가 되었다. 즉 만리장성은 본래의 기능은 하지 못했지만, 아이러니하게도 그 건축비는 입장료를 통해서 회수되고 있는 것이다.

이에 비해서 수양제의 대운하는 중국 역사상 가장 위대한 사업이었다. 그럼에도 그것이 고구려 정벌과 함께 가장 큰 실정으로 기록된 것은 단명한 왕조의 비운이라고 하겠다. 『논어』「자장子張」에는 자공의 말로, "군자는 하천하게 되는 것을 싫어하는데 이는 천하의 악이 모두 모여들기 때문이다."라고 하였다. 대운하 건설 업적의 폄하는 바로 이러한 경우라고 하겠다.

대운하는 남방의 경제력을 북방으로 끌어들이고, 강남과 강북을 연결하는 중요한 역할을 한다. 그러나 수양제가 처음 운하를 건설하려고 계획한 것은, 황제의 전용 배인 용선龍船를 띄우고 강남으로 뱃놀이를 가기 위해서라고 기록은 전한다. 하지만 제아무리 생각이 없는 황제라도 이런 대역사를 단순한 뱃놀이를 위해서 했겠는가!

대운하는 중국이 발전하는데 있어서, 마치 우리나라의 경부고속도로와 같은 중추적인 역할을 담당한다. 대운하야말로 중국의 세 지역을 결속시켜 하나의 중국이 유지되도록 했다는 점에서 가장 위대한 국책 사업이었다고 단언할 수 있다. 이렇게 놓고 본다면 이는 단명한 왕조에 어떠한 혐의가 씌워질 수 있는가를 생각해 보게 하는 의미심장한 대목이다.

공룡의 탄생과 문제점　위진남북조시대가 열리면서 북방 유목 문화와 강북 지역을 분기하는 만리장성은 경계로서의 기능을 상실하게 된다. 만리장성 밖의 유목민이 남하하여 왕조를 수립한 상황에서 만리장성은 더는 효용성이 없었기 때문이다.

북조와 남조의 대치는 370여 년이라는 장기간에 걸쳐서 이루어지게 된다. 이는 세 가지 이유 때문이다. 첫째는 유목민이 안정적인 제국을 건설해 본 경험이 없었기 때문에, 여러 왕조가 명멸하게 되면서 남방으로 내려오기가 어려웠다는 점. 둘째는 유목 지역과 북방만 가지고도 충분히 광활한 영역이었다는 점. 셋째는 회수와 양자강이 천연적으로 지역을 분기하고 있었으며, 유목민들은 큰물에 대한 공포심이 있어 이를 넘어서기가 어려웠다는 점이 바로 그것이다.

결국 위진남북조시대는 북제의 선양을 받아 문제가 건국한 수나라에 의해서 통일된다. 문제는 한족화된 유목민 계통이었고, 이는 유목 계열인 북조에 의한 통일이었기 때문에, 이때에도 만리장성은 문제가 되지 않는다. 따라서 남조와의 직접적인 연결을 통한 하나의 중국 표방이 가장 큰 화두로 대두하게 된다.

물론 이와 같은 배경에는 강남의 경제력을 북쪽으로 끌어 올리려는 측면 역시 중요하게 작용한다. 또 여기에는 통일 과정에서 발생한 다수의 전쟁 포로들을 공공 근로를 시켜야 할 필연성도 있었다. 이러한 여러 가지 요인들에 의해서 수문제에 이어 수양제가 양자강과 황하를 연결하는 대운하를 완성되게 된다.

대운하는 남으로는 항주 인근의 여항에서 시작하여 서로는 수도였던 장안, 옆의 낙양 그리고 북으로는 북경 옆의 탁군을 연결하는 대역

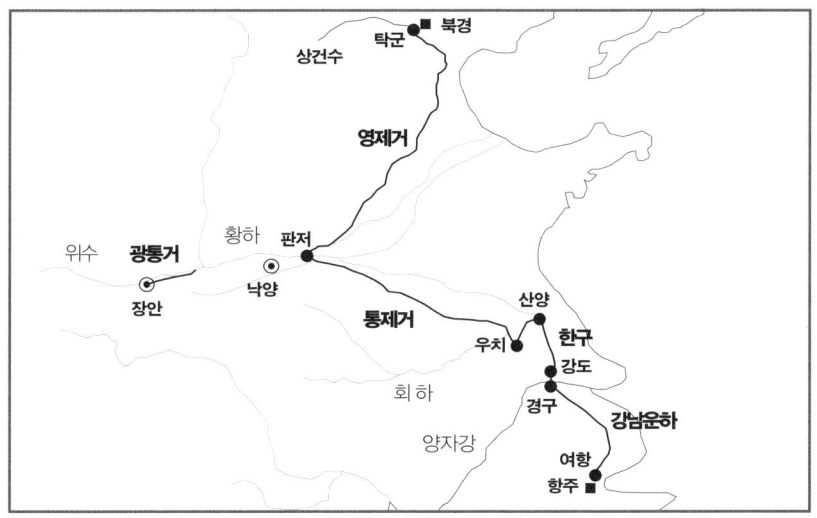

사였다. 말 그대로 중국을 세로로 연결하는 대동맥인 것이다. 이와 같은 대동맥의 완성을 통해서 중국은 비로소 지역적으로 하나의 중국이라는 통일성을 갖게 된다.

그러므로 이제 문제는 지리적인 완성을 넘어서 세 개의 각기 다른 문화 배경을 가진 거대 중국을 어떻게 하나의 중국으로 융합할 것인가로 옮겨지게 된다. 이 시기에 이를 해결할 수 있는 사상은 불교밖에 없었다. 그렇게 해서 대두된 것이 바로 수나라 때의 천태종이다.

비난받는 왕조 뒤의 번영 왕조
당나라

자본의 요구와 과도기의 천태종　　왕조가 오랫동안 분열되어 있으면, 상인 자본의 요구에 의해 점차 통일의 방향으로 가게 된다. 물론 상업자본은 직접 권력을 만들지는 않는다. 상업자본이란 보이지 않는 손이며, 이 시기에 보이는 손의 역할을 했던 것은 관중과 농우隴右 지역의 정치 세력인 관롱 집단이다. 이로써 기회를 잡게 된 것이 바로 수나라이다.

그러나 수양제의 대운하 건설과 고구려 정벌 등의 독주獨走와 과도한 세금 부과는 상인자본의 지지를 철회하게 한다. 즉 과거의 분열 시기가 더 좋다는 판단으로 바뀌게 되는 것이다. 이는 관롱 집단의 이반으로 나타나게 되고, 결국 수나라의 재분열을 통해서 역사의 추는 당나라로 넘어가게 된다.

수나라의 지배 이념으로 선택된 것은 천태종이다. 천태종은 도교적인 측면과 결합된 불교로, 그 이전까지의 각 종파적인 불교를 하나의 거대한 불교 체계로 완성하려는 시도를 한다. 즉 백화점과 같은 것으로 당시로는 매우 특출한 것이었다. 그러나 동시에 이는 너무 시대를 앞서는 것이기도 했다. 그 속에는 '아직 완전한 전문화를 거치지 못한 상태에서의 종합화'의 문제가 존재했던 것이다.

천태종이 종합화에 좀 더 높은 무게 비중을 둘 수밖에 없었던 것은, 수나라의 통일로 세 지역을 아우를 수 있는 시대적인 요청이 존재했기 때문이다. 천태종의 삼제원융三諦圓融이나 회삼귀일會三歸一, 또는 일념삼천一念三千과 같은 관점들은 당시의 시대적인 요청과 절대 무관하지 않다. 이들 철학 체계는 불교의 진리관에 입각해 볼 때, 개별적인 차별이라는 것은 실제로는 원융일 뿐이라는 의미로 당시의 시대적 요청에 잘 부합한다. 즉 천태종은 세 지역의 공통분모인 불교를 통해서 하나의 세계 제국에 대한 이론적 토대와 이에 따른 원융 논리를 이룩하려고 했던 것이다.

또 천태종은 당시 중국 불교의 취약점인 수행에 관해서도 지관법止觀法이라는 해법을 제시하고 있다. 인도 불교의 수행법은 더운 기후에 특화된 관법觀法으로 중국 문화권의 추운 기후에는 맞지 않는다는 문제가 있었다. 중국 문화권 수행의 특징은 추운 기후에서 흔히 나타나는 열을 발생시키는 방식과 집중, 그리고 행동주의적인 측면을 가진다. 천태종 역시 집중을 통한 지관을 해법으로 제시하고 있다.

여기에 천태종은 중국 무속에 해당하는 도교의 관점을 상당수 차용해서 민중적인 지지를 이끌어 내려고 했다. 그러나 이러한 다양한 가치관을 효율적으로 정리해 운용하는 것은 결코 쉬운 일이 아니었다. 그런데 이러한 노력이 채 완성되기도 전에, 수나라는 37년의 단명 왕조로 끝나게 된다.

수나라의 단명은 수양제의 과도한 세금 징수로 인한 상업자본의 이반이 핵심이지만, 여기에는 지배 이념인 천태종의 불완전성도 한몫을 했다. 천태종은 융합이라는 관점에 지나치게 치중한 나머지 역으로 차별에 소홀했던 것이다.

그러나 역사의 과도기적인 측면에는 차별적이고 위압적인 부분도 함께 필요하다. 그런 이후에 차별이 안정되면, 융합의 논리가 한 단계 진일보한 원융의 관점에서 제기되어야 한다. 즉 융합은 차별의 논리와 함께 병진되다가 원융으로 완성되어야 하는 것이다. 그러나 이 부분과 관련해서 천태종은 미흡했고, 또 이를 인지하고 있었다고 하더라도 천태종에 주어진 시간은 너무 부족했다.

진시황과 수양제가 없었다면, 오늘날 우리가 보는 거대 중국은 존재하지 않을 것이다. 가장 많은 사람이 사는 지역인 동시에 가장 오랜 문명을 가진 지역이, 이렇게 하나의 거대하고도 단일한 집단으로 유전하는 것은 중국이 유일하다. 이러한 큰 틀을 완성한 두 군주가 바로 진시황과 수양제이다. 그러나 이들은 단명 왕조라는 공통점 속에서, 다음에 존재하게 되는 한漢과 당唐이라는 번성 왕조의 밑거름이 되면서 모든 악덕만을 끌어 안게 된다.

이들에 의해서 만들어진 만리장성과 군현제, 그리고 대운하와 과거제 정비(문제文帝 시대)는 오늘날까지 중국을 나타내는 가장 큰 상징이자 세계 문명에 영향을 끼친 유력한 제도이다. 즉 오늘날의 중국은 진시황과 수양제에게 큰 빚을 지고 있는 것이다.

당나라와 화엄종의 세계관   오랜 분열을 통일한 왕조는 다시금 재분열하려는 힘에 의해 붕괴되고, 그 다음에 들어서는 왕조는 번성한다. 이는 역사의 공식이기도 한데, 이런 공식을 만드는 것은 바로 상업자본이다.

수나라가 대운하 건설이라는 힘든 일을 완성하고 멸망했다는 것은, 당나라로서는 여기에서 발생하는 이익만 수혜하면 된다는 것을 의미한다. 수나라 이후 당송의 발달은 이러한 대운하의 완성과 결코 유리될 수 없다.

당나라의 번영은 흔히 당태종 이세민의 '정관貞觀의 치治'로 상징되지만, 실제로 여기에는 측천무후로 알려진 금륜성신金輪聖神 황제의 역할이 반드시 첨가되어야만 한다. 측천무후는 중국 유일의 여성 황제지만, 중국의 여성 폄하적인 관점에 의해 그 업적을 고종이나 현종에게 빼앗기게 된다. 그러나 당의 번영과 관련해서 측천무후의 역할은 실로 막대했다.

일반적으로 비정통 왕위 계승자는 자신의 왕위를 보전하고 주변의 도전자들을 막기 위해 노력과 능력을 힘써 발휘하곤 한다. 당태종도 현무문玄武門 사건으로 형인 태자 이건성을 죽이고 왕위에 오른 비정통 황제이니, 바로 여기에 속하는 인물이다. 그러나 측천무후는 여성이라는 점과 당나라를 단절하고 주周(武周)나라를 세운다는 점에서, 더욱 철저한 노력을 기울여야 할 필연성이 있었다. 이것은 제국으로서는 안정과 번영을 구가하게 됨을 의미한다.

당나라의 개국 이후에 대두되는 최고의 불교 인물은, 당태종의 대외 정벌과 이를 통한 왕권 강화 노력에 발맞춘 『서유기』의 주인공 현장이다. 현장의 법상종法相宗은 오성각별설五性各別說을 주장하는데, 이는 인도의 신분제 사회에서 기인하는 차별적인 질서 원리이다. 이를 통해서 새로 세운 왕조는 권위를 수립하면서, 왕조의 안정을 꾀할 수 있게 된다. 또 현장의 기행문으로 『서유기』의 근본 자료가 되는 『대당서역기』는 당태종의 요청에 의해 제작된 것으로, 당의 서역 정벌과 세계 경략에 중요한 지침으로 작용한다.

당태종은 대외 정벌을 통해서 왕권을 강화하고 반대 세력들을 정리하면서 왕조의 기틀을 다지게 된다. 이후 북방의 돌궐과 중앙아시아 그리고 토번(티베트) 지역까지 경영하게 되는 당나라는, 만리장성 이북의 유목과 관중의 농경 및 강남이라는 세 지역의 융합을 넘어서는 더 원대한 원융의 시대적 요청에 직면하게 된다. 그러나 전 왕조인 수나라의 지배 이념이었던 천태종을 사용할 수는 없는 상황이었고, 또 당시에는 유교나 도교는 불교에 비견할 만한 역량을 전혀 갖추지 못하고 있었다. 이러한 상황에서 지배 이념은 다시금 불교 안에서 찾아지게 되는데, 이때 원융이라는 세계관을 가지고 등장하는 것이 바로 화엄종이다.

화엄 사상의 성공　화엄종은 원융적인 세계관을 중시한다. 덕분에 수행론에서는 상대적으로 취약한 면모를 보인다. 이는 후일 선종이 대두하게 되는 이유 중 하나가 된다. 즉 천태종은 세계관과 수행론까지를 한데 아우르려고 했다면, 화엄종과 선종은 이를 각각 나누어서 다루고 있는 것이다.

화엄종의 원융관은 '진리의 평등'과 '붓다의 평등'이라는 이중적인 관점으로 구성된다. 『화엄경』이 법신法身이라는 진리의 인격화된 가치를 핵심으로 한다는 점에서 이러한 양자는 이중성을 가질 수밖에 없다.

진리의 평등이란, 진리적인 관점에서 일체는 모두 다른 차별상 속에서도 완전함을 갖추고 있다는 원리이다. 또 붓다의 평등은, 각기 다른 그 자체가 본래 붓다라는 유기체적인 관점이다. 즉 객관과 주관의 양자 속에서 모든 가치의 다름을 인정하는 완성을 제시하고, 이를 통해서 전체 완성을 현시하는 것이 바로 화엄의 원융관인 것이다.

이는 모든 것을 하나로 균일화시키는 평등이 아니라, 모든 차별을 인정하는 개별성의 평등이라는 점에서 흥미롭다. 마치 가을 산의 단풍이라는 것이 실은 모든 나뭇잎들의 부조화일 뿐이지만, 이러한 부조화가 모여서 거대한 아름다움을 만들어 내는 것과 같은 원리이다.

모든 단풍이 같은 빛깔이라면 그렇게 아름답지는 않을 것이다. 단풍 속에는 도저히 균질화될 수 없는 다양한 색의 향연이 존재하다. 특정 기준을 세우지 않고 그 자체의 모두를 인정하는 것이 바로 단풍의 아름다움이며, 화엄은 바로 이것을 말한다. 즉 모든 존재는 비교할 수 없는 자체적인 완결성을 가진다는 것이며, 이를 통해서 전체는 또다시 통체로서의 완성을 성취하게 되는 것이다.

이러한 논리 체계 속에서, 중국의 세 지역과 새롭게 편입된 모든 지역과 문화들은 그들만의 차이점을 그대로 간직한 채 전체적인 완성을 이룩하게 된다. 화엄 사상은 이를 『화엄경』이라는 경전을 통해서 좀 더 효율적으로 체계화한다. 이는 당나라의 번성과 더불어 화엄종의 번영을 구가하게 한다.

우리나라의 통일신라 역시 신라를 중심으로 하는 고구려와 백제의 통합이라는, 세 집단의 통일 과제를 안고 있었다. 그 결과 통일신라에서도 원효와 의상의 화엄 사상이 유행하게 된다. 그러나 이러한 원융은 당시로서는 이상적인 것이지 완전한 원융이 될 수는 없었다. 왜냐하면 신라라는 통일의 주체와 고구려와 백제라는 망국의 편입 대상이 결코 평등할 수는 없기 때문이다.

그러므로 진정한 원융은 신라가 통일한 100여 년 뒤, 완전히 자신감이 생긴 이후에야 불국사의 건립을 통해서 드러나게 된다. 불국사佛國寺 즉 '붓다의 나라'에서는 신라·고구려·백제가 각기 다른 차이 속에서도 차별 없이 존재할 수 있다는 것을 의미한다. 그러므로 불국사 역시 사상적인 틀에서는 화엄과 관련해 이룩된 것이다. 이는 불국사의 공식 명칭이 화엄불국사였다는 점을 통해서도 분명해진다.

전체에서 개인으로
선禪 불교

당의 안정과 개인화의 대두　당나라는 당태종과 측천무후 시대를 거치면서 안정화를 이루고, 화엄종에 의해 다민족과 문화의 통합에 성공하게 된다. 이로 인해 당은 명실공히 로마를 누르고, 세계 최강 제국으로 역사의 전면에 등장한다. 이때부터 '모든 길은 로마로 통한다'는 말은 '모든 길은 장안으로 통한다'는 말로 바뀌게 된다.

경제적인 안정은 문화 수준을 높이는 배경이 되며, 점차 집단적인 사고에서 개인적 사고, 즉 개인화로 나아가게 된다. 이는 우리나라가 군부 독재의 집단적인 밀어붙이기식 경제성장 뒤에, 민주화와 개인화로 치닫게 되는 것과 같은 구조라고 하겠다.

현재 우리나라에서 가장 큰 화두는 인간의 행복이다. 행복이란 주관적인 것으로 객관적인 기준이나 판단에 의해 주어질 수 있는 것이 아니다. 그러므로 명상이나 심리 상담과 같은 주관을 바꾸는 방식이 유행하고 있는 것이다.

당나라에서 개인화의 꽃으로 대두된 것이 바로 주관적인 마음의 수행 문화인 선종이다. 선종은 화엄종에서 주장하는 '개별의 가치를 손상하지 않는 통합의 가치' 위에서 전개되는, 중국적인 관점에 의한 불교식 수행론이다. 이는 당시의 개인화에 대한 요구와 맞아떨어지면서 일거에 중국 사상계의 판도를 뒤바꾸게 된다.

강남 개인 문화의 약진　　강북의 관중 문화는 집단적인 성향이 강하다. 그러므로 개인화에 좀 더 잘 부합하는 것은 강남의 문화이다. 강남은 경제적으로는 강북을 능가했지만 전통적인 관중에 비해 문화가 떨어지고, 한족의 본토가 아니라는 점에서 강북보다 차별받는 부분이 있었다.

그러나 위진남북조 시대를 거치면서 강북이 유목 문화에 의해 지배되지만, 강남은 남하한 한족들에 의해서 한족 문화가 유지된다. 이로 인해 강남 문화는 점차 강북 문화를 역전시키는 터전을 만들게 된다. 이를 우리는 육조 시대의 예술 발달을 통해서 시사받아 볼 수 있다.

그러나 강북의 강남에 대한 차별적인 전통 인식은, 성당盛唐 시기까지도 유전되고 있었다. 이를 단적으로 파악해 볼 수 있는 것이, 선종의 실질적인 완성자인 육조 혜능과 관련된 이야기이다.

『육조단경』은 강남 광둥인인 혜능이 기주 쌍봉산의 오조 홍인을 찾아갔을 때의 대화를 다음과 같이 기록하고 있다. 홍인은 "너는 영남인嶺南人으로 오랑캐나 마찬가진데, 어찌 감히 붓다가 될 수 있겠는가?"

라고 말한다. 그러자 혜능은 "사람에게는 비록 남북이 있으나, 불성에는 본래 남북이 있을 수 없습니다."라고 대답한다.

이는 매우 놀라운 대화 기록이다. 이를 통해서 우리는 다음의 두 가지를 알 수 있기 때문이다.

첫째는 강남인에 대한 지역 차별 정서와 강남인인 혜능조차도 이를 수용하고 있다는 점이다. 둘째는 혜능이 가르침을 받으러 왔음에도 홍인에게 말대답을 하는 개인성이 두드러진다는 점이 그것이다. 일반적으로 오늘날도 행자가 큰스님을 친견하는 자리에서 이러한 말대답은 쉽게 용납될 수 없다. 이는 고압적인 강북 문화와 개인화된 강남 문화를 잘 대변해 준다.

선종이 오조 홍인에 의해 상당히 번성했음에도, 강남인인 혜능을 기다려서야 비로소 완성되는 것은 강남의 개인 문화가 선종과 잘 맞는다는 것을 의미한다. 물론 당시 선종은 혜능 쪽인 남종선의 기록과는 달리, 주류는 당나라의 두 수도인 장안(서도)과 낙양(동도)에서 활약한 북종선 계열이었다.

그러나 당현종 때 안사의 난을 겪으면서 강북은 전쟁의 소용돌이 속으로 빠져든다. 이 때문에 드디어 강남의 경제력과 문화력이 강북을 압도하게 된다. 이때 남종선은 북종선을 누르고 명실상부한 선종의 주류로 올라서게 되는 것이다. 이 시기 활약한 인물이 바로 하택신회荷澤神會이다. 그러나 여기에는 강남의 개인주의가 아니면, 돈오라는 철저한 주관주의에 입각한 관점 환기의 깨달음이 불가능하다는 측면 역시 작용했다.

불성의 재발견　혜능의 인간 본성에 대한 재발견, 즉 견성見性 사상을 소위 육조혁명六祖革命이라고 한다. 견성은 견불성見佛性의 줄임말이다. 그 뜻은 우리 모두가 본래부터 붓다를 내포하고 있으니, 이를 자각하기만 하면 곧 붓다가 된다는 것이다.

불성은 인도 불교에서는 붓다가 될 수 있다는 가능성의 의미인 여래장如來藏으로 주로 사용된다. 여래장이란 여래, 즉 붓다의 가능성을 의미한다. 이원론적인 세계관을 바탕으로 삼세 윤회를 믿는 인도 대승 불교에서는, 모든 중생은 미래에 붓다가 될 수 있다고 주장한다. 즉 발심하면 언젠가는 붓다가 된다는 논리이다.

미래에 붓다가 되기 위해서는 현재에 가능성이 존재하지 않으면 안 된다. 마치 씨앗 속에 나무의 가능성이 존재하는 것처럼 말이다. 이것을 여래의 가능성, 즉 여래장이라고 한다.

그런데 중국은 이원론이 아닌 일원론을 주장하며, 이는 삼세가 아닌 현세만을 인정한다. 이렇게 되면 미래의 어느 생에선가 붓다가 되는 것은 전혀 의미가 없다.

또 붓다라는 완전성이 미래에 존재한다는 것은 바꾸어 말하면 지금도 존재한다는 해석이 가능하다. '일반적인 상대 세계적인 조건에서의 가능성'과 '완전한 완성'은 논리적 층위가 다르다.

아이에게는 어른의 가능성이 존재하지만 아이가 곧 어른은 아니다. 그러나 붓다와 같은 완전체의 경우, 가능성은 곧 완성일 수밖에 없다. 왜냐하면 완전한 것은 불완전한 것이 변화되어 성립할 수 있는 것이 아니기 때문이다. 그러므로 미래의 완성이란, 현재에도 완성된 것이라는 논리가 성립하게 된다.

　사람들은 이것을 구름이 태양을 가리고 있는 상태와 같은 양상으로 오해하기도 한다. 태양은 상대론적인 태양이기 때문에 구름에 가려질 수 있다. 그러나 만일 절대적인 태양이 존재한다면 이것을 가릴 수 있는 것은 아무것도 없다. 붓다는 완전한 존재이다. 그러므로 미래의 가능성이 현재에 존재한다는 것은, 바꾸어 말하면 현재에도 붓다여야만 한다는 논리가 성립한다.

　그러므로 만일 현재 붓다의 존재가 가능성의 측면일지라도 내재한다면, 그것은 동시에 지금의 현실태여야만 한다. 그리고 지금 아니라면 불완전한 존재는 어떠한 조건이 경과해도 완전한 존재가 될 수 없다. 즉 영원히 붓다가 될 수 없는 것이다. 이는 유한은 아무리 증대되어도 무한이 될 수 없고, 무한은 아무리 나뉘어도 유한이 될 수 없는 이치 때문이다.

　중생이 미래에 붓다가 된다는 것은, 불교의 종교적인 관점의 주장으로 이는 믿음의 영역이다. 대승불교에서는 이를 대전제로 삼고 있다. 그러므로 이러한 대전제를 수용하는 대승불교 안에서, 이것은 무조건적인 참이 된다. 이는 연역 논리에서 대전제가 참이면 결과도 무조건 참이 되는 것과 같다.

　여기에 중국철학에는 불교의 전래 이전부터 존재하던 인성론과 관련된 성선설의 주장이 있다. 이는 불성과 '본질적인 선善'이라는 점에서 일치한다. 왜냐하면 붓다가 불교에서는 완전성을 나타내기 때문에, 선일 수밖에 없기 때문이다.

돈오와 육조 혁명　중국 불교에서 여래장까지도 불성으로 번역되는 것은 중국 인성론이라는 배경에 기인한다. 또 '성性'이라는 한자는 '선천적으로 존재하는 불변적 속성'이라는 의미를 나타낸다. 그러므로 불성은 수행을 통해서 확보되는 것이 아니라, 본유적으로 존재하는 것을 의미한다. 이는 또 완성된 가치이기 때문에 관점의 환기를 통해서 이해하기만 하면 끝나는 문제이다.

시신경을 상해서 눈이 안 보일 때는 수술을 해서 치료하면 정상으로 회복될 수 있다. 그러나 불성의 논리는 문제가 본성에 있는 것이 아니다. 즉 눈이 안 보이는 것은 눈을 감고 있기 때문이지 눈동자 자체에는 문제가 없다. 그러므로 눈을 뜨기만 하면 되지, 눈동자에 어떤 물리적인 수정을 가할 필요는 없는 것이다. 이것이 바로 혜능의 돈오頓悟 주장의 핵심이다. 또 혜능의 육조 혁명인 견성성불見性成佛의 의미이며, 그것은 인간 본성에 대한 '코페르니쿠스적 전회'라고 할 수 있다.

이를 '육조 혁명'에서 '혁명'이라고까지 하는 것은, 본질에 대한 자각을 촉구하는 역발상적인 사고 때문이다. 이는 일원론적인 중국철학의 특질과 잘 맞아떨어져 일상의 환기, 즉 '일상의 재발견'으로 연결된다.

선의 미학
주체에 대한 자각의 요구

깨달음의 방식과 깨달음 후의 수행 문제 깨달음의 방식 문제에서 '돈오頓悟' 와 '점오漸悟'의 문제는 관점의 환기를 통한 실존에 대한 재인식, 즉 혜능 계 돈오설의 승리로 끝이 난다. 즉 깨달음은 수행을 통해서 오는 것이 아니라, 인식론적인 가치에 의한 자각의 재발견일 뿐이라는 것이다.

  이후 비대해진 혜능계 안에서 돈오 후의 수행 문제인 '돈수頓修'와 '점수漸修'의 문제가 발생하게 된다. 소위 '돈오돈수頓悟頓修'와 '돈오점수 頓悟漸修' 논쟁인 것이다.

  그러나 이는 논리적으로는 돈오라는 개념을 확실히 이해하기만 하 면, '그 이후'라는 부분은 존재할 수 없다는 것이 명확한 결론이다. 왜 냐하면 돈오 이후의 돈수와 점수가 문제가 아니라, 돈오 자체는 어떠한 경우에도 수행과 무관한 것이기 때문이다. 돈오에는 수행이 붙을 곳이 없다는 말이다. 이것이 돈오의 가장 큰 특징이다. 그러므로 돈오점수라는 개념은 한 마디로 돈오에 대한 이해 부족에서 기인하는 사고일 뿐이다.

그럼에도 이러한 논쟁이 발생한 것은 돈오라는 관점 환기가 이루어진 뒤에도 현상적인 변화가 전혀 없기 때문이다. 마치 천동설에서 지동설로 관점이 바뀌어도, 우리의 인식에서는 태양이 뜨고 지는 것이지 지구가 돌지는 않는다는 말이다. 즉 이해와 현실적인 인식이 다를 수 있는 부분에서 돈오 이후의 '수修'의 문제가 촉발되는 것이다. 그러나 돈오라는 개념이 '본래부터 문제가 없었다는 것에 대한 자각이라는 점'을 생각한다면, 돈오점수의 논리는 어떻게도 성립할 수 없다.

① 달마(6C) → ② 혜가 → ③ 승찬 → ④ 도신 → ⑤ 홍인(7C)
⑤ 홍인(7C) - 깨달음(悟)의 방식 문제 ┌ ⑥ 북종北宗 신수(점오漸悟)
　　　　　　　　　　　　　　　　　　└ ⑥ 남종南宗 혜능(돈오頓悟)

⑥ 남종南宗 혜능 ┌ 돈오점수: 하택신회(7C)
　　　　　　　　└ 돈오돈수: 남악회양(8C) → 마조도일(8C) → 위앙종(9C)·임제종(9C)
　　　　　　　　　　　　　　청원행사(8C) → 석두희천(8C) → 조동종(9C)·운문종(10C)·법안종(10C)

이 문제는 꿈속에서 꿈이라는 것을 자각했는데 왜 꿈에서 깨지 않느냐는 것과 같다. 그러나 중국 문화의 배경인 일원론에 있어서는, 꿈이라는 자각이 있다고 해도 깸을 통한 또 다른 세계로의 전환은 존재할 수 없다. 즉 꿈을 자각해서 깬다는 것은 인도 문화와 같은 이원론의 배경 속에나 존재하는 것이지, 중국적인 관점에서는 성립할 수 없다는 말이다.

그러므로 선종은 이 문제를 현실 긍정의 관점으로 해소하고자 한다. 즉 현실은 꿈과 같이 헛된 것이지만 깸의 세계가 별도로 있는 인도 불교와는 달리, 부정의 대상이 아닌 대긍정의 유희 대상으로 전환되는 것이다. 이를 출세간을 벗어난 세간이라는 의미에서 출출세간出出世間이라고 한다.

깨달음과 평상심　이원론이 아닌 일원론에서의 깨달음은 현상적인 현실과 결코 유리될 수 없다. 그러므로 현실의 관점 환기를 통한 대긍정으로의 전환, 이것이 바로 깨달음이 된다. 그래서 평상심이 진리일 뿐이라는, 평상심시도平常心是道와 같은 논리가 전개되는 것이다.

그러나 평상심이 도라면, 깨달음을 얻은 것이나 얻지 않은 것에 대한 현상적인 차이가 없게 된다. 그렇지만 그럼에도 양자 사이에는 주체적 자각이라는 차이가 있다. 마치 꿈임을 모르면서 꿈을 꾸는 사람은 꿈속 현실에 따른 속박이 존재하지만, 그것이 꿈임을 자각하고 있는 사람은 똑같은 상황에 부딪혀도 속박에서부터 자유로울 수 있는 것과 같다. 즉 양자는 현상적인 차이가 아니라, 이해에 따른 인식적인 자율성의 차이가 존재한다는 말이다.

일원론에서는 깬다는 개념이 존재할 수 없으므로 상황이 끝날 수는 없다. 대신에 그것이 어떤 상황이라도 그 현상 자체를 즐길 수 있는 측면이 발생하는 것이다.

현실 긍정론은 중국철학의 기본 배경으로, 상고주의나 역사주의와 같은 것은 바로 이러한 관점 위에 세워진 것이다. 이는 역사에 이름을 남기려고 하는 정신과 권력의 성취 의지와도 연관된다. 이런 점에서 중국 불교는, 자각을 통해서 깨어난다는 인도 불교의 비역사주의적인 관점과는 큰 차이를 가진다.

현실 긍정과 행동주의 현실이 곧 깨달음일 뿐이라는 현실에 대한 긍정은 행동주의를 촉발하게 된다. 현실 자체가 깨달음인 상황에서 현재를 사는 것 이상의 수행은 존재하지 않기 때문이다. 그리고 또 현재를 사는 것은 그 자체가 깨달음을 펼치는 것이기도 하다.

인도 불교의 이원론은 현실을 초월한 깨달음의 세계를 말한다. 그래서 『수타니파타』에는, 붓다가 옆에 벼락이 떨어져도 모르면서 명상에 잠겨 있었다는 초월 명상에 대한 내용이 수록되어 있다. 그러나 일원론의 선종에서는 현재 무슨 일이 일어나는지를 모르면 깨달음이 아니다.

같은 불교지만 인도 불교와 중국 불교는 전혀 다른 깨달음을 말하고 있는 것이다. 이 문제를 해소하기 위해, 선종은 '여래선如來禪'과 '조사선祖師禪'이라는 차등의 논리를 전개한다. 그러나 종교란 인간의 행복 추구와 관련된 기호라는 점에서, 하나의 정답을 상정하는 것 자체가 무리일 수 있다.

선종의 깨어 있는 행동주의는 일원론의 상태에서 순환론을 전개하는 중국철학에서는 필연적인 귀결이 된다. 그래서 깨달음은 '변화'라는 작용을 떠나서 존재할 수 없다는 '작용시성作用是性'과 '전체작용全體作用'의 논리가 도출된다. 즉 전체가 그대로 활발발活潑潑한 경계 자체인 셈이다. 이렇게 되면 모든 동정動靜의 가치는 모두 다 깨달음의 군상이자 그 현시가 될 뿐이다.

그러나 선종의 이와 같은 현실 대긍정과 변화를 깨달음으로 수용하는 관점은, 후일 '그렇다면 굳이 출가할 필요가 있는가?'라는 신유교의 반론에 직면하게 된다. 현실을 긍정한다면 출가는 사족일 뿐이라는 말이다. 이 비판은 중국 불교에 있어서는 해소하기 힘든 난제이다. 그러므로 이 문제는 후일 동아시아 중국 문화권에서 불교가 2선으로 물러나게 되는 결정적인 요인이 된다.

그러나 이는 종교적인 관점에서의 현실 긍정일 뿐이라는 점에서 비판 대상이 될 수 없다. 그럼에도 이를 선종은 적절히 변증하지 못했다. 즉 선종은 주관에 의한 미학적 시각을 통해야 할 것을 일반화와 혼동하므로 인해, 결국 적절한 해법 도출에 실패한 것이다.

윤리학의 붕괴와 미학적 접근   자각은 주관에 의한 측면이다. 그러므로 선종은 주관주의를 벗어날 수 없다. 즉 사실에 대한 객관의 문제는 없고 그러한 사실을 받아들이고 수용하는 주관의 문제가 초점인 것이다. 이렇기 때문에 인간은 행복할 수 있다. 그러나 동시에 주관의 매몰에 의한 사회와의 관계, 즉 윤리학의 성립 근거가 소멸되는 문제가 발생하게 된다.

이는 마치 꿈을 꿈이라고 주체적으로 자각한 경우, 꿈속에는 나의 인식에 대한 상대적인 측면이 없기 때문에 윤리적 근거가 상실되는 것과 같다. 선종과 관련된 이러한 윤리 문제는 후일 신유교자들에 의해서 선종이 비판받는 가장 중요한 이유 중 하나가 된다.

선종은 철저히 개인의 주관주의에 입각한다는 점에서 철학을 넘어선 미학의 영역에 위치해 있다. 미학적 판단에 기준이란 있을 수 없다. 이것은 선종의 윤리 문제를 해소할 수 있는 해법이 된다. 그러나 후일 집단화가 강조되는 송나라 시대에 개인화라는 당나라적인 설득력은 작용할 여지가 적다. 이것이 선종이 신유교에게 밀려나게 되는 이유이다.

그러나 동시에 이는 오늘날과 같은 개인화 사회에서는 가장 큰 장점이 된다. 요즘 젊은이들은 철저하게 개인화되어 있다. 그러나 이들은 스스로 타인에게 피해를 주지 않는 규칙을 만들어 간다. 이것이 개인화를 통한 집단의 존속이다. 그러나 당시 선종은 중세라는 사회 발달의 한계 속에서 이러한 인식에 도달하지 못했고, 이는 신유교적인 비판을 극복하지 못하는 결과를 가져오게 된다.

운동으로 살 빼기와 약으로 살 빼기
밀교, 의식을 통한 해결

개인주의와 이기주의   선종의 개인주의적인 관점은 이후 밀교의 발전과 더불어 종교적인 이기주의로 변모한다. 개인주의가 사회보다는 개인에 더 많은 관심을 둔다면, 종교적 이기주의는 종교를 통해서 자신과 자신의 가족들이 더 특수화되기를 바란다.

예컨대 취업 기도를 한다고 하자. 내 자식이 자신이 가진 모든 실력을 유감없이 발휘하게 해 달라고 하는 것은 바람직한 기도이다. 그러나 내 자식은 실력에 비해서 훨씬 더 좋게 되고 경쟁자는 실수하도록 기도한다면, 이것은 종교를 통한 이기주의 즉 '종교적 이기주의'가 된다.

모든 인간은 주목받고 싶은 욕망이 있다. 사람이 천당에 가서도 만족할 수 없는 것은, 모두에게 주어지는 가치는 결코 행복으로 다가오지 않기 때문이다. 명품이 명품일 수 있는 것은 희소성 때문이며, 이는 나는 가졌지만 상대는 가지지 못했다는 우월감에 기초한다. 오늘날 우리 사회도 개인주의를 넘어서 초개인주의 사회로 접어들고 있다. 이로 인하여 더 튀고 오래 기억되기 위한 다양한 방법들이 시도되고 있다.

사회가 안정되어 더욱 치열해지면 치열해질수록, 표면의 공정성과는 다른 이면적인 성공과 관련된 다양한 방법들이 모색되게 마련이다. 밀교의 주술성은 이러한 사회의 변화에 잘 부합된다. 특정 종교의식을 통해서 그 사람은 좀 더 강한 가피라는 에너지를 통해 특화된다. 또 자신이 종교적인 신성한 보호 속에 존재한다는 것은, 당사자에게는 자신감을 주기에 충분하다.

관점을 달리하면 특정인에게 종교적인 에너지를 부여할 수 있다는 것은, 다른 사람에게는 반대되는 에너지를 보낼 수도 있다는 말이 된다. 이는 악주술이 되는데 밀교가 이를 조장하지는 않지만, 밀교에는 이러한 가능성이 논리적으로 열려 있는 것 또한 사실이다.

'비방秘方'과 같이 '나만'이라는 특수성은, 종교적 이기주의를 나타내는 동시에 비윤리적이 되기 쉽다. 붓다는 열반과 관련한 가르침에서 '쥔 주먹은 없다'는 말로 불교 지식의 개방성과 보편성을 천명했다. 이러한 관점에서 본다면, 밀교는 확실히 붓다보다는 힌두교에 더 가깝다.

그러나 민중의 요구는 합리성보다는 비방과 같은 나만의 특수성이 있기를 바란다. 이 점이 중국 문화에 이질적임에도 밀교가 성공하게 되는 요인인 동시에, 불교가 능력적인 한계에 봉착한 측면이라고 하겠다.

인간의 종교심과 밀교   종교의 본질은 합리성이 아닌 주술성이다. 이는 생물의 진화 과정에서 가지게 되는 잠재적인 불안과 관련된다. 거역하기 어려운 거대한 힘이 평범한 여성을 바꿔서 신데렐라로 만드는 것은, 오늘날까지도 드라마의 단골 주제 중 하나이다. 이것이 바로 신비에 대한 동경과 이를 통한 문제의 해소라고 할 수 있다. 즉 주술성인 것이다. 이러한 양상이 실제로 존재할 개연성은 로또를 수차례나 연속으로 당첨되기만큼 어렵다. 그러나 사람들은 그것을 생각하며 끝없이 동경한다.

2달러가 행운의 화폐가 된 것은 그레이스 켈리가 이 돈을 받고 모나코 왕비가 됐기 때문이다. 이는 현대의 주술이다. 이렇게 놓고 본다면, 주술적인 요구는 현대에도 인간의 심성 구조에 유전되고 있는 것이다.

밀교는 브라만교가 변화한 힌두교적인 가치가 불교와 결합한 양태이다. 그러므로 불교보다 더 오랜 전통의, 인류와 함께한 원초성을 가지게 된다. 물론 이것은 힌두교라는 종교화를 거치면서 의례적인 세련미를 갖추었다. 우리의 무속은 이러한 세력화에 실패했지만, 일본의 신도는 이에 일정 부분 성공한다.

그런데 여기에서 주목해야 할 점은, 일본이 불교 국가처럼 되어 있지만 신도의 영향이 현재도 막대하다는 것. 또 우리나라 역시 무속이 하열한 것 같지만, 무속인이 승려와 목사 및 신부의 숫자를 합한 것보다도 더 많다는 사실이다. 이는 인간의 종교심이 무엇을 원하는지를 잘 나타내 준다.

현대의 불교학자들 중에는 우리나라의 기복 불교를 거세게 비판하는 사람들이 있다. 그러나 기복 불교였기 때문에 조선의 숭유억불 상황을 헤치면서 오늘에 이를 수 있었다는 점에 대해서는 생각하지 못하는 것 같다.

오늘날 한국 불교는 여러 종단으로 다양화되어 있다. 그러나 그럼에도 종교의식에서의 밀교성과 사후 세계와 관련된 정토종적인 관점은 거의 공통된다. 이것은 종교의 핵심과 민중의 요구가 무엇인지를 잘 나타내 주는 측면이라고 하겠다.

소수주의와 깨달음 대승불교가 보편적인 붓다화를 선언하고 선종이 주관 중심의 깨어남을 천명한다면, 밀교는 소수를 통한 특화를 말한다. 요즘 식으로 말하면 한정판의 개념이다. 물론 밀교 역시 불교이기 때문에 보편성이 없는 것은 아니다. 국가나 사회를 위한 종교 의식은 전체적이고 보편적인 상승을 기원한다. 그러나 이와 동시에 밀교에는 특수화라는 개념이 존재한다. 밀교라는 말 자체가 비밀불교라는 특수성을 반영한 용어라는 점을 고려한다면, 이 불교의 핵심이 어디에 있는지는 자명해진다.

밀교와 같은 특수화는 소수의 귀족적인 정서에 잘 부합한다. 귀족들은 언제나 특별해지고 싶고 가진 것이 많아서 불안하다. 이것을 잘 해소해 주면서 종교적인 성취로 인도해 주는 것이 밀교이다.

또 밀교는 위태로운 일상 속 민초들의 요구와도 잘 맞아떨어진다. 결핍으로 인해 타자적인 가치에 휘둘리는 사람들에게 있어서, 나를 보호해 주고 특수화시켜 주는 주술적인 힘이 절실히 필요하다. 이렇게 놓고 본다면 밀교의 유행은 충분한 타당성이 있는 셈이다.

밀교가 중국 문화권의 동아시아에 끼친 영향은 실로 막대하다. 오늘날 많은 종교 의례와 불상 양식 또는 불교문화와 관련된 부분이 밀교에 빚을 지고 있다. 그러나 이는 중국적인 가치는 아니다. 그래서 중국 불교의 범주에 밀교는 들어가지 않는다.

단적인 예로 진언과 같은 것은 인도적인 관점의 언어에 대한 신뢰 문화에서 기인한다. 한자는 갑골에서 출발하는 미개 언어로 논리적인 정합성이 부족하다. 그래서 중국 문화는 문자보다 기호에 대한 신뢰를 우선시한다. 이것이 『주역』「계사전繫辭傳」에서 살펴지는 "서부진언書不盡言 언부진의言不盡意", "관물취상觀物取象", "입상이진의立象以盡意"로 대변되는 기호를 통한 상징에의 의지이다. 그리고 이러한 기호의 주술성이 바로 부적인 것이다. 이렇게 놓고 본다면, 우리는 밀교의 진언 중심 구조가 얼마나 비중국적인 가치를 내포하는지를 알게 된다.

또 밀교의 주문은 상당 부분 관상觀想을 동반한다. 관상이란 특정 상황을 머릿속으로 떠올리는 것이다. 마치 달이라고 말하면서 보름달과 같은 형상을 떠올리는 것이 관상이다.

관상은 무더위라는 기후 환경적인 배경과 공간성을 중시하는 인도 문화이다. 그러므로 시간성을 중심으로 하는 중국 문화와는 다른 가치라고 하겠다. 동아시아로 전해진 밀교의 관상법은 오늘날 상당수가 사라졌다. 현재의 한국 불교에서 하는 의례와 의식 중에도 처음에는 관상법이 첨가된 경우가 상당수 있었지만, 오늘날 이것은 시행되지 않는다. 이는 불교의 전승 문제이기도 하지만, 공간적인 상상력이 약한 중국 문화권 사람들의 비적응 때문이라고도 해석될 수 있다.

붓다의 눈에 비친 세상과 나로서 깨어나기　　밀교에서 말하는 깨달음은 내가 붓다라는 것이다. 이렇게 될 때, 이 세계는 붓다의 세계인 불국토가 된다. 만다라는 이것을 형상화한 것이다. 또 붓다가 된 나는 붓다의 눈으로 이 세계를 관조한다. 이때 완전히 조화롭고 긍정적인 이데아의 세계가 펼쳐지게 되는 것이다.

밀교에 오게 되면 인도 불교의 차안과 피안이라는 이중구조는 사라지고, 고통 속의 차안이 곧 관점의 환기에 의해서 그대로 피안으로 깨어나게 된다는 인식이 수립한다. 이러한 결과 도출은 인도 불교의 꽃이라 이를 만하다. 이로써 붓다가 된 인간은 자비의 화현으로서 걸음마다 거룩하고 몸짓마다 성스러운 삶을 살게 되는 것이다.

이에 비해서 선종은 실전적이다. 선종은 나를 바꾸어서 붓다가 되지 않고, 붓다를 바꿔서 내가 되려고도 하지 않는다. 이것이 선종의 자기 본연에서의 당당함이다. 또 이러한 당당함은 현실 속에서 촌철살인으로 드러난다. 이것이 바로 선어禪語이다.

밀교의 번잡함과는 정반대의 단도직입의 존재가 선종이라는 점은, 인도 문화와 중국 문화의 차이를 극명히 대비해서 보여 준다. 애플의 스티브 잡스는 인도를 유랑했지만 그가 배운 가치는 선종의 단순함이었다. 단순명료함으로 화려한 아름다움을 굴복시키는 가치, 그것이 선종에 있다. 또 이것이 바로 선의 미학인 것이다.

경기 불황과 소비 위축
정체되는 불교

이슬람으로 인한 중국의 경기 둔화　　역사를 보면 왕조들은 200년을 주기로 변화하는 것이 가장 타당하다. 제아무리 번성한 왕조라도 200년을 넘어서면 급격한 둔화 조짐을 보이면서 쇠퇴하기 때문이다.

당나라가 전 세계 최강국이었지만, 당 역시 이러한 역사의 법칙으로부터 자유롭지 못했다. 그래서 당나라도 후기에 접어들면서 생기를 잃고 점차 구태의연함 속에 매몰된다.

이 시기에 중동의 이슬람에서 시작된 무역 차단으로 인해, 전 세계로 확산된 경기 둔화는 당나라를 더욱 무겁게 한다. 먼저 타격을 받은 것은 인도지만, 이는 점진적인 도미노가 되어 중국으로까지 확산된다. 인도나 중국은 거대한 규모의 제국과 시장을 형성하고 있기 때문에, 이는 갑작스러운 변화로 나타나지는 않는다. 그러나 서서히 시작되어 이후 수백 년간 이어지는 경기 침체 곡선은 한계에 봉착한 당나라를 압박하기에 충분했다.

인도의 경기 침체는 중국 불교로 더 이상 외부의 선진 불교가 수용되기 어렵다는 것을 의미한다. 그 결과 중국 불교는 변화의 기운을 잃게 된다.

인도 불교의 중국 진출로 중국 불교가 성립된 이후에도, 계속해서 자극제 역할을 했던 것은 인도적인 사고의 인도 불교였다. 즉 인도 불교에 의한 외부적인 충격과 중국 불교적인 변형이 중국 불교의 발전 형태라고 할 수 있는 것이다. 그런데 본토의 경기 둔화는 중국 불교에 더 이상 발전적인 자극을 받을 수 없게 만들었다.

또한 불교의 수용이란, 우리나라 삼국시대의 불교 전래가 곧 고대 국가의 기틀 형성과 직결되는 것처럼 선진 문물의 수용 창구가 된다. 즉 근세의 가톨릭교가 서학과 같이 움직이는 것과 같은 양태가, 고대와 중세의 불교에 내포되어 있는 것이다. 그러므로 불교가 고착 상태에 빠졌다는 것은 새로운 문물의 유입에도 어려움이 따른다는 것을 의미한다. 즉 외국에 있는 본사(인도 불교)와 기술제휴를 형성하고 있던 자사(중국 불교) 관계에서, 어느 날 갑자기 역으로 본사가 위기에 직면하는 상황이 연출된 것이다. 그리고 이로 인한 불교의 쇠락은 중국 문화권에서 불교의 몰락으로 확대된다.

왕조 부흥을 위한 국면 전환   당 말을 통치했던 제15대 황제 무종은 기울어 가는 국가 부흥을 위해서 대단히 위험한 특단의 조치를 취한다. 어떤 왕조든 말기로 가면 국가에서 지급할 수 있는 토지나 경제 여건이 극도로 안 좋아지게 마련이다. 이는 다른 나라를 계속해서 정복하지 않는 상황에서 토지와 세금은 한정되지만, 토지의 세습 등에 의해 환수되는 비율은 낮기 때문이다.

또 당시 불교의 장기적인 지배 이념에 따른 독주 상황은 사원들이 막대한 재산을 소유하게 한다. 이때 무종은 도사 조귀진趙歸眞의 말에 현혹되어 막대한 부를 축적하고 있던 불교를 털어서 국가 재정으로 흡수하고, 승려들을 환속시켜 세원과 부역 대상으로 확충시킬 생각을 하게 된다. 요즘으로 치면 국가가 어려워진 상황에서 뾰족한 해법이 없자, 재벌과 종교 단체를 털어서 재원과 노동력을 확보하겠다는 구상인 것이다.

오늘날도 이러한 구상이 얼마나 위험한지는 쉽게 이해할 수 있다. 이는 국민적인 저항과 생산과 소비구조의 붕괴를 가져오기 때문이다. 그런데 고대에, 그것도 불교가 국교인 상황에서 이 정책이 시행되었으니 혼란은 불 보듯 뻔한 일이었다.

당시 파괴된 큰 사찰이 4,600여 곳, 작은 것은 40만여 곳에 달했으며, 환속한 승려가 26만 명이나 되었다고 한다. 중세에 만일 유럽에서 국왕이 종교권에 도전한다면 이는 당연히 패배로 귀결이다. 이를 우리는 '카노사의 굴욕'을 통해서 잘 알고 있다.

그러나 중국은 하나의 단일국가로 유럽과 같은 분열 왕조가 아니었다는 점. 또 제정일치 문화 구조에 의해서 황제권을 종교가 상대할 수 없었다는 점에서 이와 같은 사건이 벌어질 수 있었다.

무종의 회창 연간에 발생한 회창법난會昌法難으로 당은 극심한 혼란으로 빠지면서 급격한 내리막길을 걷게 된다. 이후의 당나라 역사는 그저 여러 크고 작은 민란들의 소요 속에서 왕조가 버텨 간 정도라고 이해하면 된다. 이 중 대표적인 사건이 875년의 '황소의 난'이다.

회창법난은 842년부터 점차로 시행되었지만, 본격적인 것은 845년부터 846년까지 1년에 불과했다. 무종이 정국의 극심한 혼란 속에서 재위 6년 만에 도교의 불사약인 단약을 먹고 죽기 때문이다. 그러나 이 짧은 기간에도 국가의 오랜 비호 속에서만 존재하던 불교는 치명상을 입게 된다.

실제로 회창법난 이후 불교가 다시금 공인되지만, 경전이 없어서 고려에서 경전을 구하는 지경에 이르렀을 정도이다.

특히 회창법난의 과정에서 교리 공부를 중심으로 하는 교종의 피해가 컸다. 요즘과 같이 지식이 완전히 공개된 사회에서 공부는 독학으로도 할 수 있다. 그러나 당시는 책이 있더라도, 이를 지도하는 선생의 역량이 굉장히 중요한 시대였다.

그런데 이런 선생이라고 할 수 있는 사람들이 대규모로 숙청된 것이다. 이는 책은 있어도 공부를 할 수 없다는 것을 의미한다. 특히 불교와 같이 내용이 심오한 경우, 선생의 부재는 전체 불교의 수준을 단번에 끌어내리는 결과를 가져오게 된다.

초식동물이 사라진 육식동물의 세계   회창법난에서 주로 피해를 당한 것은 교종이다. 학자들은 안정적인 기반을 필요로 하고, 또 사회적인 보호 속에 존재하므로 사회적 환경의 변화에 더 치명상을 입을 가능성이 크기 때문이다.

이에 비해서 선종은 관점의 전환이라는 명상주의를 채택하고 있었고, 또 교종의 번쇄한 학문적인 측면들을 비판하고 있었다. 그렇다 보니 산에서 자급자족할 수 있는 구조를 갖추게 된다. 이는 마치 전란 상황에서 유목민처럼 피해 버릴 수 있는 구조를 가진다. 이에 비해서 교종은 농경민과 같이 장소를 이탈하기가 어려웠다.

덕분에 회창법난의 결과, 교종의 피해는 크고 선종은 상대적으로 덜한 상황을 맞게 된다. 게다가 경전의 가르침이라는 전수의 체계가 무너진 상태는 쉽게 복구될 수 있는 것이 아니었다.

또 공부를 위해서는 학교와 같은 역할을 하는 사원이 재건되어야 하는데, 여기에는 필연적으로 시간이 소요된다. 그리고 사회적인 경제 안정 속에서의 지원도 있어야 하는데, 당시 당나라의 상황은 이것과 거리가 멀었다. 이와 같은 복합적인 내외의 요인들에 의해서 교종은 제대로 복구되지 못한다. 이러한 교종의 한계는 불교가 다시 공인되었을 때, 교종이 아닌 선종으로 다가갈 수 있는 종교 환경을 제공하게 된다. 이로 인해 복구된 불교 환경에서는 선종의 실질적인 독주 체제가 갖추어지는 것이다.

선종은 교종의 체제 안정과 교리적인 번쇄함을 비판하면서, 인식론적인 전회를 통한 일상의 재발견을 제창한 종파이다. 즉 선종은 교종을 딛고 서 있는 일종의 초식동물 위의 육식동물과 같은 존재였다. 그런데 회창법난을 통해서 초식동물과 육식동물의 피라미드 같은 안정

구조가, 역피라미드 구조의 불안정한 측면으로 바뀌게 된다. 마치 기간산업이 몰락한 상황에서 벤처만 남은 경우라고 하겠다.

결국 초식동물의 붕괴는 육식동물의 붕괴와 초식화로의 변질을 가져온다. 이 때문에 선 불교를 중심으로 하는 불교의 전체적인 하향화와 선종의 비윤리성이 표면화되기에 이른다.

선종은 윤리성이 약하기는 해도 교종 위에 존재하고, 또 그것이 자각(깨침) 있는 승려들에 의한 제한된 것이었기 때문에 중국 불교는 충분한 자정 능력을 갖추고 있었다. 그러나 이때가 되면 자정 능력 자체가 힘을 발휘할 수 없는 혼란 상황으로 치닫게 된다. 이와 같은 양상은 유교가 불교를 거치면서 재정비되는 신유교에 의해서 신랄한 비판의 대상이 되기에 충분했다.

인도 문화의 경기 둔화와 내수 우위　　인도의 경기 둔화는 중국을 향한 외부적 충격이 현저히 약화되는 양상으로 나타난다. 이 때문에 중국은 독자적인 내수 기조를 더 분명히 하게 된다. 예컨대 프랑스에서 와인을 수입했는데, 와인의 수요가 증대하면서 기술제휴를 통해 국내에서도 와인을 생산했다고 하자. 그런데 프랑스 경기가 급격히 안 좋아지면서 관계가 단절되어 국내 독자 생산방식으로 전향되고, 그 결과 전통적인 입맛을 고려한 복분자 와인과 같은 양상으로 전환된 상황을 생각하면 되겠다. 그러나 이 정도에 이르면, '왜 전통적인 복분자주를 개량해서 마시면 되지 서양식 와인을 고집하는가?'라는 반론이 제기될 수밖에 없다. 이러한 비판이 바로 신유교의 불교 비판이라고 하겠다.

인도 불교라는 외부적 충격이 약해진 상황에서 회창법난을 통한 중국 불교 내부의 기간 시설 파괴는 중국 불교의 몰락을 가져왔다. 그 결과 불교적 상황이 고려되지 않는 중국화 양상이 전개된다. 마치 인도 불교의 힌두화와 유사한 양상이 발생했다고 이해하면 되겠다.

이러한 과정에서 인도 문화와 중국 문화의 경계선을 밟으며 발전하던 중국 불교는, 외부적인 환경의 압박 속에서 결국 경계선을 넘고 만다. 이렇게 될 경우 굳이 불교여야만 하는 필연성이 상실되고 만다. 이것이 불교를 거친 유교, 즉 신유교의 재정비에 의해서 불교가 비판받게 되는 연유인 동시에, 중국 불교가 이에 대해 적절한 대응을 하지 못한 이유였다.

상업의 몰락과
새롭게 변모하지 못하는 불교
송나라

한족 왕조와 농업주의의 부활   송나라의 등장은 위진남북조와 수·당, 그리고 오대십국五代十國이라는 이민족 지배를 청산하는 한족 왕조의 재등장이라는 점에서 주목된다. 송은 짧았던 조씨의 위나라와 사마씨의 진나라를 제외하면, 한나라 이후 놀랍게도 700년도 넘은 뒤에 건국되는 한족 왕조라는 점에서 의미가 크다.

중국 문화의 특징은 농경을 바탕으로 하는 봄·여름·가을·겨울과 같은 자연 순환의 집단주의를 기본 배경으로 한다. 중국의 만리장성은 한족들이 밭농사 위주의 농경문화를 전지한다는 것을 잘 보여 준다.

또 농사는 개인의 노력보다는 집단주의 체제가 더 효율적이다. 이 때문에 사회구조는 대가족에 의한 집단화가 이루어진다. 그리고 이러한 문화 배경 속에 유교나 도가와 같은 중국 전통 철학들이 존재하고 있는 것이다.

중국 문화의 집단주의는 불교가 업설業說이라는 개인 순환론과 상업을 바탕으로 전개되는 것과는 다르다. 상업은 농업과 달리 개인적인 측면이 가능하다. 불교와 상업의 관계는 불교의 번성이 곧 상업의 발달로 연결되고, 이를 통해서 귀족주의에 따른 고급문화를 파생하여 불교를 지원하는 구조로 순환된다. 이는 당나라나 우리의 통일신라 등을 통해서 단적인 판단이 가능하다. 이에 비해 유교의 집단주의와 농업 문화는 상대적으로 낮은 경제력과 서민적인 보편성을 더 우선시하게 된다.

농업 왕조의 특징으로는 보수적인 경직성과 문치주의에 따른 군사력의 약화, 또 경제력의 부족으로 인한 고급문화의 쇠퇴를 들 수 있다. 이는 송나라의 전개를 통해서도 확인되는 사항이다. 또 이와 같은 변동과 더불어 점차 불교에서 신유교로의 교체도 진행된다.

송나라는 불교에서 신유교로 사상적인 무게중심이 넘어가는 과도기의 왕조이다. 신유교는 북송 시대에 이론적인 터전이 닦이고, 남송에 이르러 집대성되면서 전면으로 대두하기 시작한다.

농업이 주된 산업이 되면 노동력이 절실해지게 된다. 주지하다시피 과거의 농업은 노동력을 많이 필요로 하는 산업이다. 그 결과 출가의 타당성에 대한 비판이 제기된다. 농업의 집단주의 구조에서 자신의 깨달음 추구는 이기주의로 오해되기 쉽고, 또 출가를 통한 노동력 상실은 국가 경제에 있어서도 부정적이었기 때문이다.

불교가 번성했던 당나라는 상업의 비중이 컸기 때문에, 유능한 사람이 여러 사람을 부양하는 구조가 만들어진다. 또 출가는 인구수의 조절에 결정적인 역할을 했다. 그 결과 좀 더 개인적인 삶이 추구되는 효율적인 구조가 만들어지게 된다.

그러나 농업주의에 의한 다산과 출가의 감소는 인구의 급격한 증가를 만들게 되고, 이는 흉년이 들었을 때 심각한 식량 위기를 초래하기에 이른다. 중세의 농업기술이 발달하지 않은 상황에서 풍년은 4년에 한 번 정도였으니, 농업주의로의 전환은 매우 위험한 선택이었다고 하겠다.

그러나 중국의 위정자들이 전통적으로 농업주의를 주장하는 것에는 다 그럴 만한 이유가 있다. 이는 농민들이 단순 반복적인 생계를 가지기 때문에 순박해서 상대적으로 다루기가 쉽다는 점, 또 땅을 중심으로 살 수밖에 없으니 관리하기가 쉽고 순종적이며 충성심이 강하다는 측면 등이다.

이에 비해서 상인들은 머리를 많이 써서 교활하고 이익에 따라 의리를 등진다는 점, 또 주거가 상대적으로 자유로워서 통제가 어렵다는 특성이 있다. 이러한 문제 때문에 중국의 위정자들은 전통적으로 중농주의 정책을 추진하게 된다.

중국 문화권만 있을 때 이는 문제가 되지 않는다. 중국이 곧 천하의 중심이기 때문이다. 그러나 중국의 이러한 선택과 신유교의 부활은 대항해시대 이후 서구라는 완전히 다른 세력과 경쟁할 때에는 무기력하기 짝이 없게 된다. 바로 이 점이 동아시아 중국 문화권이 몰락하게 되는 한 이유이다.

말로 하는 참선과 앉아서 하는 참선   송나라라는 한족 문화로의 회귀는 선종에도 영향을 미치게 된다. 원래 당나라의 선은 말이나 의표를 찌르는 행동을 통해 즉각적으로 상대의 관점을 전환시키는 것이었다. 이러한 자율성은 강함과 유연함이 공존하는 고등한 문화적 가치이다.

1980~1990년대 미국 영화를 보다 보면, 어떻게 저들은 저렇게 심각한 상황에서 저런 촌철살인 같은 개그가 나올까 하는 생각이 든다. 그런데 경제와 문화 수준이 높아지자 우리의 일상도 상당 부분 그렇게 되고 있다. 즉 틀이 없는 자율성이란, 방종이 아닌 고도의 숙련을 넘어선 원숙함의 여유인 것이다.

그러나 회창폐불會昌廢佛 이후 불교의 질적인 저하와 한족 문화의 폐쇄성은, 이러한 선종의 정신을 제도적인 방식으로 수정하지 않을 수 없게 만든다. 이로써 등장하게 되는 것이 대혜종고大慧宗杲의 간화선看話禪이다. 이를 통해서 선종은 '파격이라는 또 다른 형식화'가 이루어진다.

대혜의 간화선은 화두, 즉 일반적인 사고 판단이 안 되는 모순 명제를 가지고 계속 집중하는 방식이다. 이러한 강한 집중을 통해서 전환을 유도하고 이를 통해 깨달음을 얻게 된다. 이는 마치 석탄에 고도의 압력을 가해 다이아몬드로의 질적인 전환을 이루는 것과 유사하다.

그러나 원래 선이라는 것은, 말과 행동으로 생각의 틀을 깨고 관점을 환기시키는 것이지 앉아서 집중하는 것이 아니다. 이러한 문제는 당나라 때 이미 검토를 마친 부분이다. 이를 전하는 일화가 바로 마조도일馬祖道一과 남악회양南嶽懷讓의 이야기다.

하루는 마조도일이 앉아서 참선을 하고 있는데, 남악회양이 그 옆에서 기왓장을 바닥에 쓱쓱 갈기 시작했다. 소리가 귀에 거슬린 마조가 '기왓장은 갈아서 무엇하려고 하느냐?'고 묻는다. 그러자 남악은 '거울을 만들려고 한다'고 답한다. 그러자 마조가 '기왓장을 간다고 거울이 되느냐?'고 반문한다. 그러자 남악이 '좌선한다고 붓다가 되느냐?'고 되묻는다는 일화다.

돈오라는 깨달음의 방식에는 어떤 방향에서도 수행이 붙을 수 없다. 관점의 환기는 인식의 전환이지 수행의 결과로 발현되는 것이 아니기 때문이다. 그런데 송나라 때는 이런 당나라에서 부정된 방식이 선종의 본류로 전환된다. 이는 불교의 수준이 퇴보했음을 의미한다.

선종이 규격화되지 않는 파격적인 야생의 자율성이라는 점에서, 이러한 제도적인 선은 선종에 더 이상 활력을 만들어 내기에 적합하지 않았다. 즉 대혜종고는 사회적 변화와 가치관의 혼란에서 선을 체계화하여 선종을 구하고 이를 부활시켰지만, 바로 그것에 의해서 선은 죽음에 이르는 병에 걸리게 되는 것이다. 그래서 선종은 종고 이후로 이렇다 할 변화를 보이지 못한 채, 신유교라는 새로운 물결에 밀려나 동아시아 중국 문화권 전체에서 2선으로 물러앉게 된다.

이민족의 지배와 방어기제에 의한 잘못된 피해 의식　송나라는 위진남북조시대의 서진과 동진처럼, 전체 중국을 장악한, 개봉을 수도로 하던 송이 있고, 이후 금나라에 의해 중원을 빼앗기고 양자강 남쪽으로 내려와 임안(항주)을 도읍으로 하는 남송이 있다. 이를 좀 더 효율적으로 구분하기 위해서 북송과 남송이라고도 한다.

서진 - 북송 : 중국 전체를 지배

동진 - 남송 : 강남 지역만 지배

　송의 한족 문화를 기반으로 하는 문치의 강조는 군사적인 면에서 문제를 발생시킨다. 우리 역사 속의 조선을 생각해 보면 된다. 송이 문치를 강조한 이유는 앞선 당나라가 지방 절도사에게 군사권을 줌으로써, 이들에 의해 혼란과 패망에 이르렀기 때문이다. 당은 군사적으로는 강한 나라였지만, 이것의 통제가 쉽지 않았다. 때문에 송은 문치주의를 택해 내부적으로 이 같은 위험 요소를 제거한다. 그러자 이번에는 외세라는 외부적 위험에 노출되는 문제가 발생한다. 이 때문에 송은 개국한지 얼마 지나지 않은 시점부터 북방 유목민족에게 군사적인 위협을 받게 된다.

　송의 제3대 황제 진종은 거란의 요나라에 금전적인 지원을 하는 대신 침략하지 않기로 하는 굴욕적인 '전연의 맹약(澶淵之盟)'을 통해서 안전을 보장받는다. 그러나 결국 제8대 휘종 때 여진족의 금나라에 의해 수도가 함락되고, 휘종과 흠종 황제가 잡혀서 처형되는 '정강의 변'을 통해 북송은 망하게 된다. 이때 일족인 조구趙構(高宗)가 강남으로 옮겨가 나라를 세우는 것이 바로 남송이다.

　북송은 불교의 사상계 장악이 점차 약화되는 시기로, 이때 신유교의 토대가 다져지며 도교가 유행하게 된다. 실제로 송나라의 황제들은 대다수 도교를 믿었으며, 휘종은 스스로를 도군황제道君皇帝로 칭할 정도였다.

도교는 우리나라의 무속과 같은 것이 불교의 영향으로 종교화된 것으로, 왕조의 지배 이념이 될 정도의 체계성을 갖춘 종교는 아니다. 즉 북송의 패망에는 도교로 인한 문제점도 작용했던 것이다. 북송에서 불교 대신 도교가 유행했다는 것은 당시에 불교가 이미 쇠퇴했다는 것을 의미한다.

북송의 멸망과 도교의 관계는, 남송에서는 도교 영향이 상대적으로 약화되는 결과를 초래한다. 그 대신 새롭게 대두되는 것이 바로 신유교이다. 즉 불교는 이미 퇴락했고 도교는 직전에 문제를 일으켰으니, 그 대안으로 북송에서 확립되기 시작한 신유교가 점차 전면으로 등장하는 것이다.

남송은 금나라와 군사적으로 대치하는 상황에서 북송의 진종이 한 것처럼, 금전적인 지원으로 군사적인 위협을 막으려고 한다. 이는 남송의 경제와 자존심에 상당한 타격을 준다.

중국 문화에는 전통적으로 중화주의와 화이관이 있어서, 주변 민족들을 낮추어 보는 관점이 있다. 그런데 오랑캐에 해당하는 금나라에 밀려서 도망 온 왕조가 금전적인 상납까지 하는 현실은 쉽게 인정하기 어려운 것이었다. 이 때문에 방어기제로 등장하는 것이, 남송은 올바르지만 단지 힘이 없을 뿐이라는 정의론이다. 또 이 속에서 오랑캐에 대한 강한 배타성이 발생하게 된다.

신유교 중 이학理學(성리학)의 집대성자인 주자의 사상 경향도 바로 이와 같은 연장 선상에 있다. 그래서 주자학(성리학)에는 명분론과 배타정신이 가득 녹아 있는 것이다.

이들은 오랑캐인 금나라를 군사력 때문에 어찌하지 못하자, '왜 정의가 남송에 있는데도 금나라를 이기지 못하는가?' 하는 문제를 오랑캐 문화의 중국 유입 때문이라고 생각한다. 이것이 주자에 의해서 강력하게 불교 비판이 제기되는 이유이다. 불교는 중국에 들어온 지 오래됐지만 본질은 오랑캐 문화이고, 이러한 불교에 감염되었기 때문에 중국의 본래 정신이 발휘되지 못해 정의가 있음에도 굴복하는 현실이 만들어졌다고 판단한 것이다.

육조시대 남조의 지식인들은 이러한 상황에서 죽림칠현과 같은 현실도피를 선택했다. 그러나 주자는 남의 탓으로 돌리는 방식을 취하고 있는 것이다. 그러나 양자는 모두 현실을 인정할 수 없었던, 당대 지식인들의 방어기제라는 점에서는 대동소이하다. 즉 관점만 다르지 본질은 마찬가지라는 말이다. 이처럼 현실을 직시해서 문제를 해결하려고 하지 않고 남의 탓만 하는 성리학의 관점은, 이후 성리학의 나라 조선에 이르러 사화와 당쟁만 초래하다가 나라를 망하게 하는 원인을 제공하게 된다.

불교를 닮은 신유교의 문제점　　중국철학에서 '신新' 자가 붙으면 '완전히 새로운'이라는 의미로 이해해야 한다. 불교는 새로운 변화가 일어나게 되면, '대승불교'나 '밀교'처럼 불교 안에서 명칭이 바뀐다. 그러나 상고주의의 전통이 강한 중국 문화에서는, 이런 경우 '신' 자를 첨가할 뿐이다. 신유교나 신도가 또는 신도교와 같은 경우가 여기에 해당한다.

일반적인 인식에서 '신' 자가 붙었다는 것은, 리모델링 정도로 인식하기 쉽다. 그러나 중국철학에서의 신이란, 불교에서의 대승이나 밀교처럼 재건축에 해당하는 용어로 이해해야 한다.

신유교는 불교 시대를 거친 유교라는 점에서, 불교적인 문제의식들을 다수 내포한다. 이 점은 신유교가 불교를 상대할 수 있다는 것을 의미한다. 실제로 신유교의 문제의식 중 일부는 불교를 넘어섰고, 이 점이 동아시아에서 불교가 신유교에 밀려나게 되는 이유 중 하나이기도 하다.

불교학자들은 신유교가 정치권력과 결탁해서 무력적인 우위를 점했기 때문이라고 주장한다. 그러나 종교나 사상은 단순히 무력만으로 좌지우지되는 것은 아니다. 이는 인도에서의 힌두교 건재나, 조선을 넘은 오늘날의 시점에서 유교는 사라지고 불교만이 남은 현실을 통해서 단적인 판단이 가능하다.

그러므로 유·불의 교체는, 사상적인 문제에서 교종이 몰락한 불교가 적절한 철학적인 진전을 못 시킨 것이 근본 이유라고 해야 할 것이다. 선종은 철학적인 측면보다는 행동주의적인 미학이다. 그러므로 신유교의 철학성을 상대하기에는 역부족이었다. 바로 이 부분에서 유·불 교체의 필연성이 존재하게 된다.

신유교의 불교 닮기는, 그러나 유교라는 정치철학 중심 구조가 종교화됨을 의미하기도 한다. 즉 유교는 불교를 거치면서 수양론 중심의 신유교라는 종교철학이 되어 버린 것이다. 이는 정치를 지향하면서 수신修身을 강조하는 모순적인 문화를 만들어 내게 된다. 예컨대 퇴계가 도산서원에 있으면서, 당시 정국 운영에 간여했던 것을 생각하면 되겠다. 벼슬을 제수해도 출사하지 않으면서 산림에 은거하여 고결한 듯하지만, 뒤에서는 조종하는 이율배반적인 구조가 연출되는 것이다. 이는 정치에도 재앙이고 종교에도 재앙이 된다.

정치는 기술인데 수양이 목적인 사람이 정치를 하니, 정치가 제대로 될 수가 없다. 또 수행 중심의 불교와 영역이 겹치게 되니 상호 충돌이 발생하며, 종교 역시 본연의 기능을 하기 어렵게 된다. 후일 동아시아의 무기력한 몰락은 신유교가 불교의 영향을 받는 과정에서 본질을 잃고 종교화되었기 때문이다. 그리고 이는 불교의 발전에도 큰 문제를 초래하게 된다. 즉 신유교의 불교화는 결국 유교와 불교의 재앙을 넘어서 동아시아의 재앙으로 귀결된 것이다.

신유교의 대두와 사상적인 반복
사상의 수레바퀴

중국적인 자각과 유교의 부활   당나라가 번영을 구가하게 되자, 점차 중국 문화의 고등화로 인한 중국적인 자각이 이루어진다. 이러한 과정에서 중국 불교적인 측면도 크게 발전하게 된다. 그런데 당의 중기를 넘어서면서 인도 문명에 의한 외부적 충격이 감소하게 되자, 앞선 중국적인 자각과 연계되면서 유교 부활의 전조가 나타나기 시작한다.

500여 년에 걸쳐서 불교에 압도된 유교가 완전히 사라지지 않고 부활할 수 있었던 것은, 관리 임용과 관련해서 유교가 필요했기 때문이다. 또 유교는 통과의례와 과거제의 안정 속에서 나름의 영역을 충분히 확보하고 있었다. 그래서 판도가 바뀌기 시작하자, 부활의 움직임이 나타났던 것이다.

여기에는 물론 불교 내적인 문제점도 있었다. 불교는 독자적인 통과 의례가 없는 종교로, 국가 전체를 운영하는 원리로서는 한계가 있다는 점이 그것이다. 특히 인도 문화의 이원론적인 특징상 불교는 태생적으로 세속과 의도적으로 멀리하려는 경향이 있다. 즉 불교 안에서 드러내 놓고 정권과 결탁하는 것은 손가락질의 대상이 되는 것이다. 바로 이와 같은 불교적인 한계들이 유교를 완전히 소멸시키지 않고 존속할 수 있도록 한 것이다.

특히 관리 임용과 관련된 과거제를 유교가 잡고 있었다는 것은, 중세의 귀족 시대를 넘어 근세로 전환되면서 불교가 유교의 상대가 될 수 없다는 것을 의미한다. 귀족 시대는 귀족의 지분과 권리에 의해서 벼슬이 주어진다. 그러므로 과거는 형식일 뿐 혈통이 중심이 된다. 그러나 근세로 넘어가게 되면, 과거가 실질적인 중심이 되는 사회가 전개된다. 이로 인하여 종교보다는 학맥學脈(학통)이 막강한 영향력을 가지게 된다.

또 중국 문화의 정치 중심 구조에서 막강한 권력을 갖는 관리가 되기 위해서는, 유교 경전을 기본적으로 교육받고 암송해야 한다. 이는 유교의 화려한 부활과 강력한 세력화가 가능하다는 것을 의미한다.

실제로 유교와 불교의 우열 관계는, 제정일치적인 문화 구조 속에서 관리가 해당 지역 사찰의 주지 임명권을 가지면서 완전히 끝나게 된다. 후대에 오면 출가하는 목적이 '다음 생에 관리가 되기 위해서 복을 쌓기 위한 것'이라는 말이 나올 정도이니, 두 종교의 강약은 완전히 판가름이 난 것이다.

당 중기부터 유교는 불교를 상대하기 위해서 『맹자』를 강조하게 되고, 이는 송나라에 이르러 사서四書로의 재편을 가져오게 된다. 즉 본래의 오경五經 중심에서 사서로의 재편이 이루어지는 것이다. 흔히 유교 경전을 사서오경으로 부르지만, 이는 신유교가 대두된 이후의 변화된 인식이다. 경經은 서書와 비교될 수 없는 성인의 가치이며, 사서 중 『대학』과 『중용』은 오경에 속하는 『예기』 속의 한 편에 불과하다.

사서로의 재편은 신유교에서 이를 과거의 텍스트로 삼으려는 의도가 있다. 또 이러한 의도는 남송에서 결국 성공하게 된다. 또 이 과정에서 주자가 후일 막대한 영향력을 행사할 수 있게 된 것은, 사서에 주를 달았기 때문이다. 즉 사서라는 과거의 텍스트에 대한 독점 참고서가 주자의 주석서였던 것이다.

신유교자들은 불교를 상대하기 위해서 텍스트를 재편하고, 주석을 통해서 체계적인 접근을 시도한다. 이러한 치밀함은 교종이 아닌 선종에서는 방어하기 어려운 부분이다. 즉 신유교는 불교를 상대하기 위해서 신무기를 만들었던 반면, 불교는 유연성을 잃고 고착화의 길을 걷고 있었던 것이다.

신유교의 발전과 두 학파　　북송에 이르면, 불교의 한계 속에서 소위 북송오자北宋五子라고 하는 신유교의 토대를 마련하는 인물들이 등장하게 된다. 이들은 주염계(周敦頤)·정명도(程顥)·정이천(程頤)·장횡거(張載)·소강절(邵雍)인데, 불교와 도가 및 도교적인 성향까지 가진 인물이다.

북송오자에 의해서 유교는 우주론과 존재론 등을 완성하면서, 하나의 거대한 철학 체계를 구축하게 된다. 즉 이들에 의해 유교는 비로소 불교에 상대할 만한 사상적인 측면을 확보하게 되는 것이다. 이들 북송 시대의 다섯 선생들 중 정명도와 정이천은 형제인데, 이들 형제에 의해서 신유교의 두 학파인 이학理學(성리학)과 심학心學(양명학)이 분기하게 된다.

이 중 이학은 정씨 형제 중 아우인 정이천에 의해서 비롯되어, 남송의 주자는 이를 중심으로 북송오자의 사상을 집대성하게 된다. 이를 집대성자의 이름을 따서 주자학이라고도 하고, 사상적인 특징을 잡아서 성리학이라고도 한다.

이학과 쌍벽을 이루는 심학은 정명도에서 비롯되어, 남송의 육상산(陸九淵)을 거쳐 명나라 때 왕양명(王守仁)에 의해 완성된다. 그러므로 이를 양명학, 또는 사상적으로는 심리학이라고 한다.

신유교의 두 갈래인 성리학과 심리학은 성性과 심心의 차이에 의해서 갈리는 것이다. 중국 불교는 성과 심을 분리하지 않고, 인성론의 범주에서 두 가지를 하나로 본다. 그래서 중국 불교에서는 본성과 마음이 같은 의미로 사용된다. 이것은 중세까지의 언어 방식이다.

그러나 근세적인 신유교에서는 이를 좀 더 세밀하게 구분하여 성과 심의 차이를 부각한다. 그래서 성은 마음 안의 본질이라는 의미로, 심은 전체를 포괄하는 의미로 논리적 층위를 다르게 사용한다. 즉 성리학과 심리학의 차이는 인간의 본질을 핵심으로 볼 것인지, 포괄적인 관점에서 볼 것인지의 차이라고 하겠다.

또 신유교에서 성과 심을 구분한다는 것은, 중국 불교의 문제의식을 신유교가 계승하면서 좀 더 치밀한 접근을 시도했다는 것을 알 수 있는 대목이다. 바로 이와 같은 측면이 중국 불교가 신유교를 상대하기 어려운 이유 중 하나이다. 즉 신유교는 불교의 문제의식을 진일보시켜 발전시키고 있지만, 동아시아 불교는 오늘에 이르기까지 이러한 양자를 구분하지 않은 상태로 유지되고 있을 뿐이다. 더 분석적인 것이 더 발전된 것이냐의 문제는 관점에 따라서 다를 수 있다. 그러나 더 분석적이라는 것은, 더 많은 고민을 했다는 것을 의미한다는 점을 부정하기는 어려울 것이다.

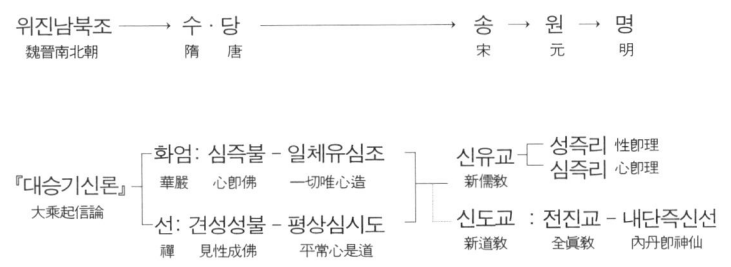

교종을 닮은 성리학　　성리학의 성리란, 성즉리性卽理를 축약한 것으로 이 학문의 대의를 나타낸다. 즉 성즉리를 통한 구현이 이 학문의 목적인 것이다. 성즉리란, 인간 마음 안의 본성과 외부의 천리는 곧 같다는 의미이다. 이렇게 놓고 본다면 우리는 이것이 화엄종에서 말하는 심즉불 心卽佛이나 선종의 견성즉불見性卽佛과 논리적으로 매우 유사한 구조라는 것을 알게 된다.

　　또 이러한 중국 불교의 문제의식은 중국철학의 '천天'과 인간의 '심성心性'과의 관계인 인성론을 이어받은 것임은 앞서 지적했다. 이렇게 놓고 본다면, 중국철학의 핵심 주제인 인성론이 제자백가의 인성론과 중국 불교를 거쳐 신유교로 유전하면서, 중국 사상을 일관하고 있다는 것을 알 수 있다. 즉 중국철학을 관통하는 화두는 바로 인성론인 것이다.

또 이러한 양자의 결합을 중국철학에서는 천인합일天人合一이라고 한다. 천인합일이란, 우주와 내가 하나되는 것이다. 따라서 중국철학의 본류는 인성론이며 그 목적은 천인합일이라는 것을 알게 된다.

결국 중국 불교는 유교를 누르고, 성리학은 불교를 공격했지만 이들은 모두 인성론이라는 하나의 사슬을 공유하고 있었던 것이다. 다만 다른 것은 내가 붓다와 합일할 것이냐, 또는 천과 합일할 것이냐의 차이뿐라고 하겠다. 그러나 이러한 차이는 생각보다 크다. 왜냐하면 불교는 종교를 말하지만, 유교는 현실을 위주로 말하기 때문이다.

화엄종의 세계관에서 확인되는 사사무애事事無礙와 같은 측면은, 현실에 대한 불교 철학적인 인정으로 이해될 수 있다. 또 선종의 '평상심이 도'라는 일상의 재발견이라는 주장은, '그렇다면 왜 평범한 삶을 살지 않는가?'라는 비판에 직면하게 된다. 즉 일상이 깨달음일 뿐이라는 선종의 주장은 신유교에 있어서 '그러면 부모에게 효도하고 나라에 충성하며 가정적인 생활을 하는 것으로도 충분하다'는 비판에 직면하게 되는 것이다.

사실 중국 불교에서 살펴지는 현실 긍정의 논리 구조에서, 이러한 신유교의 비판을 반박하는 것은 대단히 어렵다. 즉 불교는 원정 경기에서 본국의 지원을 잃었고, 신유교는 홈경기의 이점을 살리고 있는 것이다.

성리학이 주로 비판하는 중국 불교는 선종이다. 선종의 비사회적인 개인화와 자율성이 문제라는 것이다. 성리학은 모든 것을 제도화하고 규격화할 수 있다고 주장한다. 그리고 그 속에는 인간의 심성적인 가치도 포함된다.

성리학은 모든 존재는 나름의 이치를 갖추고 있고, 이를 가지고 통일적인 기준과 질서를 만들어 낼 수 있다고 본다. 전 우주를 하나의 거대한 코스모스로 보고, 이와 상응하는 내적 기준으로서의 본성을 제시하고 있는 것이다. 즉 성리학은 전체적인 질서에 좀 더 치중하고 있다고 할 수 있다. 이러한 점에서 성리학은 화엄종의 세계관 중심 철학과 유사하다.

화엄종의 세계관 제시와 이를 넘어선 개인화의 선종, 그리고 다시금 개인화의 비규정성이 문제시되자 이의 반대급부로 전체 질서의 성리학이 대두하고 있는 것이다. 그리고 다시 세계가 안정되면 또다시 개인화가 강조되고, 이러한 흐름 속에서 등장하는 것이 바로 양명학이다. 즉 '화엄종(전체) → 선종(개인) → 성리학(전체) → 양명학(개인)'의 순환이 이루어지고 있는 것이다. 그리고 이러한 순환 구조 속에서 '화엄종과 성리학' 그리고 '선종과 양명학'은 상호 유사 관계를 구축하고 있는 것이 확인된다.

또 이러한 구조를 중국철학의 초기로까지 끌어올리면, 우리는 맹자와 순자의 대립적 구조와 만나게 된다. 맹자와 순자는 이러한 두 흐름의 근원에 해당하는 것이다. 그러므로 이를 포함시키게 되면 '순자 → 화엄종 → 성리학'이 한 축이 되고, '맹자 → 선종 → 양명학'이 한 축이 된다. 이는 집단과 개인, 그리고 보수와 개혁이라는 인간에게 내재한 두 부류의 요구에 각기 부응하고 있는 것이다.

집단과 보수 : 순자 → 화엄종 → 성리학

개인과 개혁 : 맹자 → 선종 → 양명학

선종을 모사한 양명학　　성리학이 남송 시대에 주자에 의해서 완성될 때, 사상적인 경쟁자가 있었으니 그 사람이 바로 육상산(陸九淵)이다. 육상산은 "우주가 내 마음이고 내 마음이 우주(『상산전집』 권33)"라고 하거나 "유교의 육경은 모두 내 마음의 각주(『상산전집』 권34)"라고 한 철저한 유심론자요, 주관주의자이다.

그러나 마음의 깨달음을 중시하고 형식에 얽매이는 것을 꺼렸기 때문에, 당대에 주자와 같이 하나의 학문을 완성하지는 못했다. 그래서 심리학은 원나라를 넘어 명나라에 가서야 왕양명에 의해 비로소 완성을 보게 된다. 그러므로 이를 양명학이라 하고, 때론 두 사람을 병칭해서 육왕학이라고도 한다.

주자와 육상산이 동시대 인물이라는 점은, 남송의 시대가 변화를 요구하고 있었다는 것을 의미한다. 또 주자는 완성했지만 육상산은 미완으로 끝나는 것을 보면, 성격 탓도 있지만 당시의 시대 요구는 주자적인 가치에 있었음을 알 수 있다.

양명학은 본마음의 깨달음을 강조한다는 점에서 주관적인 선종과 유사하다. 그래서 성리학자들에게 이들은, '유교의 옷을 입은 선종의 변형'일 뿐이라는 '사선(似禪)'이라는 비판을 받고는 했다.

심즉리라는 구조는 마음이라는 인식주체가 곧 천리이므로 이것을 자각하기만 하면 된다는 논리이다. 이는 선종의 돈오설과 같은 것으로, 이렇게 되면 학문은 필연적으로 현실 긍정과 행동주의로 전개될 수밖에 없다. 실제로 왕양명은 지행합일知行合一이라고 해서 아는 것과 실천을 분리시키지 않고 하나임을 강조한다. 즉 실천적인 행동주의를 강조한 것이다.

또 양명학파에서는 후일 만가성인滿街聖人이라고 해서, '거리에 성인들이 가득하다'는 주장을 한다. 이는 모든 이들은 본질적으로 깨달아 있는데, 다만 사람들이 그것을 모른다는 견해이다. 이 또한 선종의 주장과 큰 차이가 없다.

그러나 이를 선종과 달리 (신)유교라고 하는 것은, 이들의 현실 긍정은 곧 입세入世적인 것이지 출세出世적인 것이 아니기 때문이다. 선종은 출세간을 넘어서 출출세간을 말한다. 그러나 이들은 출출세간을 넘어서 다시금 입세入世를 말하고 있는 것이다. 이런 점에서 양자는 분명히 다른 변별점을 확보하고 있다. 그러나 논리 구조는 사뭇 일치하며, 양자의 논리는 같은 연장 선상에서 이해될 수 있다.

또 불교는 윤회론과 같은 관점 때문에, 인간만을 특수화시키지 않고 모든 존재의 깨달음을 주장한다. 그러나 신유교는 인간을 좀 더 특수화한다는 점에서도 차이가 있다. 그래서 대승불교는 불살생을 넘어 불육식을 주장하지만, 유교는 살생은 어짊이 아니니 꺼린다고만 제한할 뿐이다. 즉 신유교는 중국 불교의 영향을 받지만 유교인 것이며, 중국 불교는 중국철학의 영향을 입지만 역시 불교였던 것이다.

| 에필로그 |

불교와 인간 행복

이 시대의 저주와 인문학의 부활

당의 시인 두보는 〈곡강시曲江詩〉에서 "인생칠십고래희人生七十古來稀"라고 했다. 여기에서 유래된 말이 70세를 나타낼 때 흔히 사용되는 용어인 '고희'이다. 두보는 사람이 70년을 사는 것이 예로부터 드물다고 했지만, 오늘날의 70세는 완전한 노인 축에 끼기에는 다소 부족한, 조금은 어정쩡한 나이일 뿐이다.

의성醫聖이라고 불리며, 『동의보감』이라는 세계기록유산의 찬술자 허준을 주치의로 둔 선조는 57세까지 살았다. 이에 비해서 허준은 나름 오래 살아서 77세의 장수를 누렸다. 그러나 오늘날에 77세는 장수했다고 할 정도의 나이는 아니다. 어느덧 80~90세를 사시는 분들이 주류가 되었으며, 현재의 젊은이들은 세 자릿수인 100세를 넘기게 될 것이다.

흔히 언급되는 『서경』「홍범」에 등장하는 오복은 수壽·부富·강녕康

寧·유호덕攸好德·고종명考終命이다. 이 중 첫째가 장수라는 점을 생각한다면, 우리는 옛사람들의 바람을 잘 알 수 있다. 그러나 현대는 이제 장수가 복인지조차도 알 수 없는 시대가 된 것이다.

강철로 만든 기계라도 50년 이상 쓸 수 있는 것은 별로 없다. 이렇게 놓고 본다면, 인간이라는 유기체는 참으로 대단한 것이다. 인간이 100년을 살게 된 현대지만, 신체 기관이 50년을 넘어서 제대로 기능하기를 바라는 것은 그저 욕심일 뿐이다. 그러므로 우리는 얼음이 아닌 잃음에 대해 배워야 하고, 웰빙과 웰다잉을 넘어서 잘 늙는 가치인 웰에이징well-aging에 주목해야만 한다.

세상의 변화 속도는 세월과 함께 더욱더 가속도가 붙는다. 그러므로 변화하는 가치를 따라가려는 것은, 결국 유한을 가지고 무한을 쫓는 것과 같은 허덕임일 뿐 그 이상이 될 수 없다. 그러므로 웰에이징에서는 변화를 넘어서는 가치가 필요하다. 이것이 바로 인문학과 철학 그리고 종교이다. 이 중 불교는 이 같은 세 영역에 모두 걸쳐 있다는 점에서 웰에이징에 있어 가장 타당하다.

과학은 인문학을 무너트렸다. 그러나 동시에 과학으로 인한 인간의 장수는 다시금 인문학의 부활을 촉구하고 있는 것이다. 그리고 그 핵심에는 바로 불교가 자리 잡고 있다.

수단과 목적

자본주의 사회에서 자본은 곧 가장 큰 권력이다. 이런 점에서 자본만큼 중요한 것도 없다. 그러나 자본은 수단이지 결코 목적이 될 수 없다. 또 장수하는 사회에 있어서 건강의 중요성은 더욱 두드러진다. 그러나 이 역시 수단이지 그 자체가 목적은 아니다. 자본과 건강은 결국 '시간의 화살'이라는 변화 속에서 스러질 수밖에 없는 유한적인 가치에 불과한 것이다.

인간이 자본과 건강을 바라는 목적을 살펴보면, 그것의 귀결점은 행복에 있음을 알게 된다. 즉 행복이야말로 삶이 추구하는 진정한 가치인 셈이다. 이것은 아리스토텔레스가 『행복론』에서 도출한 결론이기도 하다.

인간을 행복 문제와 직접 만나게 한 것은 다름 아닌 종교이다. 종교는 다분히 기호이고 취미 판단적이다. 행복은 주관적인 것이기 때문에 개인에게는 절대 가치가 될 수 있지만, 그것이 곧 보편성을 의미하는 것은 아니다. 마치 미학에서처럼, 그것은 관점의 문제이지 보편의 문제는 아니라는 말이다.

종교의 가장 위험한 요소는 오히려 인간이 종교에 종속될 수 있다는 점이다. 이는 마치 제도가 인간을 위해서 성립되지만, 동시에 인간을 구속하게 되는 것과 비슷하다. 그러나 종교는 인간의 행복을 위해서 존재할 때만 가치가 있다.

인류가 가진 종교 중 스스로를 비판하면서 타자화시킬 수 있는 종교는 불교밖에 없다. 즉 불교는 인간에게 자유와 행복을 부여할 수 있는 유일한 종교인 것이다. 이는 불교만이 인간 행복의 가장 적합한 수단이라는 것을 의미한다.

행복과 종교

인간은 행복을 추구하는 동물이다. 그것은 대개의 경우 물질적인 기반을 동반한다. 마치 건강이 성공의 기반이 되는 것처럼 말이다. 그러나 물질적인 조건에서 오는 행복은 얼마 지나지 않아 곧 무뎌지고 둔감해지게 마련이다. 그러므로 우리는 외부적인 것이 아닌, 내면적인 행복에 주의를 기울여야만 한다.

행복에 있어서 종교는 수단이어야 한다. 즉 나를 세우는 가치를 종교가 부여할 수 있어야 하는 것이다. 이런 점에서 불교는 인간이 더 쉽게 행복과 만날 수 있도록 한다. 그리고 본인이 선택한 행복의 가치가 상속相續되면서 언제나 변함없을 때, 상대를 초월한 절대적인 행복을 얻을 수 있다. 이러한 절대성은 초절超絶을 통한 절대성이 아니라, 상속의 변화를 일관하는 가치로서의 절대성이다. 마치 강물이 수많은 물살의 변동을 가지지만, 흐름을 통해서 하나의 도도함이 되는 것처럼 말이다. 그러나 이것 역시 절대의 속성을 가지기 때문에, 잃거나 무너지는 것과는 다른 기상氣像을 내포하게 된다.

불교는 인간의 행복에 기여한다. 그러므로 우리는 행복이야말로 불교의 효용성이라는 점을 인지할 필요가 있다. 특히 자력적인 수행을 통해 행복을 추구한다는 점에서, 불교는 점점 인간이 초개인화되고 있는 시대에 진정한 자유의 축복이 될 수 있다.

탈주술과 불교적 좌표

독일의 사회학자 막스 베버는 근대가 이성적인 합리화와 결부되어 있으며, 이를 탈주술disenchantment의 관점에서 이해했다. 여기에서 주술이란 기독교를 의미한다.

그러나 인간은 이성적인 합리성만으로는 행복에 도달할 수 없다. 이것이 단적으로 드러나는 것이 현대에 들어서 더욱 강화되고 있는 로맨스 판타지 장르의 확대와 『해리포터』나 RPG 게임과 같은 신주술新呪術의 범람이다. 이는 현대사회에서도 종교적인 정신이 또 다른 변화 속에서 요구된다는 것을 의미한다. 또한 신神 중심의 종교는 종속적 관점의 고착화로 인해 인간 행복의 진정한 대안이 될 수 없다. 그러므로 불교라는 자력적인 가치가 재조명되어야만 한다.

불교는 인간 존재의 다양성을 수용한다. 그 결과 매우 복잡한 양상을 포함하게 된다. 덕분에 불교에는 많은 지도地圖들이 있지만, 이 역시 가닥을 잡지 못한 사람들에게는 혼란만을 야기할 뿐이다. 그래서 통일장이론과 같은 전체를 아우를 수 있는 가치가 요청된다. 이 책에서 나는 이러한 불교의 좌표를 제시하고자 했다. 이를 통해서 불교의 관점을 정리할 수 있다면, 우리는 가장 분명한 행복의 열쇠를 쥐게 될 것이다. 그것은 현재를 잘 사는 길인 동시에 웰에이징의 방법이라는 점에서, 자신을 바로 세울 수 있는 가장 중요한 초석이 될 것이다.

자현 스님의
**조금 특별한
불교 이야기**
ⓒ 자현, 2012

2012년 10월 17일 초판 1쇄 발행
2023년 3월 24일 초판 5쇄 발행

글 자현 스님
발행인 박상근(至弘) • 편집인 류지호 • 상무이사 김상기 • 편집이사 양동민
편집 김재호, 양민호, 김소영, 최호승, 하다해 • 디자인 쿠담디자인
제작 김명환 • 마케팅 김대현, 이선호 • 관리 윤정안
콘텐츠국 유권준, 정승채
펴낸 곳 불광출판사 (03169) 서울시 종로구 사직로10길 17 인왕빌딩 301호
　　　 대표전화 02) 420-3200 편집부 02) 420-3300 팩시밀리 02) 420-3400
　　　 출판등록 제1-183호(1979. 10. 10.)

ISBN 978-89-7479-216-9 (03220)

값 17,000원

잘못된 책은 구입하신 서점에서 바꾸어 드립니다.
독자의 의견을 기다립니다. www.bulkwang.co.kr
불광출판사는 (주)불광미디어의 단행본 브랜드입니다.